事例で学ぶ
民事信託の悩みどころと落とし穴

法務・登記・税務の視点から

弁護士 海野千宏
弁護士 金森健一
弁護士 菊永将浩
司法書士 根本雄司
税理士 谷口　毅
　　　　鈴木　淳
著

民事法研究会

はしがき

　近年は、広く民事信託が世の中で利用されるようになるとともに、民事信託に関する裁判例も徐々に増えてきています。超高齢社会のわが国において、今後も民事信託の利用は増加していくことが予想されているところです。民事信託に関する書籍も多く出版され、近年の民事信託をめぐる議論の集積は目を見張るものがあります。

　もっとも、民事信託の研修会などに参加した専門家からは「実務で問題となっている、思わぬ落とし穴やトラブルリスク・ヒヤリハット事例について、よく議論はされているものの、公刊物としては、意外にまとめられているものが少ない」との声も聞かれるところでした。

　そこで、民事信託に関する法務・登記・税務の実務上の留意点を、「実務家の悩みどころ」「実務家の陥りやすい落とし穴」という切り口から論点ごとに整理し、解説する実践的手引書を執筆することにしました。具体的には、事例（裁判例・通知・通達等含む）をベースとした疑問を、未経験者レベルの常識的論点から実務最先端の論点まで幅広く拾い、一定の実務対応を示すものです。

＊

　本書の構成は、以下のとおりです。

　まず、「第1編　民事信託の法務」では、金森健一弁護士、菊永将浩弁護士、根本雄司弁護士および筆者により、信託設定時・信託期間中・信託終了時の場面ごとに、われわれが実務で感じる「悩みどころと落とし穴」を検討しました。

　次に、「第2編　民事信託の登記」では、谷口毅司法書士により、通達・法務局の運用はもとより、実務の議論の蓄積の十分でない未解決の問題についても、踏み込んだ検討を行い、非常に興味深い内容になっています。

　そして、「第3編　民事信託の税務」では、鈴木淳税理士により、経験豊富な税理士でなければ見落としがちな税務論点を、わかりやすい語り口で丁寧に解説されています。

　最後に、「第4編　民事信託の裁判例・登記先例」では、民事信託の実務

はしがき

家必読である21件の裁判例と9件の参考裁判例を網羅的に紹介しています。一般的な書籍では、裁判所による法的判断部分を中心とした抜粋が多いかと思いますが、「実務家が気になるポイント」という視点から、裁判例によっては、どの士業が、どのように説明を行い、どのような経過を経て信託が組成されたのか等、事実認定部分を詳細に紹介するものも掲載するようにしました。そのうえで、前編までの関連する「悩みどころと落とし穴」とリンクさせ、関連部分をすぐにあわせて読めるようにしてあります。また、登記先例についても、コンパクトに要旨を一覧できるものを掲載しています。

＊

以上のとおり、本書は、民事信託について実務の第一線で取り組んでいる専門家（弁護士、司法書士、税理士）の協力を得ながら、現在実務で議論されている論点について掘り下げたり、まだまだ議論が成熟していない部分についても、可能な限り「どうしてそう考えるのか」というのを明らかにしながら一定の見解を出したりすることで、この声に応えようとして執筆されたものです。

民事信託の世界では、法務はもとより登記も税務も、またそもそも実際の課題解決という点においても、他士業・他業種と連携をすることが不可欠であると痛感しております。

そこで、執筆にあたっては、定期的に打合せを行い、お互いの考え方をブラッシュアップして、できるだけ新しい情報を盛り込むように心がけました。ご多忙の中、士業・所属団体の垣根を超えて経験豊富な豪華執筆者の先生方にお集まりいただき、このメンバーでしか生み出せない書籍にできたと、自負しております。なお、各論点については、執筆者全員で議論しているものの、最終的には各執筆者の見解を尊重し、あえて統一はしていません。これは、現状、「正解」がない論点もあり、各論点に対する対応方法までは統一に至っていない（至りようがない）ためです（だからこそ民事信託実務の議論はおもしろいのだと、今回あらためて感じました）。

本書が、民事信託に取り組む専門家が実務を行うにあたっての参考になれば幸いです。

最後になりますが、本書の出版にあたり、貴重な機会をくださり、また、

単行本企画をいただいてからあっという間の1年間でしたが、絶えずご尽力をいただきました民事法研究会の南伸太郎氏には、心より感謝いたします。

　2025年3月

執筆者代表　弁護士　海 野 千 宏

目次

『事例で学ぶ民事信託の悩みどころと落とし穴』

目　次

第1編　民事信託の法務

第1章　信託設定時の悩みどころと落とし穴

第1▶信託意思能力・公正証書／2
　Q1　信託に必要な意思能力 ……………………………………………… 2
　Q2　代理人方式による信託契約公正証書の可否 ……………………… 5
　Q3　信託口口座の開設① …………………………………………………… 8
　Q4　信託口口座の開設② …………………………………………………… 11
第2▶任意後見との関係／14
　Q5　受託者と任意後見受任者の兼任 …………………………………… 14
　Q6　受益権および委託者の権利と代理権目録 ………………………… 17
　Q7　受益権の行使と任意後見監督人 …………………………………… 21
第3▶法定後見との関係／24
　Q8　受益者による後見開始の審判申立て ……………………………… 24
　Q9　委託者兼受益者の成年後見人による信託の変更・終了 ………… 25
第4▶信託と遺留分／32
　Q10　信託設定と遺留分① ………………………………………………… 32
　Q11　信託設定と遺留分② ………………………………………………… 34
　Q12　遺留分侵害額請求の相手方 ………………………………………… 38
第5▶株式の信託／40
　Q13　株式の譲渡承認① …………………………………………………… 40
　Q14　株式の譲渡承認② …………………………………………………… 42
　Q15　議決権行使の指図権 ………………………………………………… 48

  Q 16 有価証券の信託特有の留意点……………………………………51
第6▶借地権付き建物の信託／54
  Q 17 借地権の信託………………………………………………………54
第7▶マンションの信託／56
  Q 18 区分所有権の信託①………………………………………………56
  Q 19 区分所有権の信託②………………………………………………59
第8▶信託財産責任負担債務／62
  Q 20 ローン付き物件の信託……………………………………………62

第2章　信託期間中の悩みどころと落とし穴

第1▶受託者の対外的責任／66
  Q 1 瑕疵免責条項の効力と対外的責任の処理………………………66
第2▶信託口口座／69
  Q 2 信託内借入れの実務上の留意点…………………………………69
  Q 3 受託者個人口座・屋号口座・信託口口座………………………72
第3▶信託財産である預金債権の差押え／76
  Q 4 信託と信託口口座における倒産隔離機能………………………76
  Q 5 第三者異議訴訟に準ずる訴えの留意点…………………………79
  Q 6 払戻金の不当利得返還請求の主体………………………………82
第4▶帳簿等の閲覧等／85
  Q 7 信託事務処理書類の範囲…………………………………………85
第5▶追加信託／88
  Q 8 信託後の委託者の口座からの送金………………………………88
第6▶利益相反／91
  Q 9 利益相反の容認条項①……………………………………………91
  Q 10 利益相反の容認条項②……………………………………………93
第7▶信託費用の償還／95
  Q 11 受益者連続信託における信託費用の償還………………………95
第8▶信託報酬／98

目　次

　　Q 12　信託報酬の算定方法・支払時期……………………………………98
第 9 ▶受託者の任務終了／100
　　Q 13　受託者の任務終了事由…………………………………………… 100
第 10 ▶受託者の解任／102
　　Q 14　受託者の解任①…………………………………………………… 102
　　Q 15　受託者の解任②…………………………………………………… 105
第 11 ▶新受託者の選任／108
　　Q 16　新受託者の選任…………………………………………………… 108
第 12 ▶受益債権／111
　　Q 17　受益債権と受託者の権限制限…………………………………… 111
　　Q 18　受益債権と公序良俗違反………………………………………… 113
　　Q 19　受益債権の具体的権利性………………………………………… 115
　　Q 20　受益債権と受託者の責任限定…………………………………… 122
　　Q 21　受益債権の差押え………………………………………………… 127
第 13 ▶信託監督人／129
　　Q 22　信託監督人の権限と職務………………………………………… 129
第 14 ▶受益者代理人／132
　　Q 23　受益者代理人就任による受益者の権利行使の制限…………… 132
　　Q 24　受益者代理人による請求および受取金の倒産隔離…………… 136
　　Q 25　複数の受益者のための受益者代理人…………………………… 139

第 3 章　信託終了時の悩みどころと落とし穴

第 1 ▶信託の撤回／142
　　Q 1　信託契約の有効性………………………………………………… 142
　　Q 2　信託の終了①……………………………………………………… 145
　　Q 3　信託の終了②……………………………………………………… 148
　　Q 4　受託者の任務懈怠と信託契約の債務不履行解除……………… 150
　　Q 5　信託終了権行使に係る意思無能力無効の主張権者…………… 152
第 2 ▶帰属権利者／155

目次

　　Q 6　帰属権利者①………………………………………………………155
　　Q 7　帰属権利者②………………………………………………………158
　　Q 8　帰属権利者③………………………………………………………160
　第3▶信託終了後の変更／162
　　Q 9　清算受託者の権限と職務…………………………………………162
　第4▶後見制度支援信託・後見制度支援預貯金／164
　　Q 10　後見制度支援信託・後見制度支援預貯金………………………164

第2編　民事信託の登記

　第1▶信託登記の意義／168
　　Q 1　信託目録に記録すべき事項………………………………………168
　　Q 2　信託目録の役割……………………………………………………169
　　Q 3　信託目録に記録すべき情報の作成………………………………171
　　Q 4　信託不動産に対する差押登記……………………………………172
　第2▶信託目録の公示のルール／173
　　Q 5　所有権登記名義人の肩書や持分…………………………………173
　　Q 6　帰属権利者や次順位の受益者の指定の秘匿……………………174
　　Q 7　受益者の指定条件と指定方法……………………………………176
　　Q 8　権利能力なき社団…………………………………………………178
　　Q 9　受益権の持分割合…………………………………………………179
　　Q 10　受益権の質権の設定………………………………………………180
　　Q 11　受益者代理人の就任の条件………………………………………181
　　Q 12　複数の信託不動産の関連性………………………………………182
　　Q 13　不動産の追加信託…………………………………………………183
　　Q 14　複数の受益者………………………………………………………184
　第3▶信託の設定／186
　　Q 15　農地の信託…………………………………………………………186

目　次

- Q16　信託の登記の留保……………………………………………187
- Q17　共有不動産の信託……………………………………………188
- Q18　借地上の建物の信託…………………………………………189

第4▶受託者による信託財産の処分／190
- Q19　受託者の処分行為……………………………………………190
- Q20　受益者の承諾や指図…………………………………………192
- Q21　信託目録に記録すべき事項の遺漏…………………………194
- Q22　信託不動産の第三者への贈与………………………………195
- Q23　第三者を債務者とする抵当権の設定………………………198
- Q24　居住用不動産の新築と登録免許税の軽減…………………201
- Q25　信託不動産の持分の第三者への一部売却…………………202
- Q26　信託財産と固有財産からの資金の拠出①…………………203
- Q27　信託財産と固有財産からの資金の拠出②…………………204

第5▶信託と担保権／206
- Q28　抵当権・根抵当権の設定①…………………………………206
- Q29　抵当権・根抵当権の設定②…………………………………208
- Q30　抵当権と受託者の交代………………………………………210
- Q31　根抵当権と受託者の交代①…………………………………212
- Q32　根抵当権と受託者の交代②…………………………………214
- Q33　抵当権と信託の終了…………………………………………216

第6▶表示の登記／218
- Q34　合筆登記・合併登記…………………………………………218
- Q35　分筆登記………………………………………………………220
- Q36　滅失登記………………………………………………………221

第7▶信託の登記の変更・更正／222
- Q37　住所の変更……………………………………………………222
- Q38　受益者の変更①………………………………………………223
- Q39　受益者の変更②………………………………………………224
- Q40　添付情報の作成名義人………………………………………226
- Q41　委託者の変更…………………………………………………228

| | Q 42 | 受託者の変更 | 229 |

第8▶信託の終了／230
	Q 43	帰属権利者等への権利の移転時期	230
	Q 44	最終決済	232
	Q 45	登録免許税法7条2項の適用①	234
	Q 46	登録免許税法7条2項の適用②	236
	Q 47	登録免許税法7条2項の適用③	237
	Q 48	登録免許税法7条2項の適用④	238
	Q 49	登録免許税法7条2項の適用⑤	239
	Q 50	帰属権利者と受託者が同一の場合	240
	Q 51	帰属権利者が不動産ごとに異なる場合	242

第3編　民事信託の税務

第1▶信託設定時／246
	Q 1	扶養義務の範囲内の受益権と贈与税	246
	Q 2	小規模宅地等の特例	249
	Q 3	複数の委託者・受益者	252
	Q 4	受益者が存しない信託	253

第2▶信託期間中／255
	Q 5	実質所得者課税	255
	Q 6	信託財産から生じる損失	256
	Q 7	信託の計算書・受益者別調書	258
	Q 8	複層化信託	260
	Q 9	信託報酬	263

第3▶信託終了時／265
| | Q 10 | 空き家譲渡の3000万円控除の特例 | 265 |
| | Q 11 | 相続税額の2割加算 | 268 |

Q 12　債務控除……………………………………………………………269
Q 13　帰属権利者の権利放棄…………………………………………272

第4編　民事信託の裁判例・登記先例

第1▶近時の裁判例からみる民事信託／276
1　信託設定時の裁判例……………………………………………………278
　(1)　委託者の意思能力、信託の理解（信託の成立、錯誤・詐欺）
　　／278
　　(ｱ)　意思能力／278
　　(ｲ)　委託者の理解と信託の成立／278
　　(ｳ)　錯誤・詐欺／278
　(2)　情報提供義務・リスク説明義務（委託者の代理人・信託内融
　　資）／279
　(3)　成年後見の回避／280
　(4)　民事信託による財産承継と除籍謄本等の交付請求／280
　(5)　詐害信託・通謀虚偽表示等／280
　(6)　遺留分／281
　(7)　株式の信託／281
2　信託期間中の裁判例……………………………………………………282
　(1)　受託者の義務、信託契約の要素、事後的な信託成立の主張
　　／282
　(2)　信託財産である預金債権に対する差押え（対外的請求権の帰
　　属）／284
　(3)　帳簿等の閲覧等請求／284
　(4)　受託者／285
　　(ｱ)　受託者の解任と信託法58条3項／285
　　(ｲ)　前受託者の義務／286

(ｳ)　新受託者／286
　(5)　受益債権の具体的権利性（信託財産限定責任負担債務と判決主文）／287
3　信託終了時の裁判例……………………………………………287
　(1)　信託の撤回／287
　　　(ｱ)　信託撤回の連絡と殺人事件／287
　　　(ｲ)　信託終了と意思無能力無効・主張権者／288
　　　(ｳ)　信託法164条3項の別段の定め／288
　　　(ｴ)　受託者の任務懈怠と信託契約の債務不履行解除／288
　(2)　残余財産の権利移転時期／288
　(3)　残余財産の帰属権利者と遺言信託の対象となる信託財産／289

第2▶民事信託の裁判例／290

　〔裁判例1〕東京地判平成24・6・15／290
　〔裁判例2〕東京高判平成28・10・19／293
　〔裁判例3〕東京地判平成30・9・12／300
　〔裁判例4〕東京地判平成30・10・23／302
　〔裁判例5〕東京地判平成31・1・25／309
　〔裁判例6〕東京地判令和2・1・28／314
　〔裁判例7〕千葉地判令和2・10・30／316
　〔裁判例8〕札幌地判令和2・10・30／318
　〔裁判例9〕東京地判令和2・12・24／321
　〔裁判例10〕東京地判令和3・2・2／325
　〔裁判例11〕東京地決令和3・3・24／328
　〔裁判例12〕東京地判令和3・9・17／331
　〔裁判例13〕東京地判令和3・11・18／335
　〔裁判例14〕東京高判令和4・3・17／337
　〔裁判例15〕さいたま地越谷支判令和4・3・23／341
　〔裁判例16〕大阪高判令和4・5・27／349
　〔裁判例17〕東京地判令和4・9・8／353

目　次

〔裁判例18〕東京地判令和4・10・14／358
〔裁判例19〕東京地判令和5・3・17／361
〔裁判例20〕横浜地判令和5・12・15／367
〔裁判例21〕東京高判令和6・2・8／370
〔参考裁判例1〕東京高判令和2・1・22／372
〔参考裁判例2〕名古屋地判令和3・12・3／373
〔参考裁判例3〕東京地判令和4・6・2／375
〔参考裁判例4〕京都地判令和4・7・1／375
〔参考裁判例5〕甲府家都留支審令和5・6・26／376
〔参考裁判例6〕千葉地佐倉支判令和5・7・19／377
〔参考裁判例7〕横浜地判令和5・9・22／378
〔参考裁判例8〕東京地判令和5・12・13／379
〔参考裁判例9〕東京地判令和5・12・21／379

第3▶民事信託の登記先例／381

・キーワード索引／393
・執筆者紹介／397

```
─── 凡　例 ───
〔法　令〕
旧信託法　平成18年法律第108号による改正前の信託法
信託法　　平成18年法律第108号による改正後の信託法
〔判例集〕
金商　　金融・商事判例
金法　　金融法務事情
判時　　判例時報
判タ　　判例タイムズ
家判　　家庭の法と裁判
判自　　判例地方自治
ジュリ　ジュリスト
裁判所ウェブサイト　最高裁判所ウェブサイト「裁判例検索」
```

第 1 編

民事信託の法務

第1章
信託設定時の悩みどころと落し穴

第1　信託意思能力・公正証書

Q1▶信託に必要な意思能力

　信じている家族に財産の管理を任せたうえで、将来における財産管理の負担を軽減することを目的とする民事信託の場合、家族の誰も反対していなければ、本人の判断能力が低下していたとしても信託をして問題ないと考えてよいですよね？

A1▶

　家族の反対がないとした場合であっても、信託が法律行為の一種であることから、その法律行為を行う時点で意思能力は必要です。

キーワード　意思能力、信託行為、行為能力、認知判断能力

▲▲▲▲▲▲▲▲▲▲▲▲▲▲▲▲▲▲▲▲▲▲▲▲▲▲▲▲▲▲▲▲▲

1　法律行為をするために必要な能力――意思能力

　以前から、意思能力がない者がした法律行為は無効と考えられてきたところですが、平成30年民法改正において、民法3条の2に「法律行為の当事者が意思表示をしたときに意思能力を有しなかったときは、その法律行為は、無効とする」という明文が置かれました。
　よって、意思能力がない者が信託行為を行った場合においては、当該行為は無効となります。

2 行為能力、認知判断能力

(1) 行為能力

1で述べた意思能力のほか、民法には「行為能力」についての定めがあり、行為能力に制限がある者の一定の行為については、取り消すことができること、取消しをした場合、その行為は初めから無効となることなどが定められています（民法120条・121条）。

(2) 認知判断能力

民法上に定義があるものではないものの、近時、使われることがあるのが「認知判断能力」という言葉です。

令和3年2月18日に全国銀行協会が公表した「金融取引の代理等に関する考え方および銀行と地方公共団体・社会福祉関係機関等との連携強化に関する考え方について」という報告書の中で、銀行の窓口等において高齢のお客さま（特に認知判断能力が低下した方）や代理の方と金融取引を行う際の参考となるポイントなどが整理されています。

3 実務対応

自らが組成に関与する信託契約などにおいて、委託者に意思能力がなかったり、認知判断能力が著しく低下をしたりしているような場合、そのことを看過して信託契約などを進めてしまうことは、後日、信託に関与していない相続人から訴訟等を起こされることになるだけでなく、それ以外にも大きな問題を抱えてしまうおそれがあることから、専門家としては注意をしなければなりません。

委託者の意思能力については、裁判でよく争点になります。

信託と遺留分が問題となった東京地判平成30・9・12〔裁判例3〕においても、争点の一つとして委託者の意思能力の有無が問題となりました（結論：意思能力肯定）。

また、近時のものとして東京地判令和4・10・14〔裁判例18〕および横浜地判令和5・12・15〔裁判例20〕があり、この中でも委託者の意思能力の有無が争点の一つとして争われています（結論：いずれも意思能力否定）。

なお、あまり例はないかもしれませんが、受託者の意思能力がない場合も同様に考える必要があります（信託行為の当事者にはいずれも意思能力が必要です）。

4　もう一歩前へ・関連論点：信託契約をするにあたっての実務

　信託は、決めようと思えば、おおむね100年先までの未来を決めることができるしくみで、とても息の長いしくみになります。そのため、信託継続中に、当初の信託設定時に委託者の意思能力がないことなどを理由として信託自体が無効になったとすると、関係者に多大な負担等をかけてしまうおそれがあることから、信託契約時において当事者が判断能力に問題がなかったことを明確にするため、信託契約は公正証書で作成をすることが重要になってきます。

参考文献
・日本弁護士連合会「信託口口座開設等に関するガイドライン」（2020年）

（菊永将浩）

Q2 ▶ 代理人方式による信託契約公正証書の可否

遺言代用信託の民事信託契約公正証書については代理人でも作成可能であると聞いたのですが、委託者の代理人による信託公正証書を作成しても問題ないですよね？

A2 ▶

代理人方式による信託契約公正証書の作成については近時消極的に考える見解が強い（特に委託者代理人方式）ので、推奨できません。

キーワード　代理人方式、公正証書、遺言

▲▲▲▲▲▲▲▲▲▲▲▲▲▲▲▲▲▲▲▲▲▲▲▲▲▲▲▲▲▲

1　代理人による公正証書の作成

各種契約書を公正証書にするにあたって、契約当事者がたとえば大企業の社長のような場合に公証役場に赴いたうえで公証人と面談をしたうえでなければ契約書を作成することができないとすると、公正証書の作成が困難となることから、一般論としては、契約書を公正証書にするにあたっては代理人方式で当該公正証書の作成を行うことができます。

2　民事信託における代理人方式（委託者代理人方式）の可否

民事信託契約も「契約の一種」であることから、代理人方式による公正証書の作成を認めても問題ないとする考えはあり、実務においてもかつてはそのような考えに基づいて代理人方式で作成された契約書があります。とりわけコロナ禍においては、施設によっては委託者との面会が不可なケースなどもあり、そのような中、実務として限定的ながらも委託者代理人方式が利用されていた事例もあったようです。

しかし、遺言書の作成や任意後見契約書の作成において代理人方式による作成が認められていないことから、遺言代用機能を有する民事信託においても代理人方式を認めるべきではない、との考えが強く主張されるようになっており、現在の実務においては委託者が代理人方式を利用して民事信託契約

公正証書を作成しようとした場合においても、その作成に応じない公証役場が多いと思われます。

このように、法律上禁止がされていないとしても、実務において対応がされないおそれがあるということについては、民事信託にかかわる専門家としては留意しておく必要があります。

なお、この点が争点の一つとして争われたものとして、東京地判令和3・9・17〔裁判例12〕があり、判決の中では、委託者の代理人によって信託契約が締結されていることから信託口口座の開設に応じてもらえなかったことなどが取り上げられています。

3　実務対応

民事信託において公正証書の作成が推奨される理由の主なところとしては、委託者の判断能力の有無を公証人によって確認してもらうところにあります。代理人方式では、この部分に対応することができません。極端にいえば、寝たきりで判断力がないような場合であっても代理人方式を利用して信託契約を作れてしまうことになることから、民事信託において委託者の代理人方式を認めないのは妥当なものと考えられます。

なお、公正証書の作成にあたっては、公証人による出張作成の対応も可能であり、健康面に課題がある方などはこの出張対応を利用するなどして公正証書の作成を行うことができるので活用してみてください。また、令和7年度後半からは公正証書の作成のデジタル化が始まることから、オンラインで公正証書を作成することができるようになる見通しですので、新しい情報にアンテナを張っておくことも大切です。

4　もう一歩前へ・関連論点：受託者による代理人方式の利用の可否・信託口口座開設の可否

(1)　受託者による代理人方式利用の可否

民事信託において、受託者は日中仕事があり平日に公証役場に赴くことが難しい場合もあります。このような場合、代理人方式を利用することはできないものでしょうか。

この点について、委託者の場合とは異なり柔軟に対応をしてもよいのではないかとする考えもあります。最終的には、公証役場ごとに対応が異なる部分かもしれませんが、いざその必要が生じたときにはその対応が可能かを調査等したうえで公証役場と協議をすることが必要です。

(2) 信託口口座開設への影響

　仮に代理人方式による民事信託契約公正証書の作成ができたとしても、金融機関において当然のように信託口口座の開設ができるかというとそうではありません。金融機関においては公証人による本人確認が行われていることを担保するために公正証書の作成を求めている場合もありますので、この点は注意が必要です。

参考文献
・日本弁護士連合会「信託口口座開設等に関するガイドライン」(2020年)
・「第3話コロナ禍における公証業務」月刊日本行政592号(2022年)26頁

（菊永将浩）

Q3▶信託口口座の開設①

信託契約書を公正証書で作成しました。ただ、委託者が直後に体調不良で、半年の間、入院してしまいました。でも、ちゃんと公正証書があるので、信託口口座を開設することができますよね？

A3▶

公正証書が作成されているからといって口座開設が問題なくできるとは限りません。事前に信託口口座開設を考えている金融機関に確認をしておくことが必要です。

キーワード　信託口口座、公正証書、有効期限

▲▲▲▲▲▲▲▲▲▲▲▲▲▲▲▲▲▲▲▲▲▲▲▲▲▲▲▲▲▲

1　信託口口座

　民事信託において、委託者が受託者に金銭の信託をする場合においては、分別管理機能（信託法34条）を果たす目的などから「信託口口座」を開設することが実務上推奨されています。

　信託口口座は法令により定義をされているものでないため、さまざまな定義がされていますが、ここでは「信託された金銭を管理するための口座」と定義をしておきます（信託口口座の詳細な解説については第2章Q2・Q3参照）。

　なお、一般に、信託口口座については、どの地域の、どの金融機関でも信託口口座の開設ができるわけではありませんので実務を行うにあたっては、どの金融機関が対応してくれるのかなどについてしっかりと確認をしておくことが必要です。

2　信託口口座の開設の手続

　信託口口座の開設については、対応している金融機関ごとに手続が異なる部分があるため、各専門家は自らの地域の金融機関においてどのような手続が必要かを確認しておく必要があります。

一般的に求められるものとしては、①信託契約書の内容が金融機関の定める要件を充足していること、②①について公正証書の作成がなされていること、などがあります。

3　信託契約書が公正証書で作成することを求められる趣旨

信託口口座を開設するためには、信託契約書が公正証書で作成されていることが求められると述べたところですが、その趣旨は、信託契約の当事者である委託者および受託者が信託契約締結時において意思・判断能力を有していること、契約の内容について了解をしたうえで契約を行っていることを明らかにすることで、後日の紛争等を避けるためというところにあります。

4　半年前に作成した公正証書による信託口口座開設の可否

3で述べた趣旨からすると、半年前に作成した公正証書では、その作成時には判断能力があったことは認めることができると思いますが、口座開設時点での判断能力がどうなっているかが不明だという問題もあります。

印鑑証明書もそれ自体は法的には有効期限がないにもかかわらず、提出先ごとに有効期限が設定されているのと同様、金融機関が信託口口座開設をするにあたって、半年前の公正証書で応じてくれるかは金融機関ごとの判断になります。

また、仮に半年を超えている点が問題視されなかったとしても、信託契約の内容が金融機関所定の要件を満たしていないということもありうるところです。

金融機関においては信託口口座の開設において受託者だけではなく委託者の同席も求めるところもあり、そのような場合同席ができないとすれば口座開設ができないということになるかもしれません。

そのほか、金融機関側からは、なぜ半年前に作成した公正証書を今になって持ってきているのかという指摘や半年の間当該信託契約書に沿った形で信託財産の管理等がなされているかなどの確認をするところもあるかもしれません。

いずれにしろ、信託口口座を開設しようと考えているのであれば、あらか

じめその金融機関に相談をすることが望ましいところです。

5　もう一歩前へ・関連論点：信託口口座が開設可能な金融機関

　平成28年頃から民事信託が普及してきたところですが、当初はほとんどの金融機関が信託口口座の開設には応じてくれませんでした。ところが、最近では地域金融機関のみならず、ネット銀行などにおいても信託口口座の開設に前向きなところも増えてきています。正確な統計は発表されていませんが、全金融機関の15％～20％くらいの金融機関において信託口口座も含めた民事信託への対応に応じてくれているといわれています（逆にいえば80％以上の金融機関では応じてくれない状況となっています）。

　金融機関の対応については、最新の情報に注意が必要です。

参考文献
・日本弁護士連合会「信託口口座開設等に関するガイドライン」（2020年）

（菊永将浩）

Q4 ▶ 信託口口座の開設②

　信託契約書を公正証書で作成しました。ただ、公証人手数料は信託金銭の多寡に比例するので、公証役場の手数料の節約のため、信託金銭は1円とし、後日追加信託することにしました。ちゃんと公正証書があるので、信託口口座を開設することは問題なくできますよね？

A4 ▶

　このような対応をした場合、後日、追加信託をする際に判断能力が喪失していた場合などにおいて問題が起きうることから推奨できません。また、金融機関によっては信託口口座の開設に応じてくれない可能性もあります。

キーワード　信託口口座、公正証書、追加信託

▲▲▲▲▲▲▲▲▲▲▲▲▲▲▲▲▲▲▲▲▲▲▲▲▲▲▲▲▲▲

1　寡少な金額による信託契約の問題点

　主として公証役場の手数料の負担を軽減するために、信託契約の公正証書の作成のときには信託金銭を1円など寡少な金額としたうえで、公正証書作成当日またはそれ以降に追加信託をするということが行われている場合があります。

　たとえば、近いタイミングで満期になる保険があり、当初は小さい金額で信託をするものの、後からお金を追加信託する、ということはあり得ますし、それが常に問題があるわけではありません。

　しかし、公証役場の手数料を安くすることを目的とするためだけに寡少な金額による信託契約をすることは望ましいものではありません。なぜなら、公証役場における手数料は公証人手数料令の定めるところにより決められているところ、本来しようと考えている法律行為に必要な手数料を支払わないようにするために本来とは異なる金額での法律行為を行うということは、同手数料令が定められている趣旨に抵触するものだからです。

　このようなやり方をした場合において、①追加信託をする前に、委託者が判断能力を失った場合に追加信託をすることができず、せっかく準備した民

11

事信託のしくみが意味のないものになってしまうおそれ、②委託者が翻意して金銭の追加を行わないことによりトラブルが生じるおそれ、③あまりに寡少な金額を信託財産とした場合、そもそも信託が成立してないと争われるおそれ、などがあります。

仮に、当初の寡少な金額での信託設定後に想定外に委託者が死亡した場合において、受託者が信託契約に定められた金銭の支払いを求めようとした場合、相続人の協力が得られないとすると難しい問題が起きることもあります。

2 追加信託の問題点

「追加信託」とは、既存の信託に財産を追加する手法になりますが、その法的な位置づけについては議論が分かれているところです。

追加信託の法的性質については、一般的には新たな信託の設定と信託の併合であるとする見解や信託の変更とする見解があります。追加信託は法律行為の一つになることから、追加信託時において委託者および受託者の判断能力が必要とされるのが原則であると考えられます（この点について、信託口口座へ金銭が振り込まれたら追加信託とみなす、という趣旨の条項（自動追加信託条項）をみることがありますし、当該条項が有効であるとの見解もあるところですが、その条項の有効性に疑念がないわけではないことや後々に相続紛争を生じさせるおそれがあることからこの条項の定め方は推奨できないと考えます）。

よって、もともと一定の金額を任せようと決まっている場合においては、原則としてはその金額全額を信託設定時において全額信託をすることが望ましく、後日の追加信託ありきで当初の信託金銭の額を決めるのは好ましくありません。

3 もう一歩前へ・関連論点：追加信託の手続

2で追加信託について説明しましたが、実際に追加信託をする場合には、簡単なものでもよいので、委託者と受託者の間で、次の①～③の事項について書面を作っておくのがよいと思われます。

① 追加信託をする時期

② 追加信託をする金銭の額
③ 追加信託をする合意

　このような書面を作成する必要があるのか、作成する必要があるとした場合に公正証書にする必要があるかどうかは、金融機関によっても対応が異なるため、信託口口座の開設をした金融機関に確認をすることをお勧めします。

参考文献
・日本弁護士連合会「信託口口座開設等に関するガイドライン」（2020 年）
・追加信託みなし条項の有効性について、追加信託の法的構成として三つの考え方（信託財産の加増とする考え、信託の変更と解する考え、新たな信託設定と信託の併合を同時に行うとする考え）ごとに検討したものとして、根岸謙「信託財産の追加時における委託者の意思内容及び意思能力の有無が問題となった事例」信託フォーラム 22 号（2024 年）71 頁以下

（菊永将浩）

第2 任意後見との関係

Q5 ▶ 受託者と任意後見受任者の兼任

　民事信託と任意後見を組み合わせて利用することもできると聞きました。それぞれの制度のメリットを生かして併用したいと思うところ、受託者や後継受託者は確保できましたが、それに加えて別の者を任意後見受任者としなければならないのでしょうか。受託者と任意後見受任者を兼任させることはできますよね？

A5 ▶

　法律上、受託者と任意後見受任者ないし任意後見人を兼任させることは禁止されていません。本来、民事信託と任意後見を併用する場合に、任意後見人は、受益者に代わり受託者を監督する役割が期待されるところであり、受託者からの独立性を確保すべきであるという点では、兼任は望ましくないとも思われます。もっとも、任意後見契約における本人兼信託の委託者が、いずれも同一人に依頼したいという意思を有しているのであれば、任意後見契約が将来型であることを前提に、任意後見監督人に受託者を監督する役割を期待して、兼任が一切認められないわけではないといえます。

　なお、移行型任意後見契約の財産管理委任契約の受任者が受託者を兼任することは、任意後見監督人による監督が期待できないことになりますので、委託者が受託者に対する監督を適正に及ぼすか、もしくは、信託監督人による監督を行うという方法も検討されてよいのではないかと考えます。

キーワード　任意後見、受託者と任意後見受任者の兼任、利益相反
▲▲▲▲▲▲▲▲▲▲▲▲▲▲▲▲▲▲▲▲▲▲▲▲▲▲

1　財産管理についての制度間競争

　任意後見契約における財産管理と受託者の財産管理は、財産管理という機

能においては重複する点もあり、その意味で競合関係にあります（財産管理についての制度間競争）。もっとも、身上保護は任意後見でしか担えない役割ですし、農地等の信託財産にできない財産もあります。他方で、借入れのニーズにより応えやすいのは信託ですし、後継ぎ遺贈のニーズに応えられるのも信託だけです。このような複数のニーズに適切に応えていくためには、任意後見と民事信託を択一的な関係とは捉えずに、組み合わせるコンサルティングが求められます。家庭裁判所の関与に対する本人の考え方によっても、組み合わせるか否かの判断は変わります。

2 兼任が許されないとする立場

受託者と任意後見人の兼任は許容されないとする立場の根拠は、信託法144条が準用する124条2号において、受託者である者は受益者代理人となることができないことから、任意後見人には124条2号の受益者に代わり受託者を監督する役割が期待されるところであり、受託者からの独立性を確保すべきであるという点を強調し、任意後見人ないし任意後見受任者にまで、趣旨を拡大させるというところにあると思われます。

しかし、受益者代理人は信託法上の存在であるところ、任意後見人は、信託法上の存在ではなく、任意後見制度を公的監督機能付き任意代理の制度と理解すると、受益者が任意代理で代理人を設定する場合でも、代理人の資格として受託者でないことを求めることになりますが、信託法がそこまでの規律を付する理由はありません。また、少なくとも将来型任意後見契約の任意後見人は、代理権の範囲で任意後見監督人の監督を受けることになるため、監督の独立性に関する趣旨を拡大させるまでの必要性に欠けるといえます。

3 兼任する場合の留意点

兼任を許容する立場の多くは、兼任が法律上禁止されていないこととともに、任意後見監督人の存在を許容性の根拠としています（筆者としては兼任を認めないと人的な「なり手確保」が困難になることから制度の併用のニーズに応えるために許容するべきとの理由は、許容性の根拠としては脆弱ではないかと思います）。

そのことから、兼任する前提としては、①任意後見契約が将来型であるとともに、②任意後見契約の代理権目録において受益権の行使が除外されていないことが必要です（本章Q6参照）。

なぜなら、①移行型任意後見契約における財産管理委任契約と民事信託を併用する具体的なケースの必要性に欠ける（民事信託と併用するのは将来型任意後見契約で足りる）ことになるためです。また、②任意後見契約の代理権目録において受益権の行使が除外されていると任意後見監督人の監督が及ばないことになり、兼任を許容する根拠を失うことになるためです。

なお、受託者と任意後見人が兼任している場合に、別途代理権目録の記載内容の問題もありますが（本章Q6参照）、受託者と委託者兼受益者の任意後見人が同一人になることに伴って、信託法164条1項による終了の可否が問題となり得ます。この問題は、利益相反関係にあるとして任意後見監督人が代理しなければ終了合意は無効であるのかという点のほか、受託者としての善管注意義務、任意後見人としての善管注意義務も問題となります。

このように、兼任自体は許容されるとしても、設定時のみならず、信託継続中にも実務上いまだ十分に指摘されていない未知の問題が生じるおそれもあることにも留意し、制度の併用が必要であるのか、兼任は避けられないのかを慎重に検討するべきです。

参考文献

- 溜箭将之「高齢者の財産管理の展望」公証法学50号（2022年）117頁
- 道垣内弘人編著『条解信託法』（2017年）570頁以下〔佐久間毅〕
- 木村仁「任意後見と信託の連携・協働」市民と法129号（2021年）16頁以下
- 日公連民事信託研究会＝日弁連信託センター「民事信託と後見制度を併用する場合の諸問題(3)民事信託と任意後見の使い分け、併用例、利用における意思能力の相違」家判46号（2023年）143頁以下
- 日公連民事信託研究会＝日弁連信託センター「民事信託と後見制度を併用する場合の諸問題(4)民事信託の受託者と任意後見人の地位の兼任について」家判47号（2023年）131頁以下
- 原啓一郎「民事信託と任意後見（後編）」日本行政618号（2024年）5頁以下

（根本雄司）

Q6▶ 受益権および委託者の権利と代理権目録

　任意後見契約における代理権目録の内容として、「不動産、動産等全ての財産の保存、管理及び処分に関する事項」という包括的な権限が入っていました。任意後見と信託を併用した場合、任意後見人の代理権の範囲には、受益権のみならず、委託者の権利も含まれますよね？

A6▶

　委託者の権利の性質については、委託者の権利の内容によっては個別に代理権目録に記載する必要があるのではないかとの指摘が学術的にも実務的にもなされており、疑義を生じさせないようにするという観点からは、代理権目録に委託者の権利に関する条項を加えることがよいと考えます。

キーワード　任意後見、受益権と代理権目録、委託者の権利と代理権目録

▲▲▲▲▲▲▲▲▲▲▲▲▲▲▲▲▲▲▲▲▲▲▲▲▲▲▲▲▲▲▲▲▲▲

1　代理権目録

　任意後見契約は、法務省令で定める様式の公正証書によってしなければなりません（任意後見契約に関する法律3条）。そして、任意後見契約に関する法律第3条の規定による証書の様式に関する省令2項は、「公証人は、任意後見契約に関する法律第3条の規定による証書を作成する場合には、附録第1号様式又は附録第2号様式による用紙に、任意後見人が代理権を行うべき事務の範囲を特定して記載しなければならない」としています。

　現在の任意後見実務では、自由記載方式の「附録第2号様式」を利用することが一般的で、日本公証人連合会が作成した文例を活用することも多いですが、自由記載方式ですので、東京法務局において代理権目録登記がなされる範囲で、目録に条項を加えることも認められています。前述の文例には、「不動産、動産等全ての財産の保存、管理及び処分に関する事項」との定めがあり、受益権は「全ての財産」に含まれると考えられています。

2 受益権（例示列挙する場合と明文で除外する場合）

　受益権とは、信託行為に基づいて受託者が受益者に対し負う債務であって信託財産に属する財産の引渡しその他の信託財産に係る給付をすべきものに係る債権（受益債権）およびこれを確保するためにこの法律の規定に基づいて受託者その他の者に対し一定の行為を求めることができる権利をいいます（信託法2条7項）。この受益債権を含む受益権は財産権ですので、受益権は上記の「全ての財産」に含まれると考えられます。

　また、株主権行使において、自益権は財産管理的側面を有するものの、共益権は財産管理的側面を有するといえるか疑問もあるとしても、一般的に株主権行使そのものは、財産権行使の一つとして理解されており、共益権を含めて株主権行使は、「財産の保存・管理及び処分に関する事項」として理解されています。同様に、受益権には、受益債権と監督的権利の両方が含まれているとしても、受益債権の財産権としての性格が中心であると捉えて、「財産の保存・管理及び処分に関する事項」と考えることができます。

　もっとも、代理権目録は任意後見契約の当事者間のみならず、取引の相手方を含む第三者にも代理権限の有無が明確になることが望ましく、特に民事信託と任意後見を併用している場合、任意後見契約の代理権目録に民事信託の存在をうかがいせしめるレファレンスを設けるという観点から、受益権に関する代理権を有していることを例示的に記載することが考えられます。

　また、金融機関、証券会社および保険会社とのすべての取引に関する事項に加えて、信託取引に関する事項を別項で加えることも考えられます。これは、主に金融機関における信託商品を念頭においたものですが、民事信託も信託取引に該当しますので、信託商品と民事信託をいずれも活用する場合には、ここで受益権に関する代理権を有していることを例示的に記載することも考えられます。

　他方で、任意後見と民事信託の併用の事例において、民事信託において受益者代理人を設けて、任意後見人とは別の者を受益者代理人に指定する場合には、任意後見人と受益者代理人の権限競合を回避するために、代理権目録において受益権を除くことを明記することで、任意後見人の代理権から受益

権に関する事項を外す場合もあります。ただし、このような場合には、任意後見監督人が民事信託に対する監督権を有さなくなることから、慎重な検討が必要です。

3 委託者の権利

　委託者の権利（信託法145条参照）には、財産管理的側面を有する権利も含まれていることを理由に、「財産の保存・管理及び処分に関する事項」に委託者の権利も含まれていると考えることもできないことではありません。

　しかし、信託法145条の1項は監督的機能を中心とした規定であり、2項も受託者の行った行為の結果を是正する性格を有しているとされ、信託財産に対して具体的な利害得失をもたらすことになる権利は、受益者の利益に直結するので、信託の利益を享受する受益者が行使するべきであって委託者に付与することは相当でないとされています。

　このような信託法145条の性格を前提とすると、「財産の保存・管理及び処分に関する事項」に委託者の権利も含まれているとすることには疑問が呈されます。

　委託者の権利のうち、受託者の監督にかかわる単独受益権（信託法92条）は、一般的な財産の管理・処分に含まれるが、信託を単独で変更する権利または受託者に対する指図権など少なくとも信託法上予定されていない権利については、個別具体的に記載しておくことが必要であるとする立場や、信託事務処理状況等の報告請求権（同法36条）や受託者の辞任の同意権（同法57条）などは端的に財産権といえるか疑義があるとして、やはり信託契約に基づく委託者の権利行使に関する事項を加えることが考えられるとする立場なども示されています。

　また、委託者が追加信託を行う場合にも、それを任意後見人が代理権に基づいて行うときには、追加信託の法的性格も考慮し、単に委託者の権利行使に関する事項との記載では足りず、代理権目録で対象行為が特定されていることを要するとの立場もあります。より発展的な議論として、信託の終了に関する権限を代理行使することが、委託者の一身専属的行為である遺言の撤回（生前処分との違いは本章Q9参照）との関係で許されるのかという問題も

指摘されています。

　このような議論状況にあることから、委託者の権利は、「財産の保存・管理及び処分に関する事項」に含まれていないことを前提に、代理権目録に委託者の権利に関する条項を加えることが、現時点での実務の到達点になっていると考えるべきではないでしょうか。

参考文献

- 道垣内弘人編著『条解信託法』(2017年) 624頁以下〔角紀代恵〕
- 木村仁「信託の委託者の権利と後見人による代理行使について」法と政治70巻1号 (2019年) 61頁以下
- 菅原崇＝仙波英躬『Q&A任意後見の実務と裁判例』(2022年) 75頁以下
- 日公連民事信託研究会＝日弁連信託センター「民事信託と後見制度を併用する場合の諸問題(4)民事信託の受託者と任意後見人の地位の兼任について」家判47号 (2023年) 131頁以下
- 田中和明＝西片和代編著『信託法務大全［第3編］民事信託』(2025年) 78頁以下
- 根本雄司「信託に関する留意点──融資事案や他制度との組み合わせ事例を中心に」公証200号 (2023年) 3頁以下
- 原啓一郎「民事信託と任意後見（後編）」日本行政618号 (2024年) 5頁以下

（根本雄司）

Q7 ▶ 受益権の行使と任意後見監督人

　受託者と受益者の任意後見人と帰属権利者が同一人で、受託者が受益者に対し適切な給付をしない場合に、利益相反行為に該当するので、任意後見監督人が受益者を代理して、受託者に対して適切な給付を請求することができますよね？

A7 ▶

　受託者が自らが帰属権利者であるために、受益者の利益を優先せず適切な給付を行わない場合に利益相反行為に該当するか否かは、見解が分かれるところです。そのため、このようなときに直ちに任意後見監督人が受益者を代理できるのかは明らかではなく、実務の蓄積が待たれるところです。また、適切な給付とはどのような給付であるのか、任意後見監督人の立場で具体的な請求権の内容を判断することができるのかという問題もあります。

キーワード　受益権の行使と任意後見監督人、利益相反

▲▲

1　受託者と受益者の任意後見人と帰属権利者

　そもそも受託者と任意後見人が同一人となることは、法律上禁止されておらず、任意後見監督人の存在を許容性根拠として許されるものの、望ましくありません（本章Q5参照）。

　また、受託者と受益者の任意後見人と帰属権利者が同一人である場合に、受益者としての任意後見人は、本来受益者の利益を優先して、受託者が受益権に基づく適切な給付をしないときは、受託者に対し、受益権の行使として適切な給付を請求しなければなりません。ところが、帰属権利者でもあると、受益者に対して適切な給付をしないことで、自らの帰属権利者としての利益の最大化を企図し、受益者の任意後見人として適切な給付を求めず、自らが受託者であることを奇貨とし、適切な給付を受託者の立場で能動的にも行わないという状況が生じることになります。

　なお、任意後見人の善管注意義務の問題や、受託者の受益者と帰属権利者

に対する公平義務ないし受託者の善管注意義務に違反するのではないかという問題があることは、2以下のいずれの立場においても変わりません。

2 任意後見監督人による受益権の行使

　任意後見監督人の職務は、「任意後見人の事務を監督すること」（任意後見契約に関する法律7条1項1号）のほか、「任意後見人又はその代表する者と本人との利益が相反する行為について本人を代表すること」です（同項4号）。任意後見監督人は、任意後見の代理権目録の範囲でしか監督責任を負いませんので、任意後見の代理権目録において受益権が除外されていないことが前提となります（本章Q6参照）。

　この点について、利益相反該当性に関する外形標準説（形式的判断説）からは、①任意後見人が受託者を兼ねていることが問題なのではなく、信託が終了した場合の帰属権利者を兼ねていることが問題なのであって、そのことは、行為としてみると必ずしも常に任意後見人に利益をもたらし受益者本人に不利益をもたらすものであるとは限らないこと、②受託者が適切な給付を行わないことは不作為にとどまるのではないかなどのことから、利益相反行為に該当しないと考えられます。

　しかし、近時は、同一人による不作為において、事前的判断における利益相反行為予防の場面における利益相反該当性について、実質的に評価し、従来の見解である外形標準説よりも広く利益相反該当性を判断し、任意後見監督人による代理権行使の機会を広く認める見解も有力になってきています（拡大された形式的判断説）。

　このような見解に基づけば、任意後見監督人による受益権行使が可能となります。もっとも、現在の任意後見監督実務から、任意後見監督人にそのような期待を寄せることに実効性があるのか疑問も呈されているところです。

　この点は、法制審議会民法（成年後見等関係）部会において、任意後見の監督のあり方についても議論されており、従来の監督や総合支援型監督に加えて、簡易な監督などが提唱されているところ、積極的な監督が求められる一例として、実務における任意後見監督の実績の積み重ねによる実証が待たれるところです。

3 受託者裁量と受益権の内容

　受託者が受益者に対して適切な給付をしないことは、受託者裁量の観点からも問題となります。

　任意後見監督人は、その権限行使において裁量がありますので、任意後見監督人が受託者に対して給付を請求するためには、定期的給付を定める受益権でない限り、信託の目的、受託者の裁量権行使の基準、裁量権の範囲および受益者の社会的、経済的または身体的状況等に照らして、信託事務遂行義務の内容として、当該状況における受益者に対して、信託財産から一定額の給付をすべきことが合理的に確定されることが必要となるのではないかと考えられます。これは、信託設定前に、実質的に受益者に対して、何らかの扶養や贈与がされていたかなどの実績も考慮されるとも思われます。

　信託行為において、信託目的や受益権の内容、受託者の例示列挙された事務内容なども勘案しながら、一義的に任意後見監督人が判断し、受益者が一定額の給付を受けるべき具体的な給付額を任意後見監督人において請求することが必要となります。

参考文献
- 日公連民事信託研究会＝日弁連信託センター「民事信託と後見制度を併用する場合の諸問題(6)受託者による権限濫用・不正行為への対応(2)」家判49号（2024年）163頁以下
- 田中和明＝西片和代編著『信託法務大全［第3編］民事信託』（2025年）79頁以下
- 原啓一郎「民事信託と任意後見（後編）」日本行政618号（2024年）5頁以下
- 木村仁「受託者の裁量権行使とその責任」信託フォーラム20号（2023年）14頁以下

（根本雄司）

第3 法定後見との関係

Q8▶受託者による後見開始の審判申立て

委託者である本人が、民事信託契約を締結してしばらく経ってから、認知症等の症状により判断能力が低下し、信託財産となっていない財産管理の必要が生じて、受託者である親族が申立人となって後見開始の審判を申し立てることがあると聞きます。受託者である私が成年後見人に選任されますよね？

A8▶

各家庭裁判所（各裁判官）で判断は異なるため、個別の事案の判断となりますが、一部の家庭裁判所の運用では、民事信託の受託者は親族後見人に選任しないという判断を行っているケースもありますので、むしろ選任されない可能性も考慮し、後見開始の審判申立て時に工夫することが必要です。

キーワード　受託者による後見開始の審判申立て、親族後見人

▲▲▲▲▲▲▲▲▲▲▲▲▲▲▲▲▲▲▲▲▲▲▲▲▲▲▲▲▲▲▲▲▲

1　法定後見における成年後見人の選任実務

後見開始の審判申立ての申立書には、成年後見人の候補者を記載する欄があり、受託者を候補者として記載すること自体は可能です。

もっとも、家庭裁判所は、成年後見人の選任について、職権で行うものとされており（民法843条1項）、誰を成年後見人に選任するかは、家庭裁判所の裁量事項です。家庭裁判所は、本人の心身の状態、生活および財産状況、成年後見人等になる者の職業および経歴、本人との利害関係の有無、本人の意見その他一切の事情（申立てに至った経緯、親族関係など）を総合考慮して審判を行うものとされています（同条4項）。

成年後見人の選任について、不服申立て（即時抗告）はできません。誰を

成年後見人に選任するかは裁判官の専権事項であり、一度成年後見人が選任されると、辞任や解任にならない限り、成年後見が終了するまで、選任された成年後見人が業務を行うことになります。

また、一度後見開始の審判申立てがあると、家庭裁判所の許可がなければ申立てを取り下げることはできません（家事事件手続法121条）。これは、公益性や本人保護の見地から、申立人の申出だけで取下げを認めないものです。一般に、候補者が選任されないという理由だけで後見開始の審判を取り下げることは認められないと考えられます。

つまり、一度後見開始の審判を申し立てると、誰を成年後見人に選任するかは、家庭裁判所の判断に委ねられ、選任についての不服申立ても、申立て自体の取下げも認められないため、後見開始の審判申立て時に候補者が選任されるか否かの見立てが重要となります。

2　後見開始の審判申立てにおける候補者

家庭裁判所が親族候補者を選任しない理由として、実務上あげられているのは、①親族間対立がある場合、②親族が本人から借入れ等を行っているなど適切な財産管理が期待できない場合、③専門事務を伴う場合であるとされています。なお、運用上、本人の流動性資産が1200万円以上（東京家庭裁判所の場合には1000万円以上）ある場合には、親族が成年後見人等に就任するときは、成年後見監督人を付けるか、後見制度支援信託・後見制度支援預貯金（第3章Q10参照）を活用しなければならないとされています。

候補者が民事信託の受託者であると、信託の受託者業務は信託財産や信託事務の内容によっては、専門事務を伴う場合であると判断されることはあり得ます。

また、信託は受益者が受託者を監督する権限を有していることや現行法の後見類型は包括的な財産管理権限を有し受益権の行使も財産管理権の対象となることに鑑み、受益者の包括財産管理権を有する者と受託者が同一人が兼ねることは、本人保護の観点から、適切な財産管理が期待できないと判断されることもあり得ます。

3 後見開始の審判申立て時における工夫

　後見開始の審判申立て時に、候補者を記載することができることは前述のとおりですが、候補者が受託者である場合に、当該候補者が選任されない場合には、たとえば成年後見監督人を付けることを許容する旨の意見を上申することで、後見監督人が付きますが、受託者が親族後見人を選任するよう求めることはできると考えますし、家庭裁判所は成年後見監督人が付くことを前提に受託者を親族後見人として選任することは十分にありうると考えます。上申においては、身上保護の観点などから、受託者が成年後見人となって受託者業務以外の財産管理・身上保護を行うことが適当である理由や、後見監督人による監督で、受託者に対する監督機能が十分に働くことを説得的に説明することが必要です。

　また、家庭裁判所によって運用が異なりますが、信託契約についての理解が不十分であることもあり得ますので、信託の目的、信託財産や信託契約の内容などを丁寧に明らかにするとともに、候補者に順位を付して、受託者が選任されない場合に備えて、予備的な候補者も記載しておくことも考えられます。

　しかし、家庭裁判所は、本人保護の観点から、専門職を成年後見人に選任することが適当であると判断することも多いと考えられますので、任意後見契約を締結しておくことを民事信託の組成時にあわせて検討することも必要です。

4 受益者代理人の定めを置いた場合の成年後見人と信託契約の関係

　信託契約において、受益者代理人を別に定めておくことで（ただし、信託法144条（124条を準用）で受託者が受益者代理人を兼任することはできません）、仮に成年後見人に候補者以外の者が選任されたとしても、成年後見人は信託契約に介入することはできなくなります。同法139条により、受益者代理人に代理される受益者は、同法92条各号に掲げる権利及よび信託行為において定めた権利を除き、その権利を行使することができないとされています

ので、包括的な財産管理権限を有する成年後見人であっても、受益者代理人がいる場合には、成年後見人の代理行使のもととなる受益者本人が権利行使できなくなることにより、成年後見人も受益者の法定代理人として権利行使することはできなくなると考えます。

　もっとも、受益者や成年被後見人（本人）のために円滑かつ統一的な財産管理を行うことを考えると、将来法定後見制度の利用が想定されるときに、受益者代理人を定める場合には、受益者代理人に特定の者を指定するほかに、成年後見人に選任された者を受益者代理人に指名する旨の信託契約の定めを規定することも考えられます。

参考文献
- 片岡武ほか『家庭裁判所における成年後見・財産管理の実務〔第2版〕』（2014年）4頁以下

（根本雄司）

Q9▶ 委託者兼受益者の成年後見人による信託の変更・終了

　委託者が親族と民事信託契約を締結した後に、受託者となっていない別の親族が信託契約の効力に疑義を抱いて相続紛争の前哨戦となってしまうことや、受託者の財産管理内容を不信に感じて、後見開始の審判を申し立てることがあると聞きます。その場合、委託者兼受益者の成年後見人に専門職が選任されることが多いようですが、選任された成年後見人は、委託者兼受益者の合意があるときは、信託の変更や信託の終了を行うことができますよね？

A9▶

　信託法上、委託者兼受益者が同一人である場合に、委託者と受益者の合意により、受託者の利益を害さないことが明らかであるときは信託の変更ができ（同法149条3項）、委託者および受益者はいつでも合意により信託を終了させることができるものとされていますが（同法164条1項）、それぞれ信託契約において別段の定めを規定することで排除することができますので、信託契約に別段の定めがないかをまず確認することが必要です。そのうえで、成年後見人には善管注意義務（民法869条・644条）がありますので、信託法上、信託の変更や信託の終了を成年後見人の包括代理権に基づいて行うことができる場合であっても、成年後見人の権限内の行為であるのか、善管注意義務に違反しない行為であるのかについて、留意しなければなりません。

キーワード　委託者兼受益者の成年後見人による信託の変更・終了

▲▲▲▲▲▲▲▲▲▲▲▲▲▲▲▲▲▲▲▲▲▲▲▲▲▲▲▲▲▲▲▲▲▲

1　本人が遺言を作成している場合の成年後見人の善管注意義務

　成年後見人は、包括的な財産管理権を有し（民法859条）、善管注意義務（同法869条・644条）を負っています。

　遺言は一身専属行為であることから、成年後見人は代理で遺言を作成することはできず、遺言の撤回も遺言の方式に従うとされていることから（民法1022条）、成年後見人が遺言による遺言の撤回を代理で行うことはできませ

ん。権限外行為と考えられます。

　もっとも、遺言の対象財産を生前に処分した場合には、その限りで遺言は撤回したものとみなされますが（民法1023条2項）、本人の財産を生前に処分すること自体は成年後見人の財産管理に基づく処分行為であり、成年後見人が行う処分行為としては取引の相手方との関係で有効な行為となります。しかし、成年後見人が本人の遺言の内容を把握しており、成年後見人が行った財産管理行為が生前処分行為となり、相続人や受遺者に損害を与えた場合には、善管注意義務違反による損害賠償責任を負いうるとされています。

2　信託の変更や信託の終了

(1)　信託の変更（受益者の変更）

　信託の変更のうち、特に受益者の変更を成年後見人ができるのかが問題とされます。遺言代用信託において成年後見人が残余財産受益者を変更することは、遺言を代理することと実質的に異なるところはなく、権限外行為となります。

(2)　信託の終了（帰属権利者等の定めがある場合）

　信託の終了について、残余財産受益者や帰属権利者の定めがある場合に、遺言代用信託を成年後見人が終了させることは、それ自体は遺言における生前処分と同様に処分行為としては有効ですが、善管注意義務の問題となります。民事信託の大半は、途中で終了した際に本人に財産が戻る場合であり、成年後見人の財産管理権の行使ととらえられ、処分行為としては有効ですが、善管注意義務の問題となります。

　委託者本人に清算後の信託財産が戻る場合でも、信託の終了に関する本人意思が確認できるか否かで、成年後見人の意思のみでは終了できないとする立場もありますが、意思尊重義務違反（民法858条）は理念義務であり、善管注意義務違反を構成するにとどまるため、成年後見人の行為を権限外行為とすることは難しく、行為の有効性は認められるものと解されます。

　また、本人に財産が戻らない場合には、信託を終了させる成年後見人の行為は、第三者への贈与と異なるところはなく、権限外行為と考えられる場合もあれば、権限内行為としたうえで善管注意義務の問題とする場合もありう

るところであり、本人と第三者との関係性や終了に至る経緯、これまでの贈与内容や実績、信託財産額などに応じた判断となるものと考えます。

いずれも信託を終了させることで、当初信託契約で想定されていた帰属権利者へ信託財産は帰属されない結果となりますが、これは遺言の方式で撤回をしているものとは評価されませんので、信託の終了という行為は、生前処分と同様の性格の行為であるといえます。

3 帰属権利者等の定めがない場合の考え方（善管注意義務違反を中心に）

信託契約において財産の承継に関する内容を含んでいない場合には、信託契約は財産管理制度にとどまり、成年後見人の裁量において信託契約を継続させるか否かを判断することは許されるものと解されます。信託契約において、帰属権利者の定めのない信託であれば、信託契約を終了させることは成年後見人の権限内の行為であることはいうまでもなく、かつ、信託目的や本人の意思に明らかに反するものでない限り、裁量の範囲内であるとして善管注意義務違反に問われるものではないといえるでしょう。

しかし、帰属権利者の定めがない場合であっても、信託契約が存在する以上は、委託者が受託者を信認していることを重視して、信託財産に関する財産管理権は受託者の財産権利権限が優先されるべきです。

もっとも、法定後見制度と信託契約に基づく受託者の財産管理権限が競合する場合において、財産管理が二重管理となることに伴う弊害を理由に、家庭裁判所の監督の下で包括的な代理権が付与される法定後見制度が優先され、成年後見人が委託者兼受益者として成年後見人の財産管理権に基づいて信託契約を終了させる必要性がある場合には、成年後見人の裁量逸脱とはならないもの（裁量の範囲内）として善管注意義務違反に問われるものではないと解されます。

法制審議会民法（成年後見等関係）部会における議論として、法定後見と任意後見が併存する場合に、本人意思尊重の観点から任意後見が優先される関係になるものの、なお法定後見を優先させるべき場面として、①任意後見人がその任務に適しない事情があるとき、②疾病等により事務を遂行するこ

とが事実上困難であるとき、③本人との信頼関係が損なわれたため事務を遂行することが困難となったとき、④本人の利益のために特に必要があるとき、⑤任意後見人が不適任であるときなどが検討されており、信託契約の終了と法定後見による財産管理権限の関係性の議論に参考となります。

具体的には、前述の「任意後見人」とあるところを「受託者」に置き換えたうえで、①〜④の事情が認められる場合には、法定後見を優先させて成年後見人において信託契約を終了させる必要性があると考えられます。また、⑤受託者が不適任である場合には、今後の成年後見人の財産管理権の円滑な行使を妨げるおそれがあり、信託契約を継続することで財産管理に弊害が生じるおそれが高いといえ、成年後見人において信託契約を終了させるべきだと考えます。

参考文献
- 菅原崇＝仙波英躬『Q&A 任意後見の実務と裁判例』(2022 年) 181 頁以下
- 宮本誠子「終了に関する課題(シンポジウム　高齢者を委託者とする家族間信託の現状と課題)」信託法研究 48 号(2024 年) 101 頁
- 日公連民事信託研究会＝日弁連信託センター「民事信託と後見制度を併用する場合の諸問題(7)民事信託と法定後見の併用」家判 50 号(2024 年) 125 頁
- 信託法務研究会(令和 5 年度信託法務研究会報告)「成年後見人による遺言代用信託の終了または受益者の変更にかかる申出と受託者の『承諾』」信託 301 号(2025 年) 22 頁以下

(根本雄司)

第4 信託と遺留分

Q10 ▶ 信託設定と遺留分①

遺言代用信託を活用すれば、民法の相続に基づくものとは別途、信託法に基づく財産承継も実現できると思います。そこで、信託の設定さえしておけば、遺留分は無関係となりますよね？

A10 ▶

民法上認められた遺留分侵害額請求権の行使を妨げる内容の信託が許されることにはなりません。遺留分に配慮して信託を設計するか、侵害額請求に対応できる金銭給付を手当てするなど、相続全体の遺留分対応も視野に入れておくことが望ましいでしょう。

キーワード　遺留分

▲▲▲▲▲▲▲▲▲▲▲▲▲▲▲▲▲▲▲▲▲▲▲▲▲▲▲▲▲▲▲▲▲▲▲▲▲

1 信託と遺留分

民法は、遺留分を算定するための財産の価額について、「遺留分を算定するための財産の価額は、被相続人が相続開始の時において有した財産の価額にその贈与した財産の価額を加えた額から債務の全額を控除した額とする」と定めています（同法1043条1項）。また、遺留分侵害額の請求について、「遺留分権利者及びその承継人は、受遺者（特定財産承継遺言により財産を承継し又は相続分の指定を受けた相続人を含む……）又は受贈者に対し、遺留分侵害額に相当する金銭の支払を請求することができる」と定めています（同法1046条1項）。

ここで、遺言代用信託の設定に伴い、信託の対象財産は受託者に移転し、受託者に属する財産となります。したがって、委託者が死亡したとしても、信託財産は「被相続人が相続開始の時において有した財産」ではありませ

ん。また、信託の設定や、これに基づく受益権の付与取得も、「贈与」そのものではありませんし、受託者や受益者は、「受遺者」や「受贈者」もそのものではありません。民法1046条等では、「信託」は明示されていません。

　しかし、遺言代用信託は、死因贈与と似た機能を有するため、信託の設定によっても、遺留分侵害額請求を一律に免れるという効果が生じるものではありません。裁判例においても、平成30年民法改正前の遺留分減殺請求に関して、「信託法上認められた後継ぎ遺贈型受益者連続信託であるとしても、民法上認められた遺留分減殺請求権の行使を妨げる内容の信託が許されることになるものではない」とされています（東京地判平成30・9・12〔裁判例3〕）。

2　実務対応

　以上より、信託の設定に際しては、①遺留分にも配慮して信託を設計し、受益債権の定めも工夫するか、②遺言の併用や生命保険の活用等により、全体として遺留分を侵害しない、あるいは遺留分侵害額請求に対応できる金銭給付を手当てするなど、相続全体の遺留分対応も視野に入れておくことが望ましいでしょう。

参考文献
- 村松秀樹編著『概説信託法』（2023年）233頁以下
- 道垣内弘人『信託法〔第2版〕』（2022年）66頁以下
- 田中和明編著『信託の80の難問に挑戦します！』（2021年）213頁以下
- 田中和明『信託法務大全［第1編］信託法』（2023年）101頁以下
- 角紀代恵「再論：信託と遺留分」トラスト未来フォーラム研究叢書『信託・信託法の直面する新課題に関する研究』（2024年）103頁以下

（海野千宏）

Q11▶信託設定と遺留分②

遺留分権利者に対して、遺留分割合に相当する割合の受益権を与えておけば、遺留分は無関係となりますよね？

A11▶

遺留分制度を潜脱する意図で信託制度を利用した場合、公序良俗に反して無効とされるリスクがありますので、信託設計時においては、受益債権の定め方を工夫する等の必要があります。また、仮に、収益不動産が信託財産で、これに対応する受益債権を取得している場合でも、遺留分侵害が問題になりうる点にも注意が必要です。

キーワード　遺留分制度の潜脱、公序良俗違反

▲▲▲▲▲▲▲▲▲▲▲▲▲▲▲▲▲▲▲▲▲▲▲▲▲▲▲▲▲

1　遺留分侵害と公序良俗違反

まず、遺留分を侵害する民法上の遺言が全て公序良俗違反とはならないのと同様、遺留分を侵害する信託がすべて無効となるわけではありません。

2　東京地判平成30・9・12

しかし、仮に、外形上、遺留分割合に相当する割合の受益権を与えたとしても、信託財産から得られる経済的利益を分配することを信託契約当時より想定していなかったものと認められ、受益権割合に相応する経済的利益を得ることは不可能である場合、遺留分侵害額請求（遺留分減殺請求）を回避する目的、遺留分制度を潜脱する意図で信託制度を利用したものとされ、公序良俗に反して無効となることには、注意が必要です（東京地判平成30・9・12〔裁判例3〕）。

なお、経済的利益・収益性の考え方に関しては、東京地判平成30・9・12の評釈として、「経済的利益の分配を前提しないことが、すなわち公序良俗違反ではないことに注意すべき」。「不動産の収益性には二つある。一つは、不動産の客観的な意味での収益性、もう一つは主観的な需要から生じる市場

価値を踏まえた収益性です。後者を認めるのは、普通は利用価値がないものにも委託者は信託をする価値がある場合があり、これも収益性とみ得るからです。この二つの意味を、この判決は否定していないと考えます。しかし多くの読み手は……賃料などで経済的な価値が生み出せないタイプのものかどうかで区分けしたと理解したようです。そうした読み方がこの判決の理解を非常に惑わせてしまったと思います」との指摘があります（稲田龍樹ほか「座談会　東京地裁平成 30 年 9 月 12 日判決を通して見る信託への専門家の関与の在り方」信託フォーラム 16 号（2021 年）40 頁以下）。

3　東京地判令和 2・12・24

以上の無効判決がある一方で、東京地判令和 2・12・24〔裁判例 9〕は、原告（第二次受益者）が信託給付金の支払いを受けていないこと等を理由に、信託契約が公序良俗に反して無効である旨を主張した事案において、①受託者が相続分割合を超える遺贈や死因贈与を受けたものではないこと、②信託契約において、受託者は、受益権を取得する者にはあたらず、委託者兼当初受益者の死後は、同人の妻のみが受益者（第二次受益者）になるものとされていたから、当該受益者は、信託法の規定や信託契約の約定に従い、自らの受益権を保全し、行使することが可能であること、③信託契約の約定は、委託者兼当初受益者の法定の相続関係に沿ったものといえることを理由に、遺留分制度を潜脱する意図で信託制度を利用したものとは認められず、信託契約が公序良俗に反するものであるということはできないと判断しています。

4　実務対応

信託の設定に際しては、遺留分潜脱のリスクを回避するための事実が認定された東京地判令和 2・12・24 も参考に、遺留分にも配慮して信託を設計し、受益債権の定めも工夫すること（遺留分権利者にも経済的利益を与えるか、一部の受益者のみが信託不動産に居住するにもかかわらず他の受益者も形式的には受益者とされている場合のように他の受益者には利益を現実的に給付することが想定されないのであれば受益権を信託財産ごとに分けて与える等）が必要でしょう。

では、経済的利益を生む収益不動産を信託財産とし、これに対応する受益債権を取得させておきさえすればよいのでしょうか。

ここで、受益権の付与が遺留分侵害であるケースにおいては、信託行為の定めに受益者がどのような給付を受けるか定められていれば、受けるべき給付の内容は抽象的には確定が可能であり、確定された受益権の給付内容に基づいて受益権の評価が行われることになります。なお、存続期間を受益者の生存中とする受益権等については「存続期間の不確定な権利」（民法1043条2項）として鑑定人の評価を行うことになります。その結果、評価に伴う減価が発生が発生し、信託財産の現在における総額よりも小さな額となることもあり得ます（村松秀樹編著『概説信託法』（2023年）236頁）。

しかし、そうではなく、遺留分割合に相当する割合の受益権の付与を受けてはいるものの、現状多くの家族間信託契約においてみられるように、受益者に対する給付について受託者に裁量がある場合はどうでしょうか。この場合、仮に、収益不動産が信託財産で、これに対応する受益債権を取得している相続人であっても、受益債権の具体的権利性を否定されるリスクがあります（東京高判令和6・2・8〔裁判例21〕）。そうすると、信託外で受託者である相続人が多くの財産を相続している場合など、相続財産の総額・各相続人の取得額次第では、遺留分侵害が問題になり得ます。よって、実務的には、信託行為中の受益債権に係る定めを確認したうえで、念のため遺留分侵害額請求をしておく（被請求側においては請求されるリスクを説明しておく）必要が生じる場合もあろうかと思います。さらに、経済的利益を分配することを信託契約当時より想定していなかった場合には、公序良俗違反無効の主張も考えらえます。このような場合、多くの家族間信託の事案では他の相続人でもある受託者との交渉の中で、①信託行為の定めに基づき受益債権の給付をするのか、②遺留分侵害額請求の相手方として侵害額請求に応じるのか等を含めて解決されるものと思われます。

5　もう一歩前へ・関連論点：受益者以外による遺留分侵害

では、関連して、受益権を取得した者が、他者の遺留分を侵害していなければ、当該信託との関係では、遺留分侵害は問題にならないのでしょうか。

この場合でも、受託者として利益を得ている者（信託報酬が多額の場合や、信託財産に属する不動産を管理のためという名目で実質的には利用できるときなど）や、帰属権利者として利益を得ている者が存在する場合には、それらの者は受益権の取得以外のかたちで利益を得ることによって他者の遺留分を侵害していると評価できる（道垣内弘人『信託法〔第2版〕』（2022年）68頁）ことには、留意が必要でしょう。

参考文献
- 稲田龍樹＝小笠原正道「民事信託と遺留分」学習院法務研究15号（2021年）20頁
- 稲田龍樹ほか「座談会　東京地裁平成30年9月12日判決を通して見る信託への専門家の関与の在り方」信託フォーラム16号（2021年）40頁以下
- 齋喜隆宏「信託終了をめぐる東京地裁平成30年10月23日判決、東京地裁平成31年1月25日判決、東京地裁令和2年12月24日判決」信託フォーラム16号（2021年）48頁以下

（海野千宏）

Q12 ▶ 遺留分侵害額請求の相手方

信託の設定により、遺留分を侵害されています。遺留分侵害額請求の相手方は、受託者か、受益者（ここでは帰属権利者を含む）か、いずれですか？

A12 ▶

実務上は、受託者および受益者双方を相手方としておくべきでしょう。

キーワード　遺留分侵害額請求の相手方

▲▲▲▲▲▲▲▲▲▲▲▲▲▲▲▲▲▲▲▲▲▲▲▲▲▲▲▲▲▲

1　遺留分侵害額請求の相手方

平成30年民法改正前の遺留分減殺請求権制度の下、何が遺留分侵害行為なのかをめぐって、信託財産の移転行為なのか（信託財産説）、あるいは受益権を与える行為なのか（受益権説）、あるいは双方なのか（折衷説）等、議論がなされてきました。この議論を前提に、請求の相手方についても、信託財産説からは受託者、受益権説からは受益者とすべきでないか、対立があります。

なお、受託者への信託（財産移転）をもって侵害行為とみる場合には、受託者が金銭債務を負い（民法1046条1項）、これは「信託財産責任負担債務」となり、信託財産に責任が限定されたものと解すべきとされています（村松秀樹編著『概説信託法』（2023年）236頁。信託財産責任負担債務の根拠として信託法21条1項9号を指摘するものとして道垣内弘人『信託法〔第2版〕』（2022年）67頁）。

裁判例においては、平成30年民法改正前の遺留分減殺請求に関して、「遺言信託に対する遺留分減殺請求の意思表示は信託受託者に対して行うべき」としたものがあります（東京高判平成28・10・19〔裁判例2〕）。一方、東京地判平成30・9・12〔裁判例3〕は、明示的判断はしていないものの、「信託契約による信託財産の移転は、信託目的達成のための形式的な所有権移転にすぎないため、実質的に権利として移転される受益権を対象に遺留分減殺の対象とすべき」としているため、受益権説からは受益者を相手方と考えること

に親和性があります。

2　実務対応

　減殺構成が否定された平成30年民法改正後の遺留分侵害額請求においては、受益権説が有力に主張されているようですが、必ずしも見解の一致をみていないようです。また、そもそも、何が信託による無償の財産処分にあたり贈与（民法1046条等）に準ずるものとして遺留分侵害の問題となるかは、それぞれのケースによるところと考えられます。

　ここで、東京高判平成28・10・19は、「遺言信託に対する遺留分減殺請求の意思表示は信託受託者に対して行うべき」としながらも、通知自体は、遺言執行者Xにあてた、受益者に遺留分減殺請求の意思表示をしたことの通知であったという事実関係について、「信託受託者たるXに対する本件遺言信託についての遺留分減殺請求の意思表示と法的に評価することができる」としています。しかし、理由としては、「遺言信託に対する遺留分減殺の法律関係は難解であって減殺請求の相手方の適格等について細密な正確さを要求することは遺留分権利者に無理を強いる結果となることを考慮すると、そのように解するのが相当である」としており、いわば救済裁判例ですので、今後も同様の判断を期待するのはリスクがあると考えられます。

　よって、実務上は、受託者および受益者（残余財産分配請求権の付与を受けた帰属権利者を含む）双方を相手方としておくべきでしょう。

参考文献
・村松秀樹編著『概説信託法』（2023年）236頁以下
・潮見佳男『詳解相続法〔第2版〕』（2022年）648頁以下

（海野千宏）

第5　株式の信託

Q 13 ▶ 株式の譲渡承認①

　私は中小企業経営者です。いよいよ高齢となってきましたので、急逝による事業への混乱回避のため、遺言信託で自社株式（譲渡制限株式）の事業承継を定めることにしました。これで円滑な事業承継が実現できますよね？

A 13 ▶

　将来、株式の譲渡承認がなされず信託目的達成不能終了となるリスクがあります。そこで、信託による事業承継実現のためには、遺言信託ではなく、遺言代用信託契約を選択し、確実に譲渡承認を得ておくことも含めて、慎重な配慮が必要です。

キーワード　譲渡制限株式の譲渡承認、信託目的達成不能終了

▲▲▲▲▲▲▲▲▲▲▲▲▲▲▲▲▲▲▲▲▲▲▲▲▲▲▲▲▲▲

1　譲渡制限株式の譲渡承認

　株式会社が譲渡制限株式の譲渡承認をするか否かの決定をするには、原則として株主総会（取締役会設置会社にあっては、取締役会）の決議によらなければなりません（会社法139条1項本文）。

　ここで、遺言信託による譲渡制限株式の移転について、東京高判平成28・10・19〔裁判例2〕は、「譲渡制限株式であっても、一般承継による株式の移転には、会社の承認は不要である（会社法133条2項、174条参照）。しかしながら、遺贈は一般承継ではないから、遺贈による譲渡制限株式の移転には、会社の承認が必要である。そして、本件のような遺言信託は、株式を遺言者から遺言信託の受託者に移転するものである（信託法3条2号）が、これも一般承継ではないから、遺言信託による譲渡制限株式の移転にも、会社の承認が必要である」と判断しています。

2 譲渡承認議案否決時の帰趨（信託目的達成不能終了）

そのうえで、取締役会において株式譲渡承認議案が否決された場合については、受託者が「株式の譲渡を受けることができず、信託受託者の役割を果たすことができないため、信託の目的達成不能により終了したものと解される（信託法163条1号）」としています。

3 実務対応

以上のとおり、譲渡制限株式の信託にあたっては、譲渡承認が必要となりますので、これができなかった場合、信託目的達成不能として、信託終了となってしまいます。特に、遺言の効力の発生によって初めてその効力を生ずる遺言信託の場合には、譲渡承認がなされるのか不安定です。

もっとも、遺言信託が選択される背景には、まだ経営権を手放したくない経営者の意向が強いことが少なくありません。そこで、株式の議決権行使に係る指図権を委託者に留保しつつ、遺言信託ではなく遺言代用信託契約の締結を行い、確実に譲渡承認を得ておくことも考えられます。

このような選択肢も含めて、スキーム選択においては将来予測も含めた慎重な配慮が必要です。

（海野千宏）

Q14 ▶ 株式の譲渡承認②

譲渡制限株式を信託しました。信託にあたっては、譲渡承認を得ましたが、今後、①受託者変更、②信託終了時の帰属権利者（＝清算受託者）への帰属の場合、株式の譲渡承認は必要ですか？

A14 ▶

株式の譲渡承認が必要となる可能性もあると考えたほうがよいでしょう。

キーワード　譲渡制限株式の譲渡承認、受託者の変更時における承継の法的性質、残余財産が帰属権利者に帰属するメカニズム

▲▲▲▲▲▲▲▲▲▲▲▲▲▲▲▲▲▲▲▲▲▲▲▲▲▲▲▲▲▲

1　株式の譲渡制限

株式会社が譲渡制限株式の譲渡承認をするか否かの決定をするには、原則として株主総会（取締役会設置会社にあっては、取締役会）の決議によらなければなりません（会社法139条1項本文）。

株式譲渡制限の趣旨は、会社にとって好ましくない者が株主となることを防止することにあります。これは、会社が自身の利益を守るために、株式の譲渡を制限することで、会社の経営に不利益を及ぼす可能性のある者が株主となるのを防ぐためです。もっとも、相続その他の一般承継による株式の移転（会社法134条4号参照）の場合は譲渡による株式の取得に含まれず、譲渡承認は不要です。

では、①受託者変更、②信託終了時の帰属権利者（＝清算受託者）への帰属の場合にも、譲渡承認は必要になるのでしょうか。

2　受託者変更

(1)　「譲渡」該当性

受託者の任務が終了した場合において、新受託者が就任したときは、新受託者は、前受託者の任務が終了した時に、その時に存する信託に関する権利義務を前受託者から承継したものとみなされます（信託法75条1項）。

ここで、譲渡禁止特約付債権に関しては、譲渡禁止特約も包括承継まで封じることはできないことを指摘したうえで、「受託者の変更に伴う信託財産の承継は、譲渡禁止特約付債権の禁止する『譲渡』には該当しないのではないかと考えられる」とする見解があります（井上聡「自己信託の利用」ジュリ1520号（2018年）24頁。これに賛成すべきとする見解として、道垣内弘人『信託法〔第2版〕』（2022年）36頁、田中和明編著『信託の80の難問に挑戦します！』（2021年）97頁〔疑問24　受託者の変更〕参照）。

　もっとも、この承継が、包括承継か特定承継かは議論があるとされています（能見善久＝道垣内弘人編『信託法セミナー(2)受託者』（2014年）417頁）。立法担当者は、受託者の変更に伴い、信託に関する権利義務が当然に包括的に前受託者から新受託者に承継されるとしています（村松秀樹編著『概説信託法』（2023年）211頁）。ただし、法制審議会信託法部会第13回会議議事録によると、「受託者の交代が包括承継か特定承継かよくわからないということは事務局も考えておりまして」「包括承継というよりは、いったん断絶があるということで」「特定承継的に考えて」等の事務局発言がありました。

　そうすると、現実問題として当初受託者とは別人格である新受託者が株式を承継しており、また、当該承継の性質についても議論がある以上は、受託者の変更に伴う譲渡制限株式の承継が「譲渡」に該当すると考える余地も否定されないように思われます（鶴岡勇誠「金銭信託の流動化と自己信託の活用」トラスト60叢書『自己信託の諸相』（2011年）38頁も参照）。なお、いずれにしても、株主名簿記載事項の記載または記録については別問題です（会社法133条。株券不発行会社については株式が信託財産に属する旨について同法154条の2）。

(2) 譲渡禁止の趣旨潜脱

　次に、仮に、形式的には「譲渡」非該当と考えるとしても、一方では、「委託者兼受託者の財産状況の悪化その他特段の事情もないのに、委託者兼受託者が信託法57条1項に従って受益者の同意を得て辞任し、同法62条1項に従って両者の合意により新受託者を選任するような場合は、譲渡禁止特約の趣旨を潜脱するものとして、受託者変更の効力が否定される場合もあり得るように思われる」とされています（井上聡「自己信託の利用」ジュリ1520

号(2018年)24頁)。

　よって、少なくとも同様の場合には、会社にとって好ましくない者が株主となることを防止するという株式譲渡制限の趣旨を潜脱するものになろうかと思います。

　このような指摘も踏まえると、いずれにしても実務的には保守的に、譲渡承認を得ておくほうがよいように思われます。

3　信託終了時の帰属権利者(＝清算受託者)への帰属の場合

(1)　「譲渡」該当性

　信託行為の定めにより帰属権利者となるべき者として指定された者は、当然に残余財産の給付をすべき債務に係る債権を取得します(信託法183条1項)。そして、清算受託者により、残余財産の給付を受けることになります(同法177条4号)。

　では、信託終了時の帰属権利者が、もともとの株式を有していた清算受託者であった場合、同一人物である、清算受託者から帰属権利者固有財産への移転は、譲渡制限株式の譲渡に該当するでしょうか。

　ここで、残余財産が帰属権利者に帰属するメカニズムを検討します。具体的には、①処分行為は不要であり、権利移転の一般則により帰属権利者に交付すべき財産が特定された時点でその権利が帰属権利者に移転するのか、②財産移転の処分行為が必要とするのか(必要とする場合、処分行為をどこに求めるのか)です。もっとも、少なくとも、信託行為において、交付すべき財産があらかじめ特定されている場合においては、①のように処分行為不要と考えるか、②のように処分行為が必要としても、当初の信託行為の中ですでに処分行為がなされていると考えれば、信託終了事由が発生した時点で当然に、信託財産が帰属権利者に移転すると考えられます(能見善久＝道垣内弘人編『信託法セミナー(4)信託の変更・終了・特例等』(2016年)114頁以下、道垣内弘人編著『条解信託法』(2017年)797頁以下)。

　この点、裁判例については、確かに、東京高判平成28・10・19〔裁判例2〕では、残余財産たる譲渡制限株式の権利移転時期について、「信託終了と同時に物権的に移転するのではなく、清算受託者が、現務結了、債権取立及

び債務弁済を終えた後の残余財産給付行為（株券交付）を実行した時に初めて移転すると解される」としています。しかし一方では、清算手続（残余財産の給付）が早期かつ容易に実行可能であるのに、信託終了を否認したまま清算受託者としての義務を果たそうとしていない者が、自らの残余財産給付義務（株券交付）の不履行の事実を差し置いて、株主たる地位を争うのは、信義則違反であって許されないとも判断しています。また、名古屋高金沢支判平成21・7・22（判時2058号65頁）は、「残余財産がその帰属すべき者に対して移転する時期については、信託が終了し、かつ、残余財産の帰属すべき者に対して帰属すべき残余財産が特定されれば、その時点で即時に、残余財産の帰属すべき者に対して権利移転が生じるものと解するのが相当である」としています。

さらに、さいたま地越谷支判令和4・3・23〔裁判例15〕では、「民事信託においては、信託を利用する目的は、財産の管理（又は承継）であることからすれば、信託が終了すれば、帰属権利者に速やかに信託財産を承継させるとするのが当事者の通常の意思であると解されるから、本件土地については、意思主義（民法176条）にのっとって、本件信託契約1の終了と同時に原告〔筆者注：帰属権利者〕にその所有権が移転すると解するのが相当である（一般論としては、帰属権利者に給付すべき財産が特定された時点でその権利が帰属権利者に移転すると解するのが相当であるが、本件信託契約1については、給付すべき財産はあらかじめ本件土地に特定されている。）」とされています。

以上を前提にすると、少なくとも、信託行為において、交付すべき財産（株券不発行会社における譲渡制限株式）があらかじめ特定されている場合においては、信託終了事由が発生した時点では新たな処分行為を要さず、当然に、信託財産（譲渡制限株式）が帰属権利者に移転することになると考えられます（なお、株券発行会社の株式の譲渡は、当該株式に係る株券を交付しなければ、その効力を生じないものの（会社法128条1項本文）、「もともと信託財産は受託者の所有に属するものであり、信託財産と固有財産との区別は、この点を踏まえた上で、信託財産に関する対内的・対外的法律関係を規律するために設けられている区別であるにすぎないものである」（寺本昌広『逐条解説新しい信託法〔補訂版〕』（2008年）380頁）ことからすれば、同一人格において「交付」が観念

できないとすると、同様に考える余地もあるように思われます）。

　そのうえで、当該信託終了時の帰属権利者（＝清算受託者）への帰属が「譲渡」に該当するかですが、ここで、譲渡禁止・制限特約付債権の自己信託に関してではありますが、「自己信託の場合には、債権の譲渡が生じないから、譲渡禁止・制限特約が付いていても、当該債権を当初信託財産に属する財産とすることは当然に可能である」とする見解があります（道垣内弘人『信託法〔第2版〕』（2022年）35頁。「債権の自己信託は、法形式上、債権譲渡ではない」とする見解として、井上聡「自己信託の利用」ジュリ1520号（2018年）21頁、能見善久＝道垣内弘人編『信託法セミナー(1)信託の設定・信託財産』（2013年）73頁以下も参照）。

　そうすると、自己信託と裏返しとして類似の関係にあるともいえる、同一人物である清算受託者から帰属権利者固有財産へ譲渡制限株式の移転においても、「譲渡」には該当しないと考える余地があるように思われます。

(2) 譲渡禁止の趣旨潜脱

　また、同一人物における移転ですので、会社にとって好ましくない者が株主となることを防止するという株式譲渡制限の趣旨を潜脱することにならないように思われます。

4　実務対応

　以上、譲渡という法形式該当性、趣旨潜脱該当性という2点から検討しましたが、いずれについても明文や最高裁判例があるものではない一考察にとどまるため、譲渡承認が必要となる可能性もあることを前提に、念のため譲渡承認を得ておくなど、保守的に対応することが望ましいでしょう。すなわち、信託を活用しさえすれば譲渡制限を潜脱できてしまう（たとえば、譲渡制限株式の自己信託直後に、受託者を変更したうえで信託終了させ、新受託者（清算受託者）を帰属権利者として株式を移転させればいずれにおいても譲渡承認は不要）とは考えられません。

　最後に、事業承継のスキームにおいて、譲渡制限株式を自己信託することで、譲渡承認を要さず信託設定できることが紹介されることがありますが、以上を踏まえると、設定後の①受託者変更、②信託終了時の帰属権利者（＝

清算受託者）への帰属の場合も含めて見据えて、株式譲渡承認対応を検討しておく必要があるといえるでしょう。

（海野千宏）

Q15 ▶ 議決権行使の指図権

　事業承継における信託の活用事例として、自社株式を信託し、株価が安いうちに事業の後継予定者に対し受益権を与えつつも、経営者が議決権行使の指図権を保持することで、経営者は、引き続き経営権を維持しつつ、自社株式の財産的部分のみを後継者に取得させることにしました。この場合、受託者は指図に従う義務がありますから、指図に従わない受託者による議決権行使の効力は無効ですよね？

A15 ▶

　受託者が指図者の指図に反した議決権行使を行ったとしても、会社との関係で無効にはなりません。

キーワード　契約の相対効の原則、株主間契約

▲▲▲▲▲▲▲▲▲▲▲▲▲▲▲▲▲▲▲▲▲▲▲▲▲▲▲▲▲▲▲▲▲▲▲

1　契約の相対効の原則

　指図権の根拠については、①信託行為により直接指図権を付与される（委託者と指図権者との間に委任契約無し）ものとする構成と、②信託行為で委託者に留保された指図権を、委任契約により付与するという構成の二つが考えられます。

　もっとも、いずれにしても、信託関係当事者内部の問題にすぎず、原則として、信託外の会社等第三者との法律関係には影響を与えません（契約の相対効の原則）。

2　受託者による委託者の指示に反する株主権行使の効果に関する裁判例

　従業員持株会と信託に関する事例における当事者適格に係る判断ではありますが、受託者が委託者の指示に反する株主権の行使をした場合の効果について、原則として否定されない旨判断した事案として、千葉地佐倉支判令和5・7・19〔参考裁判例6〕があります。詳細は、以下のとおりです。

「原告は、被告の従業員から株式を『取得』すなわちその包括的権利を譲り受けつつ、株主権から派生して生じる議決権等の行使については、譲渡人である被告の従業員の指示に従うべきとされていることが推認される。また、原告と被告の従業員との間における株式をめぐる法律関係については、これを信託と解するのが相当である。

その結果として、原告は、被告の従業員から取得した株式について、委託者である被告の従業員の指示に従いつつ、株主権を行使することが可能であることとなる。

また、原告が委託者である被告の従業員の指示に反する株主権の行使をした場合の効果については、権利行使の相手方が、当該権利行使の当時、それが信託財産のためにされたものであることを知り、かつ、当該権利行使が受託者の権限に属しないことを知り又は知らなかったことにつき重大な過失があった場合でない限り（信託法 27 条 1 項）、その効力は否定されることはなく、別途、原告又はその理事長が、委託者である被告の従業員に対し、信託契約違反を理由とする責任を負うにとどまるというべきである」。

なお、信託法 27 条による取消しの対象となるのは、その効果が信託財産に帰属するものであること（道垣内弘人編著『条解信託法』（2017 年）147 頁）には、注意が必要でしょう。

3 株主間議決権拘束合意の効力に関する裁判例

では、指図違反時の効果について株主総会決議取消しの余地はないのでしょうか。この点については、株主間議決権拘束合意の効力に関する裁判例が参考になると思われます。

ここで、議決権拘束契約に違反した議決権行使の効力について、名古屋地決平成 19・11・12（金商 1319 号 50 頁）は、原則として、同契約の効力は当事者間の債権的なものにとどまり、対会社関係では効力を主張できず、株主総会における議決権行使の効力に影響はないとしています。

もっとも、株主間合意があった株式について、株式信託契約が締結された事案である東京高判令 2・1・22〔参考裁判例 1〕は、株主間契約の「内容、方針、意図から法的効力を発生させる意思が明確に認定できる株主間契約に

ついては、契約に沿った議決権行使の履行を強制する内容の裁判（判決・仮処分命令）をすることが可能であり、契約に沿わない議決権行使により成立した株主総会決議について、定款違反があった場合に準じて、株主総会決議取消の判決をすることも可能であると考えられる。ただし、後者の株主総会決議取消判決ができるのは、株主間契約の当事者ではない株主に予想外の影響を及ぼすことを避けるために、発行済株式の全部を株主間契約の当事者が保有している場合に限られる」としています。

4　実務対応

　そこで、東京高判令2・1・22を参考に、当該契約の相対効の原則の例外として、信託契約とは別途、全株主を当事者として当該指図権に関する合意を行っておくことで、指図違反の議決権行使時も、定款違反があった場合に準じて、当該決議は取り消しうべきものになる可能性もあるように思います。

　もっとも、議論がある論点であるほか、そもそも実務的に全株主合意ができるのかという問題もありますので、指図権により確実に経営権を維持できると考えることには注意が必要でしょう。

参考文献
・一般社団法人民事信託推進センター編『民事信託の適正活用の考え方と実務——リスクマネジメント・倫理・登記・税務』（2022年）129頁以下

（海野千宏）

Q16 ▶ 有価証券の信託特有の留意点

近時は、有価証券の信託に対応し、信託口口座も開設可能な金融機関も増えてきました。ただ、有価証券の信託特有の留意点はありますか？

A16 ▶

有価証券の信託においては、①信託契約書作成上の留意点、②組成時支援上の留意点、③税務上の留意点があります。

キーワード　有価証券の信託

▲▲▲▲▲▲▲▲▲▲▲▲▲▲▲▲▲▲▲▲▲▲▲▲▲▲▲▲▲▲▲▲▲▲▲▲▲

1　信託契約書作成上の留意点（必要な条件等）

有価証券の信託には、特有の方式・内容上の制約が存在しますので、初回相談・信託スキーム設計当初段階からこれらを念頭に置いておく必要があります。

(1)　信託の方式

信託の方式について、①契約書の作成に専門家が関与していること、②信託契約書が公正証書により作成されていることといった制約があります。

(2)　信託の内容

信託の内容について、共通して求められることが多いものとして、①自益信託であること、②委託者と受託者が一定の親等内（2親等～3親等）の親族であること、③委託者や受託者が法人でなく個人であり、それぞれ1人であること、国内居住者等であること、④原則として新受託者の定めがあること、⑤当初委託者の死亡により信託終了の定めがあること（非受益者連続型信託）、⑥信託財産が委託者の総資産に占める割合の上限要件などがあげられます。

また、証券会社ごとに異なるものとして、①受託者の投資運用権限、②証券会社所定の雛型に基づくこと、③法定相続人全員の同意があることがあげられます。

2　組成時支援上の留意点

1の制約に加えて、組成時支援上の留意点として、①口座開設基準を満たすか、②信託財産にできる商品か（移管可能な商品か、信託目録での銘柄の特定）、③受託者が無制限に取引できるわけではないこと（適合性原則との関係等）、④最低受託額の確認（3000万円等）、⑤その他留意点や不利益が生じることの説明と対応についても証券会社に事前確認のうえ、依頼者に対し説明を行う必要があります。

⑤について、具体的には、ⓐ特定口座の利用不可（一般口座（特定口座やNISA口座で管理していない上場株式等を管理する口座）のみ）、ⓑ株式の保有期間リセット（長期保有資格の喪失）、ⓒ配当金交付（株式数比例配分方式のみ選択可（証券会社の信託口口座でのみ受取可））、ⓓ株主優待品を受託者が受領することとその受益者への交付方法の相談、ⓔ購入価格資料等の管理、受益権の譲渡禁止、出金先は受託者名義の信託口口座に限定、移管手数料（異なる証券会社の場合）、ⓕ受益者からの注文不可（「代理人届出」との違い）などがあげられます。

3　税務上の留意点

税務上の一般的な留意点は、最低限把握しておく必要があります。そのうえで、詳細については税理士にも個別確認するよう、助言すべきでしょう。

具体的には、①課税のタイミングと課税対象額（配当金受領時の配当金額であり、受託者から受益者への給付時点の給付額ではないこと）、②損益通算（信託財産とした不動産に係る不動産所得の損失とは異なり可能であること）、③信託口口座（一般口座）での運用（受益者は譲渡所得等、原則確定申告が必要であること。ただし、配当所得については申告不要制度も選択可能であること）があげられます。

4　実務対応

以上、各証券会社において共通して留意すべきポイントを解説しました。ただし、最終的には各証券会社個別の対応もありますので、実際の信託組成

時には、必ず事前に個別に問い合わせつつ、支援すべきでしょう。

　なお、証券会社によっては、代理人の登録を受け付ける場合がありますので、以上のような制約のある信託とは別途、代理人登録という選択肢も並行して検討することも考えられます。

参考文献
- 「特集1　有価証券と民事信託」信託フォーラム14号（2020年）13頁以下
- 山中眞人「民事信託による証券口座・証券取引の法的諸問題」金法2134号（2020年）6頁以下
- 日本証券業協会「家族サポート証券口座　制度要綱」（2025年2月18日）

（海野千宏）

第6 借地権付き建物の信託

Q 17 ▶ 借地権の信託

借地上の建物(自己所有の自宅)を信託しました(自益信託)。居住実態は変わりませんし、賃貸人の承諾は不要ですよね?

A 17 ▶

借地権の譲渡に該当しますので、賃貸人の承諾が必要です。

キーワード　借地権の信託

▲▲▲▲▲▲▲▲▲▲▲▲▲▲▲▲▲▲▲▲▲▲▲▲▲▲▲▲

1　借地権の譲渡

「借地権」とは、借地権建物の所有を目的とする地上権または土地の賃借権をいいます(借地借家法2条1号)。

そして、賃借人は、賃貸人の承諾を得なければ、その賃借権を譲り渡すことができません(民法612条1項)。無断譲渡は、賃貸借契約の解除事由です(同条2項)。

2　借地権の信託

借地上の建物を信託する場合、借地権も建物の所有権に伴って委託者から受託者に移転しますので、賃貸人の承諾が必要となります。

借地権の譲渡にあたっては、借地権価格の10%程度の承諾料が必要となることが多いです。

3　実務対応

以上のとおり、仮に信託に伴い居住実態が変わらないとしても、法的には、賃貸人の承諾が必要です。また、これにあわせて、承諾料を請求される

可能性があります。

　もちろん、賃貸人との関係性等から、承諾料不要で済む場合もありますが、少なくとも事前に、承諾見込みについて確認しておくことが必要でしょう。

　なお、借地権設定者に不利となるおそれがないにもかかわらず、借地権設定者がその賃借権の譲渡を承諾しないときは、借地権者の申立てにより、裁判所が借地権設定者の承諾に代わる許可を与えることができる制度はあります（借地借家法19条1項）（土地の賃借権の譲渡の許可）。もっとも、金融機関からの融資が想定される場合、当該制度でも金融機関が求める担保設定承諾は得られませんので、注意が必要です。

参考文献
・山口正徳「信託事例紹介　借地権を信託財産とした高齢者の民事信託」信託フォーラム14号（2020年）88頁以下

（海野千宏）

第7 マンションの信託

Q 18 ▶ 区分所有権の信託①

マンションに住む父の区分所有権について、同人を委託者とする信託契約を締結し、私が受託者になりました。
① マンション居住者は、引き続き父ですので、管理組合集会における議決権行使者も、委託者である父ですよね？
② 父によると、当該マンションの理事は輪番制で、ちょうど来期は父の順番になるはずだったそうです。受託者となった私は区分所有者となり、管理組合員になるので、管理組合の理事にも当然なれますよね？
（なお、私は当該マンションには居住していません）

A 18 ▶

①管理組合集会における議決権行使者は、区分所有者である受託者です。また、②マンション管理規約の定め次第では、理事の資格要件（居住要件）を満たさず、就任できない可能性があります。よって、事前に、対象マンション管理規約の定めを確認しておく必要があります。

キーワード　区分所有法、マンション管理規約、役員の資格要件（居住要件）

▲▲▲▲▲▲▲▲▲▲▲▲▲▲▲▲▲▲▲▲▲▲▲▲▲▲▲▲▲▲▲▲

1 区分所有法・マンション管理規約との関係

マンションの区分所有権に係る信託に際しては、信託法のみならず、建物の区分所有等に関する法律（以下、「区分所有法」といいます）や、個々のマンション管理組合が定める管理規約等との関係に十分留意する必要があります。
ここで、国土交通省は、管理組合が、各マンションの実態に応じて、管理規約を制定・変更する際の参考として、「マンション標準管理規約及びマン

ション標準管理規約コメント」を作成し、ウェブサイトで公開しています。ここで紹介されているマンション標準管理規約（単棟型）を、以下、「標準管理規約」といいます）。

そこで、以下では、区分所有法および標準管理規約に言及しつつ、具体的な留意点を解説します。

2 区分所有権とマンション管理組合員資格の得喪

まず、信託契約等の信託行為により「区分所有権」（区分所有法2条1項）は受託者に移転し、受託者は「区分所有者」（同条2項）となります。

そして、受託者は区分所有者となったことでマンション管理「組合員」の資格を取得し、委託者はこれを喪失します（標準管理規約30条）。

なお、新たに組合員の資格を取得または喪失した者は、直ちにその旨を管理組合に届け出なければなりません（標準管理規約31条）。売買や贈与ではなく信託の場合でも、この届出が必要であることには注意が必要です。

3 管理組合集会における議決権行使者

以上より、信託に伴って居住者に変更がないとしても、区分所有者（＝マンション管理組合員）は受託者ですので、マンション管理組合集会においても、受託者が議決権行使を行うことになります。

なお、信託後間もない時期は受益者において議決権行使したい等のニーズがある場合には、受益者が受託者の代理人として議決権行使を行うことが考えられます（区分所有法39条2項）。しかし、標準管理規約46条5項は、代理人資格要件（組合員の配偶者または一親等の親族（1号）、その組合員の住戸に同居する親族（2号）、他の組合員（3号））を定めています。また、この資格要件は、マンションごとの管理規約において異なりますので、事前確認が必要です。

代理人資格が認められない場合、信託行為において、①受託者権限について受益者同意を要するものとして制限する、あるいは、②受益者に指図権を与え、受託者が指図に従って議決権を行使することで、実質的には受益者に議決権行使させるのと同様のしくみを設計することも考えられます。ただ

し、受益者ないし指図権者の判断能力低下時の対処問題や、不同意時ないし指図に反する受託者議決権行使も管理組合との関係では原則として有効と考えられることには留意が必要です。

4　役員の資格要件（居住要件の有無）

　現行の標準管理規約（令和6年6月7日改正）においては、管理組合は、建物、敷地等の管理を行うために区分所有者全員で構成される団体であることを踏まえ、役員の資格要件を、当該マンションへの居住の有無にかかわりなく区分所有者であるという点に着目して、「組合員」としています（標準管理規約35条2項、35条関係コメント①）。

　しかし、平成23年改正前の標準管理規約における役員の資格要件は、「○○マンションに現に居住する組合員」とされ、居住要件が加えられており、現在でも当該居住要件を設けているマンション管理組合も多数存在します。

　本問のマンション管理組合規約においても、理事を含む役員資格要件としてマンション居住要件の定めがあった場合、本問の受託者は、当該マンションに居住していませんので、資格要件を満たさず、理事に就任することができないことになります。

5　実務対応

　このように、信託に伴い、区分所有権の移転のみならず、マンション管理組合員資格の得喪が生じますので、信託の当事者に対し、十分な説明が必要でしょう。

　また、マンションごと管理規約の定めは異なるため、信託設定前に、管理規約の事前確認を行っておくべきでしょう。

参考文献
・一般社団法人民事信託推進センターマンション支援信託推進委員会編『マンションにおける高齢居住者支援のための民事信託活用手引き』（2023年）78頁以下・87頁以下・115頁以下

（海野千宏）

Q 19 ▶ 区分所有権の信託②

　同じマンションに住む親の区分所有権を信託し、私が受託者になりました。管理組合集会における区分所有者の頭数の数え方は、信託前後で減りませんよね？　また、親が借りていた駐車場やトランクルームは、引き続き使えますよね？

A 19 ▶

　頭数の数え方は、信託後、一つに減少する可能性があります。また、利用している駐車場やトランクルーム等がある場合、継続利用できなくなる可能性があります。

キーワード　区分所有法、マンション管理規約

▲▲▲▲▲▲▲▲▲▲▲▲▲▲▲▲▲▲▲▲▲▲▲▲▲▲▲▲▲▲▲▲▲▲▲▲

1　管理組合集会における区分所有者の頭数

　区分所有法39条1項は、「集会の議事は、この法律又は規約に別段の定めがない限り、区分所有者及び議決権の各過半数で決する」と定めており、決議の成立に、議決権のみならず、区分所有者の人数（頭数）も要するものとしています。これを踏まえて、標準管理規約47条1項は、「総会の会議（WEB会議システム等を用いて開催する会議を含む。）は、前条第1項に定める議決権総数の半数以上を有する組合員が出席しなければならない」とし、定足数を定めています。

2　1人で数個の専有部分を所有している区分所有者の数の計算

　区分所有者の数の計算は、1人で数個の専有部分を所有している者であっても1人と計算されるものと解されています（稲本洋之助＝鎌野邦樹『コンメンタールマンション区分所有法〔第3版〕』(2015年) 232頁、神戸地判平成13・1・31 (判時1757号123頁)）。これを前提にすると、本問における頭数の数え方も、全部で1人と計算する、すなわち、信託後は一つに減少することになりますので、このようになる可能性についてリスク説明は必要です。

ただし、区分所有法が、決議の成立要件として、議決権とあわせて、区分所有者の人数を必要としている趣旨は、区分所有建物等の管理または使用に関しては、区分所有者の共同の利益の維持（共同生活の保持）という側面を有するためです（稲本洋之助＝鎌野邦樹『コンメンタールマンション区分所有法〔第3版〕』(2015年) 232頁）。そうであるとすれば、実質的な区分所有者ともいうべき受益者については、別途、頭数として計算すべきという考え方もありうるように思われます。

3　駐車場やトランクルームの継続利用

　標準管理規約46条5項は、「区分所有者がその所有する専有部分を、他の区分所有者又は第三者に譲渡又は貸与したときは、その区分所有者の駐車場使用契約は効力を失う」としています。その他利用権についても、細則上は、区分所有権の譲渡時に利用不可となる旨規定されている場合が多いです。

　そうすると、信託契約に基づく専有部分の所有権移転も、規約等の文言上は「譲渡」に該当し、失効してしまうリスクがあります。もちろん、信託をしても利用者およびその実態は全く変わらない以上、信託設定後も継続使用できると解するのが妥当なところだと思われますが、規約等の形式的な文言上は、失効することとなりかねない以上、新たな利用申請が必要となる場合や、空きがない場合でマンション管理組合が継続利用を認めない場合には、引き続き使用できなくなる可能性があります。

　無用な混乱を回避するためにも、信託による区分所有権の得喪に係る届出（標準管理規約31条）を行う前、信託設計段階から、マンション管理組合に対して、事前説明を行い、引き続き使用できるように交渉・調整することが重要でしょう。

参考文献
・稲本洋之助＝鎌野邦樹『コンメンタールマンション区分所有法〔第3版〕』(2015年) 232頁
・一般社団法人民事信託推進センターマンション支援信託推進委員会編『マンシ

ョンにおける高齢居住者支援のための民事信託活用手引き』（2023年）107頁以下
・海野千宏「賃貸用マンションの信託に係る諸問題——区分所有法等の適用を踏まえて」信託フォーラム14号（2020年）61頁以下

（海野千宏）

第1編第1章　信託設定時の悩みどころと落とし穴

第8　信託財産責任負担債務

Q 20 ▶ ローン付き物件の信託

　信託の対象とする賃貸アパートは、10年前に父が金融機関から借り入れたお金で建てたものです。今回、この賃貸アパートを信託する際に、受託者である私がこの借入債務につき債務引受をしました。私が賃貸アパートから得た家賃から金融機関に対する返済にあててしまって問題ないですか。また、父の自宅は父が住宅ローンを借りて建てたもので、まだ完済していません。これも信託財産にしてしまって問題ないですよね？

A 20 ▶

　アパートローンについては、それが信託財産責任負担債務となっている必要があります。受託者が委託者から引き受けた債務が信託財産責任負担債務であるためには、①信託契約書においてその債務を信託財産責任負担債務とする旨の定めがあること、または、②信託開始後に受託者が行う債務引受が信託事務としてなされたことのいずれかが必要です。
　また、住宅ローンで建てた自宅は、信託をすると、その所有権が委託者から受託者に移転し、住宅ローンの債務者（団体信用保険の被保険者）と不動産名義人がずれてしまうため、信託の対象とすることはできません。

キーワード　消極財産の信託、債務引受、ローン付き建物の信託

▲▲

1　前提としての債務引受

　受託者が信託財産として管理する「財産」（信託法2条1項）は、積極財産であることを要し、消極財産は含まれないと解されています。そのため、信託契約書に、当初信託財産として、アパートと同列にアパートローン（債務）を記載しても、アパートローンは信託契約によって委託者から受託者に移転

しません。債務を移転するには、債務引受が必要です。併存的債務引受（民法470条）または免責的債務引受（同法472条）が定める要件を満たす必要があります（信託契約書と題する書面で債務引受についての定めをすることはできますが、その定めの部分は信託契約ではありません）。

　もっとも、債務引受をして受託者に債務が移転したとしても、それだけでは、その債務の引当てとなる財産は受託者の固有財産のみです。その場合の債務引受は、信託契約とは別の行為（契約）としてなされているからです。

　そこで、受託者が引き受けた債務について信託財産をも引当てとするためには、①信託契約書においてその債務を信託財産責任負担債務とする旨の定めをする方法、または、②信託開始後に債務引受を信託事務として行う方法のいずれかを要することになります。

2　信託財産責任負担債務とする方法

(1)　信託契約書に定める方法

　信託法21条1項3号は、信託前に生じた委託者の債務を信託財産責任負担債務とする旨の信託行為の定めがあるものは信託財産責任負担債務となる旨を定めています（①）。これに従えば、信託契約書において、対象となる債務を特定する事項を記載し、かつ、その債務を信託財産責任負担債務とする旨を記載することになります。

　債務の特定は、たとえば、契約名称、契約日、債権者名、債務者名、借入金額、利率、弁済期限、使途を記載して特定します。

(2)　受託者が信託事務処理として債務引受をする方法

　信託法21条1項5号は、信託財産のためにした行為であって受託者の権限に属するものによって生じた権利に係る債務は信託財産責任負担債務となる旨を定めています（②）。そのため、受託者が委託者との間で行った債務引受が、ⓐ信託財産のためになされたものであり、ⓑ受託者の権限内のものであれば、その債務は信託財産責任負担債務となります。

　具体的には、ⅰ信託契約書に受託者による債務引受を禁止する定めがないこと（信託目的の達成のために債務引受が必要であることを読み取れること）（ⓑに対応）、ⅱ債務引受に係る書面（債務引受契約書等）には、債務を引き受け

る受託者が「受託者」との肩書を付して署名等をします（ⓐに対応）。

3　住宅ローン付きの不動産の信託の可否

　住宅ローンの契約書に、物件を譲渡する際には事前に金融機関の承諾を必要とし、これを怠った場合には期限の利益を喪失し、直ちにローン残額を一括返済しなくてはならない旨の定めがある場合があります。信託をすると、信託財産となる物件の所有者は委託者から受託者に移転しますので、上記住宅ローン契約書上の「譲渡」に該当するため、金融機関の事前承諾が必要です。

　また、団体信用保険に加入している場合は、債務者の変更にあたるとして解約事由にあたることがあります。違約金の支払いが必要になったり、団体信用保険への再加入ができなかったりと不利益を被ることもあります。

　ローンが完済していない物件を信託の対象とするときは、その金融機関との相談をしながら慎重に進める必要があります。

4　実務対応

　信託法の定めによれば、委託者の債務を受託者が引き受け、それを信託財産責任債務にする方法は、上記①②のいずれかということになります。

　また、併存的債務引受と免責的債務引受の要件の違いは、債権者の意思的関与の有無にあるといわれ、債権者の関与がない場合は、併存的債務引受となる旨の説明がなされることがあります。

　もっとも、金融機関からの借入債務につき、債権者である金融機関の関与なく（無断で）債務引受をすることは実際上考えにくいところです。借入の担保となっている不動産（本問でいう賃貸アパート）の譲渡は、金銭消費貸借契約上禁止され、無断譲渡は期限の利益喪失事由とされていることが一般的だからです。

　金融機関から債務引受契約書や差入書への署名・提出を求められます。これらの書面は、信託契約締結と同時かそれ以後に作成します（信託契約書を公正証書とする実務を前提とすると、信託契約締結後になることが多いと思われます）。そのため、信託財産責任負担債務とする方法が実際に①であるか②

であるかは、それほどはっきりしないことになります。いずれの方法であると評価されてもよいように、いずれの要件をも充足するようにしておくと安心です。

参考文献
・成田一正ほか『賃貸アパート・マンションの民事信託実務』（2019年）387頁以下

（金森健一）

第2章 信託期間中の悩みどころと落とし穴

第1 受託者の対外的責任

Q1▶瑕疵免責条項の効力と対外的責任の処理

信託財産に属する不動産が欠陥住宅であったため倒壊し隣の家屋を破損させましたが、信託契約書に受託者は信託不動産の瑕疵により生じた損害の責任を負わない旨の条項があります。受託者である私は責任を負いませんよね？

A1▶

受託者が不法行為等により第三者に対して損害賠償債務を負った場合、信託契約書に受託者の第三者の責任の範囲を制限する旨の定めがあったとしても、受託者は当該第三者に対してその債務を履行する責任を負います。このとき、受託者が固有財産に属する財産をもって履行したときは、信託財産に対し求償することができます。

キーワード　受託者の対外的責任、信託財産や受益者に対する求償

▲▲▲▲▲▲▲▲▲▲▲▲▲▲▲▲▲▲▲▲▲▲▲▲▲▲▲▲▲▲▲▲▲▲▲▲▲▲

1 受託者の対外的責任

信託財産の管理において法人格を有する者は、受託者のみです。信託財産自体には法人格はありません。また、受益者は信託財産を対象とする直接の権利を有しないと解されています。そのため、信託財産の管理において、第三者が損害を被り不法行為責任が生じたときは、受託者がその責任を負います。受託者は、信託法21条1項8号または9号に基づく信託財産責任負担

債務であるとして、被害者に対し信託財産または固有財産から賠償することができます。

このとき、本問のように、信託契約書に受託者が不動産の瑕疵により生じた損害の責任を負わない旨の定めがあったとしても、その定めをもって、損害を被った隣家の所有者や居住者に対抗することはできません。契約の定めは、その当事者間でのみ効力を有するのが原則です。

契約書の雛型に、「受託者は信託不動産の瑕疵により生じた損害の責任を負わない旨」が定められていることがあります。これは、その不動産の原所有者である委託者かつ受益者（自益信託）に対し、受託者がその不動産の瑕疵に起因する責任を負わないとすることを意図したものです。やはり、契約当事者間でのみ有効な定めです。

2 受託者の対外的責任を制限するための方法とその範囲

1の原則に対し、例外的に受託者の対外的責任を制限する方策として、①責任限定特約、②限定責任信託があります。

(1) 責任限定特約

「責任限定特約」とは、受託者が第三者と契約をするにあたり、その契約においてその履行に係る責任財産を信託財産に限定する旨を規定するものです（信託法21条2項4号）。この特約により、そこで定めた債務を履行するにあたっては、信託財産のみをもってすれば足りることになります。

(2) 限定責任信託

信託法216条以下の定めに従い、「限定責任信託」を設定することができます。限定責任信託の受託者は、取引の相手方に対し、限定責任信託の名称と、その受託者として当該取引をする旨を示して取引した場合、取引の相手方からの履行請求に対して、信託財産のみをもってすれば足りることになります（同法21条2項2号）。

もっとも、信託財産に属する建物の設置管理の瑕疵があったとして土地工作物責任（民法717条）を問われた場合にも限定責任信託であることを理由に信託財産のみが損害賠償債務の引当てになるかどうかについては、学説上、見解の相違があります。

3 受託者が債務を履行した後の処理

　受託者が第三者に対して損害賠償債務を履行するにあたり、固有財産から支出したときは、受託者は信託財産に対し求償することができます（信託法48条1項本文）。

　信託財産に求償に必要な額の金銭がないときは、信託の利益を得ている受益者に対し、求償することが考えられます。しかし、当然に求償することができるのではなく、その受益者との間で個別の合意（信託法48条5項参照）が必要です。

4 実務対応

　受託者となることは、信託法が定める各種義務を負うだけでなく、対外的な責任を伴います。また、その対外的責任を制限することは、原則として難しいと考えておいたほうがよいでしょう。

　そのため、まずは、受託者になる者に対し、受託者が第三者に対する責任を負った場合には信託財産だけでなく固有財産をも引当てになることを理解しておいてもらうことが必要でしょう。

　また、本問のような、信託契約書に受託者の責任を制限する旨の定めをすることは、民事信託の利用者の誤解を招きかねませんので、特段の事情がない限り、定めない方がよいでしょう。むしろ、受益者でもある委託者との間で、第三者から損害賠償請求を受けたときは、その賠償に要する金銭の償還または前払いを受けることができる旨の合意をするほうが適切な場合もあるでしょう。

参考文献
- 田中和明『信託法務大全［第1編］信託法』（2023年）161頁
- 金森健一「『信託契約のモデル条項例　公証人及び弁護士による勉強会を経て提示するモデル条項例』の検討(1)」駿河台法学35巻2号（2022年）28頁
- 金森健一「信託判例と実務対応(4)高齢者の自宅を信託財産とする際の実務対応——限定責任信託による土地工作物責任リスク回避」信託フォーラム6号（2016年）135頁

（金森健一）

第2　信託口口座

Q2▶信託内借入れの実務上の留意点

　父との間で、父が所有する賃貸アパートを対象とする信託契約を締結しました。その際、金融機関のチェックを受けて信託口口座を開設しました。その金融機関は信託内借入れに対応していると聞きました。信託を始めてから7年が経ちました。父は、認知症を発症し、今では、意思疎通が難しい状態です。一方、賃貸アパートは、大型台風の影響を受け、修繕が必要な状態です。修繕費用を信託内借入れで賄うことはできますよね？

A2▶

　本問の金融機関が受託者のみによる手続で対応してくれるのであれば、修繕費用を信託内借入れで賄うことができます。しかし、金融機関の中には、受益者が連帯債務者や連帯保証人になることを求めたり、受益権に対し質権を設定することを求めたりするところもあります。受益者が意思無能力によりそれぞれの契約をすることができないときは、信託内借入れをすることはできないことになります。

キーワード　信託内借入れに関する信託法上の定めと実務

▲▲▲▲▲▲▲▲▲▲▲▲▲▲▲▲▲▲▲▲▲▲▲▲▲▲▲▲▲▲▲▲

1　信託内借入れ

　受託者が行う信託財産のためにする借入れを「信託内借入れ」と呼ぶことがあります。

　なお、その対義語として「信託外借入れ」という語が使われることがあります。これは、委託者が借入れをして、受託者に債務引受をさせることなく、委託者（兼受益者）が受託者から受益債権に基づく給付（賃料等が原資）を受けて、委託者が金融機関に返済することとする借入れを指すようです。

2 信託内借入れに関する信託法の規律

　信託内借入れが、受託者が行う信託財産のためにする借入れであるならば、その借入れが、①受託者の権限の範囲内であり、かつ、②受託者が信託財産のためにする意思をもってなされることが要件となります。
　もっとも、信託契約に、たとえば、受託者が借入れをするには受益者の同意を要するなどの定めがあるときは、その定めが受託者の権限を制限する定め（信託法26条ただし書）となり、その同意を得ずして借入れをしたときは、受益者による取消し（同法27条1項）の対象となります。

3 金融機関の実務

　信託内借入れにおいて借入れをするのは（借主となるのは）受託者ですので、2で述べた要件を満たせば、借入れをすることができるはずです。
　しかし、貸し付ける金融機関としては、債権保全のために、連帯保証人や担保提供を求めます。これは、信託と無関係に行われる融資と同様です。
　ただし、信託内借入れにおいては、その連帯保証人や担保提供について、受益者を連帯保証人とすることや、受益権に質権を設定することが求められることがあります。この場合、受益者が重度の認知症等により意思無能力ですと、これに対応することができません（民法3条の2）。結果として、信託内借入れをすることができないことになります。
　また、委託者（兼受益者）に対し保証人や質権設定を求めない金融機関もあります。しかし、その場合でも、委託者と面談し、借入権限を受託者に対し付与したかどうかの意思確認を求めることがあり、委託者の意思確認ができなければ、受託者が融資を受けられないことになります。

4 実務対応

　本問のように、民事信託の利用者の予定・計画を踏まえて、信託口口座の開設と信託内借入れの対応を確認することが必要です。信託内借入れを行う時期や借入れの条件次第で、実際に借り入れできるかどうかは左右されることになります。委託者兼受益者となる者の認知症対策としての信託は、その

者が契約することができなくなる事態への対応としてなされるものです。そのような事態に対応してくれる金融機関を選ぶ必要があります。

　もし、地域性等の制約を受け、対応可能な金融機関を利用することができないときは、民事信託の利用自体を断念せざるを得ない場合もあります。

参考文献
・成田一正ほか『賃貸アパート・マンションの民事信託実務』(2019年) 447頁以下

（金森健一）

Q3▶受託者個人口座・屋号口座・信託口口座

受託者が予期せず委託者より先に死亡しました。ただ、信託契約公正証書を作成し、金融機関でも名義に「信託口」といった肩書がついた口座を開設してもらっていました。私が新受託者となりますが、受託者の法定相続人とは絶縁状態です。でも、受託者の法定相続人の関与・協力なく、私だけによる手続でその口座内の金銭を引き継ぐことができますよね？

A3▶

「信託口」と肩書がついた預金口座であることをもって、受託者死亡後の新受託者が単独でその口座や口座内の金銭を引き継ぐことができるとは限りません。新受託者のみで手続が完了するかどうかは、その金融機関内部での取決めまたは金融機関と預金者との間での契約の内容次第です。

キーワード　受託者個人口座、屋号口座、信託口口座

▲▲▲▲▲▲▲▲▲▲▲▲▲▲▲▲▲▲▲▲▲▲▲▲▲▲▲▲▲▲▲

1　金銭を管理するための3種類の口座

信託財産に金銭が含まれるときは、銀行等の預金口座に預け入れて管理をします（現金で管理することは、受託者の固有財産との区別がつかなくなりやすく、信託帳簿の作成の手間が膨大になります）。

このときの預金口座は、委託者ではなく受託者名義の口座である必要があります。信託財産は受託者に属する財産（信託法2条3項）であるからです。

受託者名義の預金口座といった場合には、次の①～③の3種類の口座が考えられます。「T」という名前の人が受託者となり、父親である「S」から信託を引き受けたとします。

① 受託者個人名義の口座（受託者である個人が受託者であることを明らかにすることなく開設を受けた口座）〔口座名義例「T」〕

② 屋号口座（「信託口」など信託財産の管理のために用いられる口座であることが名義上明記された口座）〔口座名義例「T　信託口」「受託者T　信託口」「委託者S受託者T　信託口」〕

③　信託口口座（名義上の記載は屋号口座と同一でありつつ、口座に係る預金債権が信託財産に属することを前提とした取扱いを金融機関が行う口座）

　これらの口座にて預け入れて金銭の管理をしていた受託者が委託者よりも先に亡くなった場合、新たな受託者はどのようにしてこの預金の引継ぎを受けることになるのでしょうか。

2　受託者が死亡した場合の信託法の規律

　受託者が死亡すると、その任務は終了し（信託法56条1項1号）、信託財産は法人とされます（同法74条1項）。つまり、信託財産は受託者の相続財産になりません。

　信託契約の新受託者を指定する定め等に基づき（信託法62条1項）、新受託者が就任すると、新受託者は、前受託者の任務終了時に存する信託に関する権利義務を前受託者から承継したものとみなされます（同法75条1項）。前受託者名義の預金を新受託者が引き継ぎます。

　このように、信託法の定めに従えば、信託財産である預金は、受託者の交代により、新受託者に属するため、新受託者が預金者として単独で引き出せることになります。

3　金融機関の実務

　しかし、口座を開設した金融機関からすると、ある口座に預け入れられている金銭が信託財産に属しているかどうかは明らかではありません。もし、受託者の固有財産に属する場合には、それは受託者の相続財産であり、その相続人に対し払い戻さなければなりません。

　そのため、2で述べた、新受託者が預金者として単独で引き出せるかどうかは、その金融機関の取扱い次第ということになります。

　この点、受託者個人名義口座（①）と屋号口座（②）は、金融機関としては、T個人の固有財産として（信託財産であるとの認識すらもたずに）取り扱うことになり、Tの相続人等へ払い戻すことになります。新受託者は、払戻しを受けた相続人等に対し不当利得に基づき払戻金の返還を求めることになります。

これに対して、信託口口座（③）は、金融機関が口座内の金銭が信託財産に属するものであることを知りながら開設したものです。信託法の定めに従い、新受託者が預金者であるものとし、Tの相続人等の関与なく、預金の払戻しを受けることができます。

4　実務対応

　口座内の金銭につき信託財産に属するものであったことを金融機関が関知しない受託者個人名義口座（①）や屋号口座（②）の場合、金融機関は預金者である者（受託者）が死亡すれば、通常の預金と同様の処理をすることになり、それ以上のものは何ら期待できません。

　一方、信託口口座（③）であれば、金融機関が必ず新たな受託者に引き継ぎ処理をしてくれるとも限りません。そのような処理をすべきと義務づける法律はありません。また、取扱いの根拠は、預金者（受託者）との契約ではなく、内部処理規定にすぎないとする金融機関もあるようです。そうなると、信託口口座の場合でも新受託者に引き継がれるかどうかは、その金融機関次第であり、預金者として法的に請求することはできないことになります。

　金融機関ごとに取扱いの態様や、その根拠の有無もまちまちであるため、実際に口座の開設を受ける際には、事前に確認しておくのがよいでしょう。

　また、信託契約が締結されれば、受託者は、契約書上の定めの有無に関係なく、分別管理義務（信託法34条1項）を負います。ただし、金銭については計算による方法（同項2号ロ）とされていますので、当然に信託口口座にて保管すべきことにはなりません。受託者に分別管理を徹底させるために、信託口口座での管理を義務づける旨を信託契約書に規定することも考えられます。

　なお、信託法上は、受託者を複数人とすることはできるとされ（同法79条以下）、「共同受託者」と呼ばれますが、金融機関はそのような信託に対する口座開設に対応していないことが多いようです。兄弟全員で受託者になりたいという希望があることはありますが、法律上できるかどうかとは別に、信託口口座の開設を受けることができるかなどの実務に対する目配せも必要

です。

参考文献
- 金森健一「ここからはじめる！　民事信託実務入門［第5回］民事信託の標準仕様を備える——公正証書と信託口口座(下)」信託フォーラム20号（2023年）131頁以下
- 田中和明＝西片和代編著『信託法務大全［第3編］民事信託』（2024年）201頁以下〔金森健一〕

（金森健一）

第3 信託財産である預金債権の差押え

Q4▶信託と信託口口座における倒産隔離機能

　先立った妻の介護を経て認知症対策の重要性を痛感した私は、長男を受託者として私が経営する賃貸アパートと金銭を信託財産とする信託契約を締結しました。その際、支援してくださった士業の先生からは、「信託には倒産隔離機能があります。信託口口座に預けておけば長男の債権者から差し押さえられないので安心です」との説明を受けました。長男は信託口口座の開設を受け、私はその口座に管理してもらう金銭を振り込み、家賃の受取口座も信託口口座にしました。その後、長男が経営する無人店舗事業が傾き、多大な借金をしてしまいました。しかし、信託口口座に預けてある金銭は、長男の債権者からの差押えの対象にならないから安心してよいですよね？

A4▶

　信託口口座であることのみを理由として、差し押さえられないと安心することは難しいといわざるを得ません。

　キーワード　信託法23条と執行実務

▲▲▲▲▲▲▲▲▲▲▲▲▲▲▲▲▲▲▲▲▲▲▲▲▲▲▲▲▲▲▲▲▲▲▲▲▲

1　信託の倒産隔離機能

　信託の対象である財産は、受託者に帰属します。事例でいうと、受託者である長男がアパートの所有者であり、信託口口座の預金者になります。長男が信託と無関係な個人的な借入れ、本問のように無人店舗事業のための借入れを任意に返済しない場合、その債権者は債務者である長男が有する財産に対して強制執行を行い、債権を回収します。このとき、信託財産は受託者である長男に属するものではあるものの、長男は信託財産から利益を得ることを禁止されるため（信託法8条参照）、長男の債権者も信託財産に対して強制

執行をすることはできません（同法23条1項）。このように、受託者個人（固有財産）が倒産状態になっても、信託財産はその影響を受けない、債務の引当てにされないという信託の機能を「倒産隔離機能」と呼ぶことがあります。

2　信託口口座の倒産隔離機能

「倒産隔離機能がある信託口口座」という言い方がされることがあります。信託口口座に預けてある金銭は受託者個人（固有財産）の債権者からの差押えを受けない、信託財産として守られるという言われ方がされることもあるようです。

実際に、信託法23条1項は、「信託財産責任負担債務に係る債権……に基づく場合を除き、信託財産に属する財産に対しては、強制執行……をすることができない」としています。信託口口座に係る預金債権が信託財産に属する財産であれば、信託と無関係な、信託財産責任負担債務に係る債権でない債権者は、強制執行をすることができないことになります。

3　信託口口座に対する差押え

信託にも信託口口座にも、受託者個人（固有財産）の債権者から保護されるという意味で、「倒産隔離機能がある」と言えそうです。しかし、そのことと信託口口座が差し押さえられないこととは別問題です。

差押えの対象が信託口口座であっても（差押債権が信託口口座に係る預金債権であっても）、債権者も執行裁判所も口座を開設した金融機関も、債権者が強制執行により回収しようとしている債権（請求債権）が信託財産責任負担債務に係る債権（信託債権）であるかどうかはわかりません。そのため、差押命令は発令されますし、金融機関もそれに応じて債権者に払い出してもかまわないという見解が有力です。

このようにみますと、受託者または受益者から強制執行を排除する訴訟（信託法23条5項）を提起して勝訴して初めて、信託口口座に預け入れた金銭は保護されることになります。「信託口口座には倒産隔離機能がある」という場合、その意味内容を正確に理解することが必要です。

なお、裁判を経ることなく信託財産が保護されることこそが信託口口座の倒産隔離機能の枢要であると解する場合は、信託口口座には倒産隔離機能は無いと解することになります。

4　実務対応

受託者個人（固有財産）の信用不安からの影響の遮断（倒産隔離機能）は、裁判を提起することなしには難しいことを前提にする必要があります。安易に「信託口口座であれば安心」という説明をするのは控えたほうがよいと考えます。

このようにいうと、「信託口口座は不要」との声高な主張も生じかねませんが、個人である受託者が死亡した場合の引継ぎや、金融機関が相殺に供することを差し控えるといった裁判外での対応は期待しうるところですので、直ちに「信託口口座は不要」と判断し、それに沿った実務を案内することも控えるべきだと考えます。

参考文献
- 金森健一「ここからはじめる！　民事信託実務入門［第5回］民事信託の標準仕様を備える──公正証書と信託口口座㊦」信託フォーラム20号（2023年）131頁以下
- 田中和明＝西片和代編著『信託法務大全［第3編］民事信託』（2024年）201頁以下〔金森健一〕
- 日本弁護士連合会「信託口口座開設等に関するガイドライン」（2020年）

（金森健一）

第3　信託財産である預金債権の差押え

Q5▶第三者異議訴訟に準ずる訴えの留意点

　私は、ある士業の先生から、「信託には倒産隔離機能があります。信託口口座に預けておけば受託者である長男の債権者から差し押さえられても、受託者が裁判を起こせば、信託した金銭は守られるので安心です」との説明を受けました。その後、長男は自ら経営する無人店舗事業が傾き、多大な借金をしてしまいました。万が一、長男がこの借金を返しきれず、長男の債権者から信託口口座が差し押さえられても、受益者である私が訴えを起こせば、信託した金銭は守られるから安心してよいですよね？

A5▶

　受託者は、信託口口座に対する差押えを排除するための訴えを提起することはできます。しかし、その訴えの提起に加えて、執行停止の仮処分の申立ても必要になります。仮処分の申立てには保証金を納める必要があります。

キーワード　信託口口座、倒産隔離機能、第三者異議訴訟に準ずる訴え、執行停止と保証金

▲▲▲▲▲▲▲▲▲▲▲▲▲▲▲▲▲▲▲▲▲▲▲▲▲▲▲▲▲▲▲▲▲▲▲▲▲▲

1　信託財産に対する強制執行の規律

　信託法23条1項は、「信託財産責任負担債務に係る債権……に基づく場合を除き、信託財産に属する財産に対しては、強制執行……をすることができない」とし、同条5項は、「第1項……の規定に違反してされた強制執行……に対しては、受託者又は受益者は、異議を主張することができる。この場合においては、民事執行法……第38条……の規定を準用する」としています。
　本問の長男の債権者は、信託財産責任負担債務に係る債権（信託債権）の債権者ではありませんので、信託財産に属する財産である信託口口座に係る債権（預金債権）に対し強制執行をした場合、この強制執行は信託法23条1項に違反したものになります。受託者または受益者が第三者異議の訴え（民事執行法38条1項）に準じた訴えを提起して、異議を主張し、その強制執行

の不許を求めることになります。

2 執行停止の仮処分申立ての必要性

第三者異議訴訟に準ずる訴えを提起しても、そのことによって強制執行は当然には停止しません。一方、債権に対する強制執行手続では、差押命令が債務者に送達された日から1週間を経過すれば、債権者は第三債務者に対し、債権の取立てをすることができます（民事執行法155条1項）。たとえば、本問の受託者である長男（債務者）に差押命令が到達して1週間が過ぎたら、長男の債権者は信託口口座を開設する金融機関に対し、その払出しを求めることができるのです。

このような執行手続のスケジュールを踏まえると、いくら第三者異議訴訟に準ずる訴えを裁判所に提起しても、その訴訟が開始する前に、債権者が金融機関から預金を払い出してしまうことが容易に想定できます。

そのため、第三者異議訴訟に準ずる訴訟での判決が出るまでの間、強制執行手続を停止する必要があります。そのための手段が執行停止の仮処分の申立て（民事執行法38条4項・36条・37条）です。

3 執行停止の仮処分のための保証金

執行停止の仮処分の裁判を受けるためには、担保を立てる必要があります（民事執行法38条4項・36条1項）。第三者異議訴訟の場合の担保額は、一応の基準として、物件価額（請求債権額がこれを下回るときは請求債権額の）30％〜60％といわれています（司法研修所編『民事弁護教材　改訂民事執行〔補正版〕』(2005年) 46頁）。

保証金としてこの担保額の金銭を裁判所に納める必要があります。もっとも、状況としては、信託口口座に対しては差押えがなされ、その請求債権額の払出しを求めることができず、また、受益者（かつ委託者）に手元資金がないことも考えられます。このようなときは、保証金を納めることができず、執行停止の仮処分を得られないことになります。

4　実務対応

　まず何より、信用不安のある受託者は選任しないことでしょう。また、信託の用途によりますが、得られた信託の利益（賃料等）は、信託口口座に溜め込まないようにする、受益者に速やかに給付するようにすることが必要な場合もあるでしょう。

　問題は、時間切れになってしまうことにあります。執行停止の仮処分の申立てにもある程度の時間を要します。差押命令が送達されてから払出しまでの1週間は極めて短いです。その時間を引き延ばす方法として、信託口口座を開設する金融機関が第三債務者として差押命令を受け取ったら、執行供託（権利供託）（民事執行法156条1項）をするという取扱いは最低限必要であると考えます。不当利得返還の相手方が国や自治体である租税債権に基づく滞納処分等への対応はその数の膨大さから難しいとしても、私人による強制執行については、執行債権者の無資力リスクを受益者が負うことになるため執行供託を行う必要性は極めて高いと考えます。

参考文献
- 田中和明＝西片和代編著『信託法務大全［第3編］民事信託』（2024年）201頁以下〔金森健一〕

（金森健一）

Q6▶払戻金の不当利得返還請求の主体

　私を委託者兼受益者、長男を受託者、私の生活資金となる金銭を信託財産とする信託を設定しました。長男が信託と無関係な借金を任意に返済しなかったために、長男の債権者が信託口口座に対し強制執行を申し立て、預金を取り立ててしまいました。長男は音信不通です。受益者である私が債権者から取り戻そうと思いますが、可能ですよね？

A6▶

　信託財産に属する預金を取り立てた債権者に対し、不当利得返還請求ができるのは受託者であって、受益者ではないと判断した裁判例があります。これに従うと、受益者は債権者から取戻しはできないことになります。もっとも、そのような判断に疑問も呈されています。

キーワード　信託口口座から払戻しを受けた債権者に対する不当利得返還請求権者

▲▲▲▲▲▲▲▲▲▲▲▲▲▲▲▲▲▲▲▲▲▲▲▲▲▲▲▲▲▲▲

1　信託財産に属する金銭が取り立てられた場合の対応

　受託者個人（固有財産）に対する債権者が信託口口座に対し強制執行の手続を行い、払戻しを受けることができる（第三債務者である金融機関は取立てに応じてかまわない）と解する場合であっても、元来その払戻金は信託財産に属していたものですので、受託者個人の債権者が引当てにすることができないものです（信託法23条1項参照）。その債権者は「法律上の原因なく」「他人の財産……によって利益を受け」ていることになります。したがって、それにより「他人」（＝損失を及ぼされた者）は、その債権者に対し、不当利得（民法703条）により、当該払戻金相当額の金銭の支払いを求めることができることになります。

2　不当利得返還請求をすることができる「他人」は誰か

　問題は、誰が「他人」（民法703条）として、債権者に対し不当利得返還

請求をすることができるかです。信託の場合、信託口口座の預金者である受託者と、信託財産から利益を受けることができる受益者とが考えられます。

この点が問題となった東京地判平成24・6・15〔裁判例1〕は、「信託の受託者であり信託財産の帰属主体である原告 X_5 は、少なくとも Y が差押えの上、取り立てた本件預金のうち181万3226円について信託の受託者として損失を被」ったとして、取り立てた債権者は受託者に対し返還すべきとしました。一方、受益者からの返還請求については、受益者は「依然として原告 X_5〔筆者注：受託者〕に対し受益権を有するのであって、本件差押え及び取立によってこれを害されたものとは認められない」として、これを認めませんでした。

3 東京地判平成24・6・15に対する疑問

取り立てた債権者に対する不当利得返還請求について、受託者によるもののみを肯定し、受益者によるものは否定した東京地判平成24・6・15に対しては、「受益権が形式的に存在するとしても、実質的には存在しないとして、すなわち、X_5〔筆者注：受託者〕が Y_1〔筆者注：執行債権者〕から X_2 ら〔筆者注：受益者〕3名の積立金〔筆者注：取立金〕の返還を求めたとしても、これを X_2 ら3名が X_5 から取り戻すことが必ずしも保障されているわけではない以上、X_2 ら3名が直接に Y_1 から取り戻し得るとした方が事案の公平な、そして、直截的な解決になると解する余地が無いわけではなく、今後の議論が期待されるところである」との指摘があります（金商1406号54頁）。

本問のように、受託者が音信不通であるときは、受託者による不当利得返還請求権の行使を期待できません。受益権の価値は失われ、受益者も「損失を被っている」と解することもできると考えます。

4 実務対応

東京地判平成24・6・15の受託者のみが不当利得返還請求権を行使できるという見解に従い、信託法58条1項に基づき委託者兼受益者による意思表示により受託者を解任し、新たな受託者から返還請求することが考えられ

ます。

　信託契約書に受託者の解任についての別段の定め（信託法58条3項）があり、委託者兼受益者のみでは解任できない場合は、裁判による受託者の解任手続（同条4項）によることが考えられます。

　委託者および受益者のみによる受託者の解任を制限したいときは、音信不通等により受託者がその任務を果たすことができない状態になったことをもって受託者の任務終了事由（信託法56条1項7号）とする定めを信託契約にしておくことが考えられます。

参考文献
・田中和明＝西片和代編著『信託法務大全［第3編］民事信託』（2024年）201頁以下〔金森健一〕

（金森健一）

第4　帳簿等の閲覧等

Q7▶信託事務処理書類の範囲

　父は、生前、その所有する賃貸アパート5棟を信託財産とし、兄を受託者とする信託契約を締結していました。父は昨年亡くなり、私は、そのとき初めて信託契約が結ばれていることを知りました。父の次の受益者は、兄と私です。父の生前の管理状況を知りたいと思い、受託者である兄に対し、その報告や帳簿等の提出を求めましたが、しっかりとした対応をしてもらえません。

　父の所得税の確定申告は、兄が依頼していた税理士が代理していたようです。そこで、受益者である父が行った確定申告に係る確定申告書（申告後はその控え）も「信託事務処理書類」に含まれるとして、閲覧謄写を請求することができますよね？

A7▶

　受益者の確定申告書およびその写しは、信託事務処理書類（信託法37条5項前段）ではありません。したがって、同法38条1項に基づいて受託者に対して、受益者の確定申告書の写しの交付を請求することはできません。

キーワード　信託事務処理書類

▲▲

1　受託者の帳簿等の作成・保管義務と、受益者の閲覧等請求

　信託法は、受託者に対し、①信託事務に関する計算および信託財産に属する財産および信託財産責任負担債務の状況を明らかにするために信託財産に係る帳簿等の作成をすること（同法37条1項）、②毎年1回、一定の時期に、信託財産に係る帳簿等に基づいて財産状況開示資料を作成すること（同条2項、信託計算規則4条3項・5項）、③財産状況開示資料を作成したときはそ

の内容を受益者に報告すること（信託法37条3項）、④信託財産に係る帳簿等は原則作成時から10年間保存すること（同条4項）、⑤信託事務の処理に関する書類（以下、「信託事務処理書類」といいます）を作成・取得したときはその時から原則10年間保存すること（同条5項）、⑥財産状況開示資料は信託の清算結了まで保存すること（同条6項）をそれぞれ義務づけています。

このうち、財産に対する帳簿等と信託事務処理書類については、受益者は、受託者に対し、その閲覧または謄写を請求することができます（信託法38条1項）。

2　所得税の確定申告

本問の場合、受託者である「兄」が信託財産に属する賃貸アパートの賃貸により得た賃料は、信託財産に帰せられる収益であるため、受益者である「父」の収益とみなされ（所得税法13条1項）、「父」が不動産所得（同法26条）を得たとして、これに係る所得税を納税する義務を負います。したがって、確定申告は、原則、「父」が行うべきものです。仮に、「父」に代わってその金銭の管理を行う「兄」が確定申告に必要な書類作成やそのための計算等を行っていたとしても、それは信託事務の処理にはあたりません。

なお、受益者の確定申告書およびその写しが「信託事務処理書類」に該当し、その閲覧謄写請求を認容したさいたま地越谷支判令和4・3・23〔裁判例15〕は、その控訴審である東京高判令和6・2・8〔裁判例21〕により否定され、東京高判令和6・2・8は、「本件信託不動産に係る収益及び費用について、所得税の確定申告義務を負うのは、受託者ではなく受益者であるし、一般の信託の受託者に対し、会計帳簿の作成義務が課されるものではない」としました。

3　信託事務処理書類

受益者の確定申告書作成は、受託者による信託財産の管理や信託目的達成のために必要な行為ではありませんので、受益者の確定申告書は信託事務処理書類に該当しません。したがって、受託者はその作成義務も保存義務もありません。

本問の「私」が受益者として、受託者にある「兄」に対し、「父」の確定申告書の写しの閲覧や謄写を請求することはできません。

4　実務対応

裁判外で共同相続人の全員ではなくその一部の者が、被相続人名義の申告書の内容を知ることは困難であるようです（国税庁「申告書等の情報の取得について」参照）。

訴訟手続において国を相手方とする文書提出命令を申し立てることも考えられます。信託関連のものではありませんが、訴訟の相手方の所得税確定申告書の提出を国に命じたものとして、たとえば、大阪高決平成17・11・22（LLI/DBL06021075）があります。

（金森健一）

第5 追加信託

Q8▶信託後の委託者の口座からの送金

　委託者の年金受取口座の残高が多額になった場合に備えるため、追加信託の条項を定めました。具体的には、信託口口座への入金をもって追加信託契約の成立とみなす旨の条項を定めました。これで、もし委託者が認知症になっても、受託者である私が委託者の年金受取口座から信託口口座に振り込めば、有効に追加信託できますよね？

A8▶

　法律上可能と解することはできると考えますが、それだからといって問題がないとはいえないでしょう。

キーワード　追加信託

▲▲▲▲▲▲▲▲▲▲▲▲▲▲▲▲▲▲▲▲▲▲▲▲▲▲▲▲▲▲▲▲▲▲▲

1　追加信託の意義

　追加信託は、法律用語ではなく、信託実務上の概念です。その法律構成は一律ではなく複数のものがありえます。そのため、本問の「追加信託契約」なるものがどのような内容の契約であるのかを明確にしておく必要があります（なお、契約の解釈ですので、具体的な条項の文言を離れて抽象的に追加信託契約がどういうものかを論じることはしません）。本問の条項は、「信託口口座への入金をもって追加信託契約の成立とみなす」という定めですので、委託者名義の口座から信託口口座への入金がなされたときに、その入金された金銭が信託財産になるというものだとします。

　このように解すると、まず、資金移動をするたびに委託者がその名義口座から信託口口座への入金をすることを要することになります。また、入金するたびに委託者と受託者の合意を経ることなく、信託財産とすることができ

る、つまり、委託者から入金された金銭については信託財産として管理するという受託者の事前の包括的な申込みの意思表示がなされているものと考えることができます（なお、委託者が財産を特定することなく信託財産とする旨の事前の包括的な合意ではありません）。

2　委託者から受託者への財産の移転

1のような契約であると解すると、信託財産を追加するたびに委託者による委託者名義口座から信託口口座への入金という行為が必要になります。この入金は、既発生の債務の弁済ではなく、1で述べた受託者の申込みに対する承諾です。これにより、新たな契約（「追加信託契約」）が成立します。委託者による意思表示ですので、意思能力が必要です（民法3条の2）。

もし、委託者において「追加信託契約」に係る承諾をするのに必要な意思能力が無いときは、これを有効にすることはできません。このように解すると、本問の「委託者が認知症になっても」という事態になった場合、その認知症の程度が重度で意思能力が無いときは、「追加信託」はできないことになります。

3　財産の移転の代理の適否

委託者の将来の認知症に備えて、「追加信託契約」の締結（承諾）の代理権を委託者が受託者に対し授与するということも考えられます。

委任契約（代理権の授与）は、委任者（代理における本人）の意思能力の喪失・低下により効力を失うものではなく、存続すると解することを根拠とします。

確かに、預金取扱金融機関の一部では、高齢者の預金者の代理人による払出しを認めており、そこでの根拠も同様です。

しかし、委任者が受任者による委任事務の遂行を監視監督することができない、不適切な委任事務処理をした場合に解除することができないことから、受任者のやりたい放題を許す温床にもなりかねません。

追加信託の名の下に、委託者の財産を信託財産にしておきながら、受益者に給付することなく、委託者の死亡により帰属権利者として受託者がその財

産を取得するための準備に利用されるおそれもあります。

4　実務対応

　委託者の手元からその財産すべてを移して当初から信託財産とするのは、現実的ではありません。信託契約を締結するのに必要な判断能力を有する委託者が自身の預金をすべて手元から失うということは望まないのが普通だと思います。また、年金受取口座を信託口口座とすることはできませんので、本問のように、委託者名義の口座の残高が貯まっていくことも避けられません。

　そのため、金銭の追加信託ができるようにする旨の定めに対するニーズは高いといえます。しかし、3で述べたように、その法律的な可否の問題とは別に、適否の問題もあります。法的に可能という判断のみで本問のような「追加信託契約」の成立を許容するような契約条項を提供するのには慎重であるべきだと考えます。

（金森健一）

第6　利益相反

Q 9 ▶ 利益相反の容認条項①

　信託財産に属する土地上に、受託者が固有財産として建物を建築したいと思います。委託者と受託者は親子なので、別に問題ないですよね？

A 9 ▶

　家族であっても、信託財産である土地の上に受託者が固有財産として建物を建てることは利益相反行為ですので、適切に対応することが必要です。

キーワード　利益相反、容認条項

▲▲▲▲▲▲▲▲▲▲▲▲▲▲▲▲▲▲▲▲▲▲▲▲▲▲▲▲▲▲▲▲

1　親の土地の上に子が家を建てること

　親が土地を有している場合において、二世帯住宅にする場合に限らず、子がその土地の上に建物を建てるということは一般的に行われているところで、このこと自体は法律上問題がありませんし、建物を建てるための融資の担保として、親名義の土地に抵当権などが設定されるケースもままあります。

2　民事信託を利用した場合

　それでは、本問のように、信託財産に属する土地として受託者が管理している土地の上に、受託者が固有財産としての建物を建築する場合も同様に問題なしと考えてよいでしょうか。

　この点を検討するにあたっては、信託法により定められている「利益相反」の規律の内容を確認する必要があります。

3　利益相反

　信託法8条において、受託者の利益享受の禁止を定めているところにも

表れていますが、受託者が信託財産から利益を享受することについて信託法は謙抑的な立場をとっています。

そして、信託法31条では、受託者が利益相反行為を行うことを制限する定めを置いています。

たとえば、信託法31条1項4号においては「第三者との間において信託財産のためにする行為であって受託者又はその利害関係人と受益者との利益が相反することとなるもの」が制限行為の一つとして定められています。

本問においても、受託者が信託財産である土地の上に固有財産として建物を建てたとすると、しかるべき地代を支払うとすれば別として、そうでないとすれば、受託者は自らの利益のために委託者から任された財産を使っていることになり、利益相反の問題が生じてしまいます。

4　実務対応

信託法においては、受託者による利益相反行為については、信託法31条2項において容認条項を置いており、たとえば信託契約の中に「受託者が信託された不動産の上に、受託者自身の建物を建てることを容認する」というような定めを置くことにより利益相反の問題を回避することができるようになっていることから、実際に実務を行うにあたってはこのような対応をしっかりと検討する必要があります。

5　もう一歩前へ・関連論点：容認行為の限界

4では、利益相反の容認のことを書きましたが、容認条項さえあれば常に問題なしと考えてよいかについては検討しておく必要があります。

民事信託においては、委託者の財産を受託者に信託するのは、委託者（兼受益者）のために財産管理等を行ってもらうところに主眼があるのであり、そのような要素が全くなく、ただ受託者の利益のみのために信託をしているとすれば、そもそも論として信託自体が不成立または無効とされるリスクが否定できません（本章Q10参照）。

（菊永将浩）

Q10 ▶ 利益相反の容認条項②

利益相反の問題が起きないようにするために、受託者が行うすべての利益相反行為について承諾する旨の信託行為の定めを置いておけば問題ないですよね?

A10 ▶

包括的にすぎる利益相反容認条項については無効となるリスクが否定できないことから、利用にあたっては慎重に検討をする必要があります。

キーワード　利益相反、容認条項

▲▲▲▲▲▲▲▲▲▲▲▲▲▲▲▲▲▲▲▲▲▲▲▲▲▲▲▲

1　利益相反

利益相反については、信託法31条において規律を設けていて、利益相反にあたる行為の類型を明文として定めるとともに、利益相反行為に該当するとしても、一定の要件の下で当該行為をすることができる旨を定めています(本章Q9参照)。

2　利益相反容認条項の内容

信託法31条2項1号においては、「信託行為に当該行為をすることを許容する旨の定めがあるとき」を利益相反の容認の一つとして明文で定めています。

そのことからすると、信託契約において、「受託者の利益相反行為をすべて容認する」というような包括的な定めを置けば、一見すると利益相反の問題が生じないようにも思われます。

しかし、信託法31条の利益相反行為の制限は、同法30条に定める受託者の忠実義務を具体化したものであるところ、受託者の利益相反行為を広く一般的に容認できるとするのは、同法30条の忠実義務との関係で問題があるように思われます。

また、受託者は、受益者として信託の利益を享受する場合を除き、信託の

利益を享受することができないと定めている信託法8条との関係でも、包括的利益相反容認条項があればすべて利益相反行為が許容されると考えるのは問題があると考えます。

この点について参考になるものとしては、信託業法施行規則41条3項2号ハの定める不動産の売買に関する信託財産に係る行為準則があります。

3　実務対応

信託法においては、受託者による利益相反行為については、同法31条2項において容認条項を置いており、たとえば信託契約の中に「受託者が信託された不動産の上に、受託者自身の建物を建てることを容認する」というような定めを置くことにより利益相反の問題を回避することができるようになっているものの、容認条項については4で述べるとおり、ある程度具体的な行為を特定したうえで行われることが必要と思われます。

4　もう一歩前へ・関連論点：容認行為の具体例

3で述べたように、利益相反の容認条項は対象となる利益相反行為が特定されていることが必要と思われます。この点について、具体的な例としては次の①～③のようなものが考えられます。

① 従前から信託不動産である賃貸物件に居住していた受託者が、信託設定後も当該物件に居住することを容認する例

② 不動産の管理を任せる信託において、受託者がその信託事務を処理するために必要な範囲で当該不動産を無償で利用することを容認する例

③ 自宅を信託した場合において、委託者兼受益者のために自宅を売却しようと買主を探したものの見つからない場合に限り、受託者が相当と認められる金額で買い取ることを容認する例

（菊永将浩）

第7　信託費用の償還

Q11▶受益者連続信託における信託費用の償還

後継ぎ遺贈型受益者連続信託で、当初受益者が死亡しました。信託契約書には、信託費用について受益者から支払いを受けることができる旨定めてありましたが、第二次受益者に対しても信託費用の支払いを求めることはできますよね？

A11▶

信託費用の償還については、信託契約において別段の定めを置くことができることから、契約書に受益者から支払いを受けることができる旨定めているのであれば、当初受益者に加えて、第二次受益者からも支払いを受けることができると考えられます。

キーワード　信託費用の償還

▲▲▲▲▲▲▲▲▲▲▲▲▲▲▲▲▲▲▲▲▲▲▲▲▲▲▲▲▲▲▲▲▲▲▲▲▲▲

1　信託費用の償還

信託事務を処理するのに必要と求められる費用（信託費用）については、受託者が自ら負担するべきものではなく、信託財産から償還を受けることができるしくみになっています。また、信託財産から償還を受ける方法のほか、信託行為に別段の定めを置くこともできます（信託法48条1項）。

そして、受託者が受益者との合意に基づいて、受託者が負担した信託費用について受益者から償還を受けることもできます（信託法48条5項）。なお、受益者に責任を負わせるには個別合意が必要であり、信託行為による別段の定めによることはできないとされています。

2 信託費用の償還についての別段の定め

　信託契約書において、「受託者は、信託事務処理に関する費用について、受益者から償還又は前払いを受けることができる」というような条項をみることがありますが、これは信託行為の別段の定めではなく個別合意という位置づけになります。

　このような定めを置いておらず、受託者と受益者の間で別途合意ができなければ、受託者は、受益者から信託費用の償還や前払いを受けることができないという帰結になってしまいます（信託法48条5項の反対解釈）。

3 受益者連続信託における償還請求先

　信託契約書を作成するとき、委託者＝当初受益者となり、委託者と受託者の間で契約が交わされることになることから、2のような定めを置いていた場合、受託者は当初受益者に信託費用の償還等を求めることができることについては問題ありません。

　では、契約当事者ではない第二次受益者についてはどうでしょうか。

　この点について、すでに述べたとおり、2の定めは信託行為の別段の定めではないことから、第二次受益者には及ばないと考えられます。第二次受益者にも償還を求める場合には別途個別に合意をとることが必要です。

4 もう一歩前へ・関連論点：費用等の償還等と同時履行

　信託法51条には、信託費用の償還と受益者・帰属権利者に対する信託財産に係る給付をすべき債務の履行についての同時履行の抗弁についての定めがあります。

　たとえば、受託者が自己の負担で信託費用の支出をしたような場合において、その償還を受けることができない状況となっている場合においては、受託者は受益者から受益債権に基づく給付請求がなされたり、帰属権利者から残余財産の引渡しを求められたりしたような場合においても、自ら立て替えた信託費用の償還を受けるまでこれらの請求に応じないとすることができます。

実務的にそれほど多くはないかもしれませんが、裁判の争点として出てきたこともあるところなので（さいたま地越谷支判令和4・3・23〔裁判例15〕参照）、注意が必要です。

参考文献
・日公連民事信託研究会＝日弁連信託センター「信託契約のモデル条項例(3)公証人及び弁護士による勉強会を経て提示するモデル条項例」判タ1485号（2021年）7頁

（菊永将浩）

第8 信託報酬

Q 12 ▶ 信託報酬の算定方法・支払時期

信託契約の中に「受託者は信託報酬を受けることができる」旨の定めを置いてあります。この場合、受託者はいつでも信託報酬が受領できますよね？また、信託報酬の金額についてはどのように考えたらよいですか？

A 12 ▶

受託者が信託報酬を請求できる時期には制限があります。また、報酬の金額について信託契約の中に明記がない場合には「相当の額」を受けることができます。

キーワード　信託報酬、信託報酬の算定方法、信託報酬の支払時期

▲▲▲▲▲▲▲▲▲▲▲▲▲▲▲▲▲▲▲▲▲▲▲▲▲▲▲▲▲▲▲▲

1 信託報酬

民事信託においては、受託者は信託行為に定められた信託事務の処理を行うことになります。

当該事務処理については、原則として報酬は発生しないのですが、信託行為に受託者が信託財産から信託報酬（信託事務の処理の対価として受託者の受ける財産上の利益）を受ける旨の定めがある場合には、受託者は信託報酬を受けることができます（信託法54条）。

なお、民事信託ではあまり考えにくいですが、信託の引受けについて商法512条（報酬請求権）の規定の適用がある場合には、信託行為に別段の定めがなくても受託者は報酬を受けることができます。

2 信託報酬の定め

民事信託において、金銭の管理や自宅の管理のための信託の場合には、受

託者の報酬は無報酬と定めている契約書が多い印象です。その理由としては、①家族の間での財産管理であること、②信託事務処理の負担が大きくないこと、③信託報酬は雑所得になり年間20万円を超えると確定申告をしないといけなくなること、などがあります。

他方、賃貸不動産の信託の場合などにおいては、受託者に報酬設定をしているケースもみられるところです。

報酬の定めについては、委託者・受託者の意向をしっかり確認して定めることが大切です。

3 実務対応

(1) 報酬の算定方法

通常は、信託報酬を受託者に支払う場合において、信託契約の中に金額などを明示しているケースが多いと思われます。

もっとも、信託報酬の額または算定方法に関する定めがない場合には「相当の額」が信託報酬になります(信託法54条2項)。

(2) 報酬の支払時期

報酬の支払時期については、信託法54条4項が、①同法48条4項・5項(信託財産からの費用等の償還等)、②同法49条(6項・7項を除く)(費用等の償還等の方法)、③同法51条(費用等の償還等と同時履行)、④同法52条(信託財産が費用等の償還等に不足している場合の措置)、⑤民法648条2項・3項(受任者の報酬)、⑥同法648条の2(成果等に対する報酬)を準用する旨定めています。

(3) 「相当の額」が決まらない場合

遺言の執行においては、執行報酬に関する定めがない場合には、家庭裁判所が定める形になっています(民法1018条)。

しかし、信託法においては同様の定めがないことから、相当の額が決まらない場合や相当の額について当事者間に齟齬がある場合には、民事訴訟において解決をしていくことになると思われます。

(菊永将浩)

第9 受託者の任務終了

Q 13 ▶ 受託者の任務終了事由

　柔軟に対応できるようにするため、「受託者が信託事務を遂行できなくなったとき」を受託者の任務終了事由として信託行為に定めましたが、この定め方に問題ないですよね？

A 13 ▶

　「受託者が信託事務を遂行できなくなったとき」という終了事由の定めは曖昧なものであり問題があります。

　キーワード　受託者の任務終了事由

▲▲▲▲▲▲▲▲▲▲▲▲▲▲▲▲▲▲▲▲▲▲▲▲▲▲▲▲▲

1　受託者の任務終了事由

　民事信託において、受託者は委託者から信託を受けた財産の管理を行っていく必要があります。信託設定時においては、受託者の資格は未成年者でないこと（信託法7条）と広く設定されているところですが、受託者の任務終了事由については、同法56条1項に定めがあり、受託者に次の①～⑦の事由が生じた場合には、受託者の任務は終了することになっています（同法56条1項1号～7号）。

① 受託者である個人の死亡
② 受託者である個人が後見開始または保佐開始の審判を受けたこと
③ 受託者（破産手続開始の決定により解散するものを除く）が破産手続開始の決定を受けたこと
④ 受託者である法人が合併以外の理由により解散したこと
⑤ 信託法57条による受託者の辞任
⑥ 信託法58条による受託者の解任

⑦　信託行為において定めた事由

　なお、信託法においては受託者の任務終了事由について別段の定めを置くことを許容していることから、信託契約の中で、受託者の任務終了事由について次の①～③のように定めている契約書もよくみられます。

①　受託者が〇歳になったとき
②　受託者について任意後見監督人の選任がなされたとき
③　受託者が株式会社〇〇の役員でなくなったとき

2　「受託者が信託事務を遂行できなくなったとき」という定めの問題点

　信託契約において「受託者が信託事務を遂行できなくなったとき」を受託者の任務終了事由として定めているものをみることがあります。

　しかし注意をしなければならないのは、①信託事務を遂行できなくなったときとはどのような場合を指すのかが不明確であること、②①について誰が判断するのかが不明であることなどから、このような定め方は望ましくありません。

　信託行為に別段の定めを置くのであれば、受託者の任務終了事由が生じたことが明確にわかるように定めておくことが必要です。

3　もう一歩前へ・関連論点：受託者の解任と登記手続

　受託者の任務終了事由については、信託法上は柔軟に定めを置くことができますが、信託財産が不動産であるような場合、スムーズに登記ができるかどうかという観点も注意しなければなりません。

　不動産登記法100条1項によると、受託者が死亡したような場合においては単独で後継受託者への登記申請ができるのに対し、それ以外の場合においては、共同申請が必要になることから、たとえば受託者を解任したような場合においては登記の手続が実務上簡単にいかないケースなどもあります（第2編Q43参照）。

　この点は、信託行為に別段の定めを置く場合においても注意が必要です。

（菊永将浩）

第10　受託者の解任

Q14▶ 受託者の解任①

　私は長男を受託者として信託契約を締結したのですが、信託をした後、長男は私に対して暴言を吐いたり、信託契約で定めた業務を適切に行ってくれなかったりするなど、親子関係が悪化してしまい、これ以上、長男に財産の管理を任せたくありません。信託契約において、受託者の解任についての定めを置いていないのですが、この場合、信託法58条1項に基づいて、委託者兼受益者である私は、受託者である長男を解任することができると考えてよいですよね？

A14▶

　信託法58条1項は、委託者および受益者がいつでも合意で受託者を解任できるとしていることから、同条3項の別段の定めがない限り、委託者兼受益者はいつでも受託者を解任できるのが原則です。ただし、受託者の解任に係る明文の定めがない場合においても解任の制限を認めた裁判例があることに注意が必要です。

　キーワード　受託者の解任、信託法58条3項の別段の定め

▲▲▲▲▲▲▲▲▲▲▲▲▲▲▲▲▲▲▲▲▲▲▲▲▲▲▲▲▲▲▲▲

1　受託者の解任

　信託法は56条以下で受託者の任務終了事由を定めています。その中で、同法58条では受託者の解任について定めを置いています。

　信託法58条1項は、「委託者及び受益者は、いつでも、その合意により、受託者を解任することができる」と定めています。そのため、委託者および受益者の合意（両者が同一人物であれば単独の意思表示）がある場合には、いつでも受託者を解任することができます。

2　受託者の解任についての別段の定め

受託者の解任については1で述べたとおりですが、信託法58条3項では別段の定めを置くことができるようになっています。

実務においては、委託者兼受益者がいつでも解任ができるということは受託者の地位が不安定にすぎるという観点から、信託法58条1項の解任権限に制限を加えている契約書などもよくみられるところです。

3　東京地判令和5・3・17

受託者の解任について、明文の定めを置いていないものの解任権限の制限が問題となった裁判例として、東京地判令和5・3・17〔裁判例19〕があります（なお、この裁判例には、前訴となる東京地判平成30・10・23〔裁判例4〕があり、そこでは信託の有効性（詐欺、錯誤、公序良俗違反）が争われています）。

東京地判令和5・3・17では、委託者兼受益者が当初受託者を解任することなどを求めて争ったものですが、主な争点の一つとして、委託者兼受益者が信託法58条1項に基づいて行った当初受託者の解任の有効性があります。

本件においては、信託契約書の中に、受託者の解任権限を制限する定めがなかったことから、原告である委託者兼受益者は信託法58条1項に基づいて解任を求めたのに対し、受託者は、信託の終了事由として受託者と受益者の合意を要する旨定めている条文（以下、「本件規定」といいます）が同条3項の別段の定めに該当し、同条1項は適用されないと主張して争いました。

裁判所は、信託法58条および164条の定めの内容について説明をした後で、本件規定は同法164条3項所定の「別段の定め」に該当すると認定しました。そのうえで、本件規定において受託者の解任について定めていないものの、委託者兼受益者が受託者を自由に解任できるとすると信託終了権限を制限した本件規定が実質的に無意味になってしまうこと、受託者が無報酬で処理等を行っていることなどを理由としたうえで、本件規定は、当然にその任意解任権を制限するものであるとして、本件規定は同法58条3項所定の「別段の定め」に該当するから、原告が、被告の同意なくした本件解任は無効である旨判示しました。

4　東京地判令和2・1・28

　3と同様の事案で、信託法58条3項の別段の定めの該当性が問題となった裁判例として、東京地判令和2・1・28〔裁判例6〕があります。

　この事案では、信託の解除を制限する条項は信託法58条3項の別段の定めに該当しないと判示しています。

5　実務対応

　東京地判令和5・3・17においては、信託の終了事由の定めをもって受託者の解任に関する信託法58条3項の別段の定めがあると判示しました。東京地判令和2・1・28では、信託の解除事由の定めは別段の定めに該当しないと判示しています。実務として信託契約書を作成する専門家としては、疑義が生じないよう、受託者の解任事由を制限するのであればその旨は明文で定めることが必要と思われます。

（菊永将浩）

Q15 ▶ 受託者の解任②

　私は数年前に民事信託を長女との間で行いました。しかし、長女が任せたとおりに財産の管理をやってくれない中、ちょっとしたトラブルもあり、やむを得ず受託者を解任するに至りました。私には長女以外に任せる家族がいないことから信託を終了するつもりですが、もともとの信託契約書の中では長女の後の後継受託者を定めていませんでした。この場合、信託を終了するためには、その事務を行うために新たに受託者を選ばないといけないと聞いたのですが、どうしたらよいでしょうか？

A15 ▶

　受託者を解任した後の対応については、信託契約書を作成するときにその想定をしたうえで清算事務が滞りなく行われるようにしておくことが大切です。もし契約書において対応されていない場合には、信託法62条1項に基づいて委託者および受託者が新たに選任するなどの対応が考えられます。また、実際の対応については、信託財産の種類ごとに対応を考えていく必要があります。

キーワード　受託者の解任、受託者解任後の信託の清算

▲▲▲▲▲▲▲▲▲▲▲▲▲▲▲▲▲▲▲▲▲▲▲▲▲▲▲▲▲▲▲▲▲▲▲▲▲▲

1　受託者の解任

　民事信託においては、受託者の解任についての定めを契約書に定めていなければ信託法58条に基づき、定めをおいていれば信託契約に基づき、受託者を解任することができます。ただし、実務上、単に解任するだけで解決しない問題がいろいろとあります。ここでは、信託契約において後継受託者の設定はされておらず、受託者が解任されたことが信託の終了事由として定められている前提として説明します。

2 信託財産の種類ごとの対応

(1) 信託財産が金銭の場合

　民事信託において、金銭を信託した場合には信託口口座を開設するなどしてその金銭を管理しているケースが多いと思います。この信託口口座については受託者が口座の管理権限を有していることからすると、解任された受託者が任意に口座解約の手続をしてくれるような場合は別として、そうでない場合においては簡単に口座解約をすることもできず、場合によっては解任された受託者が残っている預金を払い出してしまうようなことも懸念されます。そのため、まずは受託者を解任した場合には、信託口口座を開設している金融機関に一報を入れておくなどの対応も必要です。

　信託法177条1項では、信託が終了した以後の受託者を清算受託者と定めており、信託の終了に伴い口座解約をする役割を担うのはこの清算受託者となり、受託者を解任した後の後継受託者の指定がないのであれば、同法62条1項に基づいて委託者および受益者の合意により新受託者を選任するか、それができない場合には同条4項に基づいて裁判所に新受託者を選任してもらうという対応しかないかもしれません。

(2) 信託財産が不動産の場合

　信託財産が金銭の場合であれば金融機関との交渉の結果、柔軟な対応という可能性もなくはないかもしれませんが、信託財産が不動産の場合には、信託財産が金銭の場合以上に解決が難しくなります。

　信託した不動産の名義は受託者に移転しているところ、その名義を戻してもらうためには受託者の協力が不可欠だからです。

3 実務対応

　実務における工夫の一例としては、受託者を解任したら信託が終了するという内容の信託契約の場合、解任後の清算受託者を委託者とする定めなどがみられるところです。

　委託者が受託者を解任することができるということは、その時点において委託者に判断能力があることから、いったん委託者にすべてを戻す、という

観点からはこのような対応も考えられるところです（もっとも、このような定めが問題ないかについては検討が必要な部分はあります）。

なお、受託者の解任については、東京地判令和2・1・28〔裁判例6〕、東京地判令和5・3・17〔裁判例19〕のほか、さいたま地越谷支判令和4・3・23〔裁判例15〕、その控訴審である東京高判令和6・2・8〔裁判例21〕があります。この事案においては、委託者兼受益者が、受託者を解任したうえで信託の終了を原因として所有権移転登記等を求めたものになりますが、第1審であるさいたま地越谷支判令和4・3・23は、原告が委託者兼受益者であることから、信託法58条1項により、単独で受託者を解任できる旨を判示しています（あわせて、信託の終了も認めています）。控訴審である東京高判令和6・2・8では、この争点については新たな判断は加わっていません。

4　もう一歩前へ・関連論点：解任された受託者への残余財産給付請求の可否・被告適格

訴訟において、誰を被告とするのかは重要な問題ですが、受託者が解任された事実が裁判において認定されているようなケース（さいたま地越谷支判令和4・3・23および東京高判令和6・2・8がこのケースにあたります）において、解任された前受託者が負う義務は、信託法175条・177条の清算事務ではなく、新たな受託者への同法59条3項に基づく引継義務になるのではないかと考えられます。そうすると、前受託者を被告とする訴訟を提起した場合において、同人に対して残余財産の給付請求を行うことはできないのではないかと考えられます（さいたま地越谷支判令和4・3・23はこの点を考慮せず所有権移転登記および信託登記の抹消手続をせよとの判決を出していますが、信託が終了した場合の一般的な登記実務としては「信託財産引継を原因とする所有権移転登記手続及び信託登記の抹消登記手続」であるところ、それで登記ができるのかなど疑問は残ります）。

（菊永将浩）

第11 新受託者の選任

Q 16 ▶ 新受託者の選任

　私には長男、次男、長女の3人の子がいます。このうち長男が一番近くで生活を支えてくれていることもあり、将来のために金銭と不動産を信託しました。なお、後継受託者は指定していません。
　その信託をする際に、契約書を作ってくれた専門家からは、「将来、万が一長男さんが先にお亡くなりになるようなことがあった場合にも、信託法62条4項で裁判所によって受託者を選んでもらえるから、無理に後継受託者を決める必要はないですよ」と言われました。裁判所に受託者を選任してもらえば、問題ないですよね？

A 16 ▶

　信託法62条4項において、裁判所は利害関係人の申立てにより新たに受託者を選任できることになっていますが、状況によっては選任までに時間がかかることもあるので注意が必要です。

キーワード　裁判所による受託者の選任

▲▲▲▲▲▲▲▲▲▲▲▲▲▲▲▲▲▲▲▲▲▲▲▲▲▲▲▲▲▲

1　受託者の選任

　民事信託においては、その多くは契約による信託が利用されているところで、信託契約書において当初受託者のほか、後継受託者の定めが置かれていることが多いです。これは、万が一当初受託者が死亡その他の事由により受託者としての業務を遂行することができなくなったときに、その受託者としての業務を円滑に引き継いでもらうことが必要だからです（信託法56条・75条）。民事信託は比較的長期間の財産管理を想定するケースもあることから、可能な限り後継受託者の定めを置いておくことが大切です。

2　新受託者の選任

　信託契約において後継受託者の定めを置いてある場合はよいのですが、実際には、当初受託者のみを定めている信託というのはままあります。
　この場合において当初受託者の任務が終了した場合には、信託法 62 条の定めるところにより新受託者を選任することになります。
　(1)　委託者と受益者の合意による選任
　当初受託者の任務が終了した場合において、信託契約に新たな受託者に関する定めがない場合やその定めによって指定された者が信託の引受けをせず、または引受けができないときには、委託者および受益者は、その合意により、新受託者を選任することができます（信託法 62 条 1 項）。
　委託者兼受益者に判断能力がある場合においてはこの定めで対応できる場合もあると思われます。
　(2)　裁判所による選任
　委託者と受益者の合意による選任で対応ができない場合、委託者および受益者の合意に係る協議の状況その他の事情に照らして必要があると認めるときは、裁判所は、利害関係人の申立てにより、新受託者を選任することができます（信託法 62 条 4 項）。

3　裁判所による選任の留意点

　裁判所が受託者を選任するにあたっては、信託業法との関係が問題となるため、裁判所が通常選任する相続財産清算人などの他の制度と異なり、弁護士や司法書士、税理士などの士業を受託者として選任することができないという問題点があります。
　本問のように、次男や長女がいるような場合であればそれらの者に受託者を引き受けてもらえばよいのですが、当初受託者以外に家族がいないような場合には、裁判所による選任において難しい問題が生じます。
　この点について、遺言信託の事案において、当初想定していた受託者が信託の引受けをしなくなったことから、利害関係人が受託者の選任を申し立てたものの、その選任に時間を要することになったという裁判例として、東京

地決令和3・3・24〔裁判例11〕があります。

　信託法163条3号においては、「受託者が欠けた場合であって、新受託者が就任しない状態が1年間継続したとき」を信託の終了事由として定めているところ、万が一受託者の選任が1年を経過していたら信託が終了するおそれがあったものです。

　なお、この事案においては、裁判所は、信託業法の免許を有する第三者を受託者に選任することを希望する旨の利害関係参加人の意見を踏まえて、信託協会から受託者の候補者として2社の推薦を受けたものの、うち1社は管理型信託会社のため指図人がいない限り受託者として引受けできないとして辞退し、もう1社も本件遺言信託の内容に合った不動産管理信託として受託することは困難であるとして辞退しており、ここにも受託者の選任の困難さが表れています。

4　実務対応

　信託の受託者となりうるのは、信託業法上の登録、免許を受けていなければならず（信託業法3条・7条）、それ以外の者は業として信託の受託者となることはできません。

　この点を考えると、安易に裁判所による選任があるから問題ないと考えるのではなく、民事信託においては可能な限り後継受託者についての定めを置くことが大切です。

（菊永将浩）

第 12　受益債権

Q 17 ▶ 受益債権と受託者の権限制限

　受益債権の確実な給付、受託者による権限濫用防止の観点から、信託契約書上も、毎月一定額を給付する条項を設けつつ、信託口口座における受託者の出金権限に上限を設ける条項を設けましたが、問題はありませんよね？

A 17 ▶

　信託口口座の開設ができない可能性があります。

キーワード　信託口口座、受託者の権限

▲▲▲▲▲▲▲▲▲▲▲▲▲▲▲▲▲▲▲▲▲▲▲▲▲▲▲▲▲▲▲▲▲▲▲

1　民事信託における受託者監督の必要性

　民事信託は、商事信託とは異なり金融庁の監督を受けませんし、成年後見制度とも異なり家庭裁判所の監督も受けないため、受託者による権限濫用防止が重要です。

　この観点から、①信託法上、受託者の権限を制限する（同法26条ただし書）、②信託監督人等を定める、③成年後見制度と併用するなど、さまざまな工夫がされることがあります。

2　受託者の権限制限と信託口口座

　もっとも、金融機関としては、受託者による出金権限の有無をめぐるトラブルに巻き込まれるリスクを回避する観点から、受託者の権限に制限が付されていないかどうかの確認を行う場合があります。たとえば、払戻しについて信託監督人の同意が必要となっていないか等が考えられます（竺原摩紀「信託口口座の開設に係る金融機関の留意点」信託フォーラム11号（2019年）65頁）。

日本弁護士連合会「信託口口座開設等に関するガイドライン」(2020年)6頁においても、「信託行為に、受託者の信託財産に属する預貯金の払戻権限を制約する条項や預貯金の払戻金額に上限を定める条項を設けることは望ましくない。仮に、信託行為に受託者の信託財産に属する預貯金の払戻権限を制約する条項や預貯金の払戻金額に上限を定める条項があるときには、金融機関から信託口口座の開設を拒絶される可能性や、相応の手数料を請求される可能性がより高くなることに留意が必要である」とされています。

　そのほか、たとえば、受託者による投資信託での運用を希望していたとしても、「信託金銭をリスクの低い金融商品で運用する」など、条項に不明瞭な条件が付されていると、投信口座の開設を行えない場合があります。

3　実務対応

　民事信託における受託者監督は非常に重要な視点です。もっとも、一方では、その結果、受託者による信託事務処理に支障が生じないかについては、留意が必要です。よって、事前に金融機関に連絡し、条項の調整等を行うべきでしょう。

（海野千宏）

Q 18 ▶ 受益債権と公序良俗違反

　私の夫が委託者として信託契約を締結していたところ、夫が死亡したため、当該信託契約に基づき、妻である私が第二次受益者となりました。ただ、信託契約書によると、信託財産（収益不動産）の余剰収益をすべて受益者に渡して自由な使用を許すといった内容になっていませんし、信託給付金の支払い等を受けていません。このような信託契約は公序良俗に反し無効ですよね？

A 18 ▶

　以上のような諸事情のみをもって、本件信託契約が公序良俗に反するものであるということはできません。

キーワード　受益債権の定め、信託給付、公序良俗違反

▲▲▲▲▲▲▲▲▲▲▲▲▲▲▲▲▲▲▲▲▲▲▲▲▲▲▲▲▲▲▲▲▲▲▲▲

1　東京地判令和2・12・24

　本問のような主張に対し、公序良俗に反するものであるということはできないとした裁判例として、東京地判令和2・12・24〔裁判例9〕があります。当該裁判例では、次の①〜③の3点が理由としてあげられています。

① 　信託法は、いわゆる遺言代用信託や後継ぎ遺贈型受益者連続信託を認めており（同法90条・91条）、そのような信託における受益権の内容については、委託者および受託者が合意した信託行為によって定まるものであるから、信託財産の余剰収益をすべて受益者に渡して自由な使用を許す内容になっておらず、限定された給付のみを行う内容となっていることをもって、直ちに当該信託が公序良俗に反するものということはできない。

② 　（委託者兼当初受益者の）家の中で承継すべきと考える自らが所有する財産について、円滑かつ確実に受託者に承継させたいと考えて本件信託を行ったものであるから、委託者において、各不動産（収益不動産）を信託の対象とする必要があったと認められる。

③　本件信託契約の締結後、建物から得られる収入が減少したことは、借換えが行われたことや、信託に報酬が付随することによるものであったうえ、本件信託においては、受託者の報酬が月額5万円を上限とし、信託監督人の報酬も恣意的な基準で決められたものではなかったのであるから、本件信託が委任者の財産を不当に減少させるものであったとは到底認められない。また、本件信託契約9条1項が定める「受託者が相当と認める額」を支払う旨の規定については、同条2項が給付額の減少に制約を設けている点に鑑みると、受託者において給付金を支払うか否かについての裁量まで認めたものと解することはできないが、受託者の第二次受益者に対する給付金の支払状況は、本件信託契約の締結後の事情であって、本件信託契約の締結時の効力に影響するものではない。

2　実務対応

東京地判令和2・12・24は、事例判断ではありますが、後継ぎ遺贈型受益者連続信託の活用により、無効とされることなく、「家」の中で承継させることが可能と判断されました。

東京地判令和2・12・24が着目した事実関係（ある財産を信託の対象とする必要性、委任者の財産を不当に減少させるものではないこと等）に留意しつつ、信託を設計するとよいでしょう。

参考文献
・齋喜隆宏「信託終了をめぐる東京地裁平成30年10月23日判決、東京地裁平成31年1月25日判決、東京地裁令和2年12月24日判決」信託フォーラム16号（2021年）45頁

（海野千宏）

Q 19 ▶ 受益債権の具体的権利性

受益者への金銭給付については、家族間の信託ですので、ある程度受託者に任せ、柔軟な取決めでよいのではないかと思っていますが、もし、何か留意点があれば知っておきたいです。具体的には、「受託者が相当と認める額」を支払う旨、定めることを検討していますが、問題ないですよね？

A 19 ▶

以上のような取決めでは、受益債権の具体的権利性が否定され、受益者が給付を受けられないリスクがあります。

キーワード　受託者の裁量、受益債権の具体的権利性

▲▲▲▲▲▲▲▲▲▲▲▲▲▲▲▲▲▲▲▲▲▲▲▲▲▲▲▲▲▲▲▲▲

1　受託者の裁量および受益債権の内容と、受益債権の具体的権利性

受託者の信託事務と受益債権の内容は表裏の関係にありますが、これらに関する条項が抽象的である場合には、受益債権の具体的権利性、すなわち、金銭等の給付を請求する権利が否定されるリスクがあります。

2　裁判例

(1)　東京地判令和2・12・24

東京地判令和2・12・24〔裁判例9〕は、信託契約9条1項で「受託者は、毎月末日限り、当月分の賃料収入その他の収益等から第16条に定める信託費用を支払った残預金を限度として、受託者が相当と認める額の生活費、医療費、納税資金等を受益者に手渡し、又は銀行振込の方法で支払うものとする」とし、9条2項で「受託者は、それまでの給付額を減額する場合には、当初受益者又は第二次受益者（その成年後見人等を含む。）並びに信託監督人の意見を聞くものとする」と定めていたところ、裁判所は、「本件信託契約第9条1項が定める『受託者が相当と認める額』を支払う旨の規定については、同条2項が給付額の減少に制約を設けている点に鑑みると、受託者において給付金を支払うか否かについての裁量まで認めたものと解すること

はできない」と判示し、「受託者が相当と認める額」を支払う旨定められていたものの、受託者において給付金を支払うか否かについての裁量を否定しています。

(2)　東京高判令和6・2・8

一方で、東京高判令和6・2・8〔裁判例21〕では、信託公正証書7条で「受託者は、信託金融資産から公租公課、保険料、修繕費その他の必要経費を支払い又は控除した上、受託者が相当と認める額の生活費等を受益者に交付し、受益者の施設利用費、病気療養費等を銀行振り込み等の方法で支払う。また、受益者の希望に沿った必要な費用、祭祀に係る費用を支払う」と定められていた信託契約について、①信託の目的等の規定の存在にかかわらず、受益者が、具体的な権利として、請求権を有するものとは解しがたい、②いつ、いくら支払うかについては、受託者の裁量に基本的に委ねられているものと解するのが相当などと判断し、受益債権の具体的権利性を肯定した第1審（さいたま地越谷支判令和4・3・23〔裁判例15〕）の判断を否定しました。

(3)　さいたま地判越谷支決令和元・8・5

東京地判令和5・3・17〔裁判例19〕において事実認定されているさいたま地判越谷支決令和元・8・5（判例集未登載）では、信託契約9条1項で「受託者は、本件物件の管理運営及び建物の建築を行い、これを第三者に賃貸して、また受託者が相当と認めるときは、受益者の同意を得た上で本件物件を換価処分して、売却代金及び本件物件から生ずる賃料その他の収益をもって、公租公課、保険料、管理費及び修繕積立金、敷金保証金等の預り金の返還金、管理委託手数料、登記費用、不動産売却・購入・交換・建設に要する費用、借入金の返済金その他の本件信託契約に関して生ずる一切の必要経費等を支払う」とし、同条2項で「受託者は、受益者又はその成年後見人等の要望に応じ、受益者の生活・介護・療養・納税等に必要な費用を前項の収益から受益者に随時給付し、また、受益者の医療費、施設利用費等を銀行振込等の方法で支払う」と定められていたところ、これに対して信託受益権を仮差押債権とする仮差押決定が発令されています。

仮差押え時に少なくとも将来における債権の発生が確実であり独立の財産

的価値を有しなければ、被仮差押適格がありません。裁量信託については受益権の差押えができない例としてあげられており、これは誰にいくらの信託給付がなされるかが未確定であるため、それが決まるまで債権者が差押えできないと考えられています（福井修「信託受益権に対する差押えの回避とその限界」信託研究奨励金論集42号（2021年）53頁）。

　もっとも、この定めは、受益者の要望に応じた随時給付の条項もあり、また、そもそも仮差押命令申立ての事案でもありますので、あくまで紹介までですが、信託契約条項の定め自体は参考になろうかと思います。

　なお、当該信託契約に基づく具体的給付について、東京地判令和5・3・17は、委託者兼受益者である原告が、「生活費等としては到底足りない月額15万円のみを支払い、原告らを過酷な状況に置いているにもかかわらず、受託者を任意に解任できないものとする信託契約は、全体として公序良俗に反する」旨の主張をしましたが、裁判所は、「月額15万円の支払により原告が過酷な状況に置かれているとは認めるに足りない」としました。

(4) 検　討

　以上いずれの裁判例も、あくまで、当該事件での当事者主張を前提とした事例判断です。

　特に、東京高判令和6・2・8の主張整理をみる限りでは、たとえば、信託公正証書7条の前段・後段を分けた主張や、裁量収縮・裁量統制を基礎づける個別具体的な主張・立証まではなかったようです。よって、裁判例の射程については、限定的にとらえる考え方もありそうです（日公連民事信託研究会＝日弁連信託センター「民事信託と後見制度を併用する場合の諸問題［第6回］受託者による権限濫用・不正行為への対応(2)」家庭の法と裁判49号（2024年）164頁注10は、受益者が諸般の事情を立証することにより、具体的な請求権を認めることは可能と考える旨、指摘しています）。

　一方、「受益者が特定の金額の支払を請求するために、まず、給付額の決定が必要になります。この決定は受託者が諸般の事情を総合的に考慮してするもので、内容の特定性が低く、履行請求、履行の強制になじまないように思います」との指摘もあります（佐久間毅「継続中の課題」信託法研究48号（2024年）97頁）。

3 実務対応

まず、条項の定め方について、東京高判令和6・2・8は、「受託者が受益者に交付すべき生活費等の具体的金額やその算定方法、交付時期について、これを明示し、又は示唆するものは存在しない」ことを指摘しています。

一方で、東京地判令和2・12・24は、「受託者は、それまでの給付額を減額する場合には、当初受益者又は第二次受益者（その成年後見人等を含む。）並びに信託監督人の意見を聞くものとする」との規定の存在に着目し、「本件信託契約第9条1項が定める『受託者が相当と認める額』を支払う旨の規定については、同条2項が給付額の減少に制約を設けている点に鑑みると、受託者において給付金を支払うか否かについての裁量まで認めたものと解することはできない」と判断しました。

また、さいたま地判越谷支決令和元・8・5では、「受託者は、受益者又はその成年後見人等の要望に応じ、受益者の生活・介護・療養・納税等に必要な費用を前項の収益から受益者に随時給付し、また、受益者の医療費、施設利用費等を銀行振込等の方法で支払う」と定められていたところ、仮差押命令が発令されています。

そこで、たとえば、少なくとも給付額の減少に制約（受益者に求意見必須等）を設けるか、さらに、受益者の要望に応じた随時給付を定めるかなどが考慮要素（悩みどころ）になりそうです。

次に、仮に一定の受託者裁量を肯定せざるを得ない条項を前提とした、事後の受益債権に係る給付請求の対応においては、受益者としては、裁量収縮・裁量統制を基礎づけるに足りる具体的な主張・立証（信託契約締結に至る経緯、信託の目的、従前の給付内容、信託財産の状況、給付の必要性等）を行い、具体的な請求権の存在を主張すべきでしょう。

そもそも、受託者は、受益者として信託の利益を享受する場合を除き、何人の名義をもってするかを問わず、信託の利益を享受することができません（受託者の利益享受の禁止）（信託法8条）。しかるに、受託者が帰属権利者でもある場合に受益者に対する給付額を抑えることは、信託財産から受託者が将来帰属権利者として得る利益を増大させることを意味します。かかる事務

処理を問題視しなければ、受託者が信託財産から利益を得るためにその立場を利用するという、信託制度の本質に反する試みを助長することにもなりません（佐久間毅「信託法研究ノート［第1回］委託者兼受益者の受託者解任権の制限」月報司法書士626号（2024年）51頁以下参照）。

なお、信託事務を怠る場合の対応について、東京地判令和5・3・17は、「仮に被告が原告Aに対して生活費等を随時給付するという信託事務を怠っているとすれば、裁判所は、信託法58条4項に基づく原告Aの申立てにより、被告を解任することができるものと解される」と判断しています。

いずれにしても、家族間における民事信託のメリットでもある柔軟性の裏返しとして、受益債権の具体的権利性否定はデメリットともなりうる留意点であり、依頼者に対して十分な説明を要する事項でしょう。

4 もう一歩前へ・関連論点：具体的権利性が否定された場合の対応

(1) 遺留分侵害額請求

類似条項を用いた遺言代用信託事案では、仮に、収益不動産が信託財産で、これに対応する受益債権を取得している相続人であっても、受益債権の具体的権利性を否定されるリスクがあるということになります。

そうすると、信託外で受託者である相続人が多くの財産を相続している場合など、相続財産の総額・各相続人の取得額次第では、遺留分侵害が問題になり得ます。

よって、実務的には、信託行為の受益債権に係る定めを確認したうえで、念のため遺留分侵害額請求をしておく（被請求側においては請求されるリスクを説明しておく）必要が生じる場合もあろうかと思います。さらに、経済的利益を分配することを信託契約当時より想定していなかった場合には、公序良俗違反無効の主張も考えらえます。

このような場合、多くの家族間信託の事案では他の相続人でもある受託者との交渉の中で、①信託行為の定めに基づき受益債権の給付をするのか、②遺留分侵害額請求の相手方として侵害額請求に応じるのか等を含めて解決されるものと思われます。

(2) 課税との関係

　信託法上、受益債権の具体的権利性を否定されたとしても、課税上は別に考えられる可能性もあります。

　この点、平成19年改正前の相続税法に関する裁判例ではありますが、第1審である名古屋地判平成23・3・24（ジュリ1433号52頁）は、改正前の相続税法においては「受益者」の定義は存在していなかったところ、課税しうる「受益者」の範囲を「信託による利益を現に有する地位にある者」と限定解釈したうえで、「原告は、本件信託契約において第一次的には受益者とされているが、本件信託が受領した本件保険契約に基づく保険金を直ちに全額受領できるわけではなく、本件信託の裁量により分配を受け得るのみであり、しかも、限定的指名権者の指名により、原告以外の者が本件信託の利益の分配を受けることも可能である。以上の事情を総合すれば、原告は、本件信託の設定時において、本件信託による利益を現に有する地位にあるとは認められないといわざるを得ない」としました。

　しかし、控訴審である名古屋高判平成25・4・3（ジュリ1460号8頁）は、被控訴人による「受託者による分配について受託者が裁量を有していることに照らすと、本件信託に係る信託受益権について本件信託時における時価を評価することは著しく困難ないし不可能である」との主張について、「相続税法4条1項は、いわゆる他益信託の場合において、受益者に対し、信託行為があった時において、当該受益者が、その受益権を当該委託者から贈与により取得したものとみなして課税する旨の規定であって、本件信託行為時における受益者である被控訴人が信託受益権の全部について贈与により取得したものとみなされるのであるから、基本通達202の(1)により、本件信託財産（500万ドルの米国債）の価額によって本件信託受益権の本件信託時における時価を評価するのが相当であり、限定的指名権の行使の可能性があることや、受託者に裁量があることは上記の判断を左右するものではない」としています。

　平成19年改正後の相続税法により、受益者は「受益者としての権利を現に有する者」に限定され（同法9条の2第1項）、受益者不存在信託における受託者課税の制度が導入されたため、改正後の相続税法において同じ議論が

妥当するかについては見解が分かれうるところですが（田中啓之「米国州法を準拠法とする信託の受益者に対する贈与税の課税が適法とされた事例」ジュリ1460号（2013年）8頁）、実務上は、課税の点も、事後的に更正の請求の対象になるとしても、多額の相続税を課されながら、納税資金さえも一切の給付を得られないことにならないかなど、留意が必要でしょう。

（海野千宏）

Q 20 ▶ 受益債権と受託者の責任限定

　受益債権については、受託者は信託財産からのみの支払義務を負い、固有財産からの負担はないので（信託法100条）、受益債権に係る債務を履行しない受託者を相手方とした給付判決の主文は、当然に、「被告（受託者）は、原告（受益者）に対し別紙信託財産記載の財産の限度で、〇〇円を支払え」といった責任限定型の留保付き判決になりますか？

A 20 ▶

　当然には責任限定型の留保付き判決にならない可能性があります。また、責任限定を求める場合にも、具体的な主文文言に留意し、裁判所と十分に協議しつつ主張すべきでしょう。

キーワード　　受益債権、信託財産限定責任負担債務、責任限定の抗弁、責任限定型の留保付き判決

▲▲▲▲▲▲▲▲▲▲▲▲▲▲▲▲▲▲▲▲▲▲▲▲▲▲▲▲▲▲▲▲▲▲▲▲

1　信託財産限定責任負担債務

　受益債権に係る債務については、受託者は、信託財産に属する財産のみをもってこれを履行する責任（物的有限責任（信託法100条））を負います（信託財産責任負担債務（同法21条2項1号）、信託財産限定責任負担債務（同法154条））。なお、帰属権利者が有する債権で残余財産の給付をすべき債務に係るものについても同様です（同法183条5項による100条の準用）。

2　受益債権の履行請求に係る責任限定の抗弁の主張

(1)　責任限定の抗弁と期待可能性

　受託者としては、受益債権に係る債務の履行請求であることを理由に、責任財産が信託財産に限られることを主張し、給付判決の主文に責任限定の留保を反映させることができると考えられます。

　もっとも、実際の当該主張に係る期待可能性については、事案によっては悩ましい点もあろうかと思います。すなわち、当該責任限定の抗弁は、受益

債権支払義務の存在を前提とした、一部敗訴的抗弁ともいえます。よって、たとえば、前提となる受益債権に係る給付について受託者に裁量が認められており、受益債権に係る債務の存否自体が争点となっている訴訟において、当該責任限定の抗弁を主張することは、裁判官の心証に与える影響に鑑みると、実務上は非常に悩ましいところがあるように思います。

実際に、受益債権の給付について受託者に裁量がある事案に係るさいたま地越谷支判令和4・3・23〔裁判例15〕の主張整理を読む限り、責任限定の抗弁自体は主張されていないようです。

(2) 責任限定の抗弁に係る主張の要否

限定承認（民法922条）においては、被請求者である被告側で限定承認の事実を積極的に主張・立証して初めて、責任限定の効果を基礎づける事実関係が訴訟上も主張され明らかになります。

一方で、受益債権の履行請求については、請求原因自体で、請求債権が受益債権であることを基礎づける事実関係は主張され、すなわち、信託財産限定責任負担債務であることは明らかにされており、当然に責任限定の効果が生じると考える余地もあろうかと思います。この点、留保付き判決がされることになるとする見解（村松秀樹編著『概説信託法』（2023年）252頁注5）は、「受益債権に係る債務を履行しない受託者を相手方として給付判決がされる場合には」としか前提を示しておらず、これに加えて、責任限定の抗弁に係る主張の要否には言及していません。

もっとも、「受益債権に係る債務を履行しない受託者を相手方として給付判決がされ」た事案であるさいたま地越谷支判令和4・3・23では、責任限定の抗弁自体は主張されていなかったところ、判決主文に責任限定の留保は付されませんでした。責任財産限定責任債務という法的効果レベルの問題や、法的観点指摘義務の問題なのか、あるいは当該効果を基礎づける事実に係る主張があったとしても、別途責任限定の抗弁に係る主張が必要なのかなど、議論はあろうかと思いますが、少なくとも、責任限定の抗弁に係る主張を行わなかった場合に、判決主文において責任限定の留保がなされない可能性がある点には、留意が必要でしょう。

(3) 無留保判決に基づく強制執行への対応

受託者が信託財産に属する財産のみをもって履行する責任を負うとは、固有財産に属する財産に対しては、受益債権に基づいて強制執行をすることはできないということです。よって、この制限に反した強制執行に対しては、信託財産に対する強制執行等の制限に反した強制執行等の場合と同様に、受託者は、異議の訴えを提起することができるものと解されます（村松秀樹編著『概説信託法』（2023 年）251 頁注 1）。

この点はあくまで解釈であり、信託財産に属する財産に対する強制執行等の制限等に係る信託法 23 条とは場面が異なり、また、類似状況である限定責任信託においては異議の訴えを提起することができること等について明文の規定がある同法 217 条 2 項・3 項とも異なり、明文の根拠規定はありません。

もっとも、限定承認の場合における第三者異議と呼応するものであるため、特段の規定は不要と思われます（富越和厚「信託口口座に対する強制執行（試論）」信託フォーラム 14 号（2020 年）74 頁）。

3 責任限定型の留保付き判決の主文の具体的内容

(1) 信託財産の特定

では、判決主文において責任限定の留保がなされる場合、具体的には、どのような文言の主文になるでしょうか。

この点、受益債権に係る債務を履行しない受託者を相手方として給付判決がされる場合には、「被告（受託者）は、原告（受益者）に対し別紙物件目録記載の財産の限度で、○○円を支払え」という留保付き判決がされることになるものと考えられるとする見解があります（村松秀樹編著『概説信託法』（2023 年）252 頁注 5）。

もっとも、限定承認の場合については、実務上、裁判所は、相続財産の範囲を主文に掲げていません。限定承認の場合における判決主文例としては、実務上、①「亡 A から相続した財産の存する限度において支払え」（東京地判平成 20・4・24（判タ 1267 号 117 頁）等）、②「亡 A から相続した財産の存する限度において、支払え」（大阪地判平成 24・6・29（2012WLJPCA06296001））

のような主文となっています。

　信託の場合、信託財産に属する財産のみが履行責任対象ではあるものの、当該財産には、信託行為において信託財産に属すべきものと定められた財産のほか、信託財産に属する財産の管理、処分、滅失、損傷その他の事由により受託者が得た財産等も含まれるものであり（信託法 16 条）、追加信託等がなされる可能性にも鑑みると、目録記載にて対象を個別具体的に特定するのが難しいケースもあるようにも思われます。

　そのうえで、限定承認の場合に、裁判所は、相続財産の範囲を主文に掲げていないことにも鑑みれば、信託の場合でも、財産目録形式にはせず、たとえば、「令和○年○月○日横浜地方法務局所属公証人○○○○作成に係る令和○年第○号『信託契約公正証書』に基づき設定された信託に係る信託財産」といった範囲で特定することも考えられるように思われます。実際に、受益債権に係る債務が履行されず、受益者が受託者を相手にして支払請求訴訟を提起したときの判決について、「信託財産の限度で支払え」というものになるとする見解もあります（道垣内弘人『信託法〔第 2 版〕』（2022 年）365 頁）。

(2)　責任財産の特定

　もっとも、このように信託財産目録形式で対象信託財産を個別具体的に特定しない場合、旧信託法 19 条から現行信託法への条文文言変更の経緯に照らすと、やや悩ましい問題があるように思います。

　旧信託法 19 条は、受託者は「信託財産ノ限度ニ於テノミ」履行の責任を負うとされていたものの、この文言の場合、信託財産全体の金額（価格）の限度においては固有財産に属する財産に対しても執行することができるということを規定しているかのように読まれる余地があるため、現行信託法 100 条は、「信託財産に属する財産のみをもってこれを履行する責任を負う」と定め、この点を明確に規定しました（村松秀樹編著『概説信託法』（2023 年）252 頁注 4）。

　このような経緯を前提にすると、信託財産目録形式で対象信託財産を個別具体的に特定せず、「信託財産の限度で、○○円を支払え」といった文言とすると、信託財産全体の金額（価格）の限度においては固有財産に属する財

産に対しても執行することができると読まれる余地があるとの指摘がなされるリスクがあるようにも思われます。

　確かに、限定承認者による管理に関し、限定承認者は、その固有財産におけるのと同一の注意をもって、相続財産の管理を継続しなければならないとされ（民法926条1項）、相続財産は限定承認者の固有財産と区別された責任財産を構成されることを前提としつつも、「亡Aから相続した財産の存する限度において支払え」との判決主文で責任限定の留保を反映させることができると執行実務が考えられているのであれば、問題ないようにも思われます。

　しかし、この立法担当者の見解が、あえて限定承認の場合の実務上の主文例とは異なり、信託財産目録形式で対象信託財産を個別具体的に特定した方式での主文例を示していることについては、信託法の改正経緯を踏まえた検討がその背景にあるようにも思われますので、いずれにしても、裁判所と協議しつつ、適切に強制執行ができる債務名義を取得できるように進行することが重要だと思います。

参考文献
・村松秀樹編著『概説信託法』（2023年）251頁以下
・富越和厚「信託口口座に対する強制執行（試論）」信託フォーラム14号（2020年）

　　　　　　　　　　　　　　　　　　　　　　　　　　　　（海野千宏）

Q 21 ▶受益債権の差押え

民法上の扶養請求権が差押禁止債権に該当することから、受益債権の内容が扶養の性質を有する場合も、差押禁止債権に該当しますか？

A 21 ▶

受益債権の内容次第ではありますが、差押禁止債権に該当するとは判断されない可能性が高いと思われます。

キーワード　受益権に対する差押え、差押禁止債権、扶助信託

▲▲▲▲▲▲▲▲▲▲▲▲▲▲▲▲▲▲▲▲▲▲▲▲▲▲▲▲▲▲▲▲

1　差押禁止債権

　民事執行法152条1項1号は、「債務者が国及び地方公共団体以外の者から生計を維持するために支給を受ける継続的給付に係る債権」について、「その支払期に受けるべき給付の4分の3に相当する部分（その額が標準的な世帯の必要生計費を勘案して政令で定める額を超えるときは、政令で定める額に相当する部分）は、差し押さえてはならない」と定めています。当該債権の具体例は、民法上の扶養請求権等です。

　そこで、受益債権の内容が扶養の性質を有する場合も、差押禁止債権に該当するかが問題となります。

　なお、仮差押命令の申立書における仮に差し押さえるべき物の記載については、「債権の種類及び額その他の債権を特定するに足りる事項」を明らかにする必要があります（民事保全規則19条2項1号）。この特定が求められる理由の一つに、保全裁判所が、仮差押債権が法律上仮差押えの許されるものか否か（民事保全法50条5項の準用する民事執行法152条）を識別できる必要がある、という点があります。

2　さいたま地判越谷支決令和元・8・5

　東京地判令和5・3・17〔裁判例19〕において事実認定されているさいたま地判越谷支決令和元・8・5（判例集未登載）では、信託契約9条1項で

「受託者は、本件物件の管理運営及び建物の建築を行い、これを第三者に賃貸して、また受託者が相当と認めるときは、受益者の同意を得た上で本件物件を換価処分して、売却代金及び本件物件から生ずる賃料その他の収益をもって、公租公課、保険料、管理費及び修繕積立金、敷金保証金等の預り金の返還金、管理委託手数料、登記費用、不動産売却・購入・交換・建設に要する費用、借入金の返済金その他の本件信託契約に関して生ずる一切の必要経費等を支払う」とし、同条2項で「受託者は、受益者又はその成年後見人等の要望に応じ、受益者の生活・介護・療養・納税等に必要な費用を前項の収益から受益者に随時給付し、また、受益者の医療費、施設利用費等を銀行振込等の方法で支払う」と定めており、受益債権の内容は、扶養のみではないという事案において、仮差押えの範囲は不明であるものの、決定自体は発令されています。

3　実務対応

　民事執行法152条は差押禁止債権を限定列挙しており、私的な差押禁止財産の創設はできません。

　また、信託法93条1項ただし書は、性質上の譲渡制限を定めているものの、この「性質上譲渡が許されない（禁止される）ものとしては、従前から、扶助信託あるいは浪費者信託などの議論がされている。これを広く認めれば、受益権の譲渡ができないのみならず、受益者の債権者が受益権を差押えることができなくなるため、安易に認めるべきではないと考えられる」ともされています（村松秀樹編著『概説信託法』（2023年）244頁注5）。

　以上より、民事保全法・民事執行法上の（仮）差押禁止債権に該当するとは判断されない可能性が高いと思われますので、これを前提に、差押えが行われる可能性を想定しておくべきでしょう。

参考文献
・福井修「信託受益権に対する差押えの回避とその限界」信託研究奨励金論集42号（2021年）45頁以下

（海野千宏）

第 13　信託監督人

Q 22 ▶ 信託監督人の権限と職務

　成年後見制度においては、総合支援型の成年後見監督人が置かれることがあります。この場合、成年後見監督人は成年後見人と信頼関係を築きながら、後見事務を支援することとされています。信託においても、専門職が信託監督人に就任した場合、受託者との間に信頼関係を築きながら、信託事務処理の支援をすることは可能ですよね？

A 22 ▶

　専門職である信託監督人が、受託者と信頼関係を構築することに関しては、慎重になるべきと考えられます。

キーワード　信託監督人の権限と職務

▲▲▲▲▲▲▲▲▲▲▲▲▲▲▲▲▲▲▲▲▲▲▲▲▲▲▲▲▲▲▲▲▲▲

1　信託監督人の権限と職務

　信託監督人の権限は、信託法92条各号に掲げる受益者の権利のうち、一定の権利を除いたものに関する一切の裁判上または裁判外の権限を行使することとされています（同法132条1項）。信託監督人は、受託者の行った利益相反行為の取消権、信託事務処理の状況についての報告請求権、帳簿等の閲覧謄写請求権、権限違反行為の取消権、任務違反行為に対する損失てん補請求権、任務違反行為の差止請求権などの権利を有しています。

　このように、信託監督人は受託者に対して法的措置を実行することが職務の内容となります。信託監督人は善管注意義務をもって権限を行使すべきですので（信託法133条1項）、受託者に対する法的措置の実行に関しても善管注意義務を負っています。一方で、受託者を支援することは信託監督人の職務の内容とされていません。

2 専門職が信託監督人に就任した場合の留意点

　本問では、法律上明文化されている利益相反の禁止について検討を行うため、専門職として、弁護士と司法書士のみを考察の対象とします（他の士業を排除する趣旨ではありません）。

(1) 受託者との協議の段階

　専門職が信託監督人に就任した場合、受託者との協議の過程において信頼関係が構築されてしまうと、受託者に対して法的措置を講ずることは許されないことになります（弁護士法25条2号、司法書士法22条3項2号・4項）。

　なお、司法書士法22条3項2号・4項は裁判書類作成関係業務および簡裁訴訟代理等関係業務に関する規定であり、信託監督人としての業務に適用されるとの明文の規定はありません。ただし、この規定の趣旨は依頼者または相手方の信頼を裏切ることとなる可能性に配慮するということにあります。信託監督人が受託者に対して法的措置を講ずる場合にもこの趣旨は妥当すると考えます。

(2) 信託契約の締結の支援をする段階

　専門職が信託監督人に就任する場合には、信託契約の締結を支援した者が信託行為の定めにおいて信託監督人として指定されることが多いと思われます。この点について、士業団体のガイドラインにも注意点が書かれています。日本弁護士連合会「民事信託業務に関するガイドライン」は、民事信託の設定を支援する際の依頼者は委託者のみであり、信託監督人からみて、受託者は事件の相手方に準じて解釈することができるとしています。そのため、たとえば受託者から別の事件を受任することは、利益相反に該当する可能性があると述べています。このような見解からすれば、受託者と信頼関係を構築することは避けるべきでしょう。

　日本司法書士会連合会「民事信託支援業務の執務ガイドライン」においては、民事信託の設定を支援する際の依頼者を委託者と受託者の双方とすることも許容する立場であり、受託者との間で信頼関係が形成されている場合であっても、信託監督人に就任することが妨げられるわけではないとしています。ただし、受託者による不適切な信託事務があった場合に、その責任を追

及することは、利益相反と評価される可能性が否定できないと述べられています。

このように、両士業団体のガイドラインにおいて、信託監督人が受託者と信頼関係を形成することについて、注意喚起がされています。

信託契約の締結を支援した専門職は、委託者と受託者の双方に対して、専門職を信託監督人に選任した場合、受託者に対して法的措置を実行する権限を有することを説明する必要があると解されます。受託者と信頼関係を築いたうえで支援を行いたい場合には、信託監督人に就任するのではなく、別途の顧問契約等を締結することが望ましいでしょう。

（谷口　毅）

第 14　受益者代理人

Q 23 ▶ 受益者代理人就任による受益者の権利行使の制限

　高齢者を受益者とする信託を設定します。いわゆる認知症対策のための信託ですので、受益者自身が権利行使できなくなってしまう事態に備えて、受益者代理人に受益者の長女を指定する旨の定めを置き、その就任承諾も得ました。もっとも、受益者はまだ判断能力はしっかりしているので、受託者である長男と相談しながら、信託を運営していきたいとのことです。長女が受益者代理人になっていますが、受益者本人が受益権を行使することができると理解してよいですよね？

A 23 ▶

　受益者代理人が就任すると、代理される受益者本人は受益者の権利の大半を行使することができなくなります。ただし、信託契約の定めにより、権利行使ができなくなる範囲を定めることができます。

キーワード　受益者代理人、受益者の権利、単独受益者権

▲▲▲▲▲▲▲▲▲▲▲▲▲▲▲▲▲▲▲▲▲▲▲▲▲▲▲▲▲▲▲▲▲▲▲▲▲

1　受益者代理人の就任とその効果

　受益者代理人は、その代理する受益者本人のためにその受益者の権利（信託法42条の責任免除に係るものを除く）に関する一切の裁判上または裁判外の行為をする権利を有します（同法139条1項）。また、受益者代理人に代理される受益者は、同法92条各号に掲げる権利および信託行為において定めた権利を除いて、その権利を行使することができないとされています（同法139条4項）。

　したがって、本問の場合、長女が受益者代理人に就任していますので、こ

れに代理される受益者は受益者としての権利の行使に制約を受けることになります。この場合、受益者が行使できるのは、単独受益者権と呼ばれる信託法92条各号に掲げる権利と、信託行為に定めた権利に限られます。

2 単独受益者権

受益者代理人がいる受益者であっても、次の①～㉖の権利を行使することができます（信託法92条1号～26号）。

① 信託法の規定による裁判所に対する申立権
② 遺言信託における信託の引受けによる催告権（同法5条1項）
③ 信託財産に属する財産に対する強制執行等の制限等に対し異議を主張する権利（同法23条5項・6項）
④ ③の異議訴訟に関する費用または報酬の支弁等による支払いの請求権（同法24条1項）
⑤ 受託者または前受託者の権限違反行為の取消権（同法27条1項・2項）（75条4項において準用する場合を含む）
⑥ 利益相反行為の制限違反による取消権（同法31条6項・7項）
⑦ 信託事務の処理の状況についての報告を求める権利（同法36条）
⑧ 帳簿等の閲覧または謄写の請求権（同法38条1項・6項）
⑨ 受託者の損失のてん補または原状の回復の請求権（同法40条）
⑩ 法人である受託者の役員の連帯責任による損失のてん補または原状の回復の請求権（同法41条）
⑪ 受益者による受託者の行為の差止めの請求権（同法44条）
⑫ ⑪の差止請求訴訟に関する費用または報酬の支弁等による支払いの請求権（同法45条1項）
⑬ 前受託者の財産処分に対する差止めの請求権（同法59条5項）
⑭ 前受託者の相続人等の財産処分に対する差止めの請求権（同法60条3項・5項）
⑮ ⑭の差止請求訴訟に関する費用または報酬の支弁等による支払いの請求権（同法61条1項）
⑯ 新受託者の選任の催告権（同法62条2項）

⑰　受益権を放棄する権利（同法99条1項）

⑱　受益権取得請求権（同法103条1項・2項）

⑲　信託監督人の選任の催告権（同法131条2項）

⑳　受益者代理人の選任の催告権（同法138条2項）

㉑　受益権原簿記載事項を記載した書面の交付または提供の請求権（同法187条1項）

㉒　受益権原簿の閲覧または謄写の請求権（同法190条2項）

㉓　受益権原簿記載事項の記載または記録の請求権（同法198条1項）

㉔　受益者に対する信託財産に係る給付に関する責任に係る金銭のてん補または支払いの請求権（同法226条1項）

㉕　欠損が生じた場合の金銭のてん補または支払いの請求権（同法228条1項）

㉖　会計監査人の損失てん補責任等による損失のてん補の請求権（同法254条1項）

3　受益者が自ら行使することができる権利についての別段の定め

信託契約に定めることにより、受益者代理人が就任した後も、受益者が自ら行使することができる権利を定めることができます。

4　実務対応

受益者代理人は、その「代理人」というネーミングのイメージから、特に高齢者や障害者のための信託の文脈では、法定後見人や任意後見人の代わりになると理解されるかもしれません。しかし、もともとは、受益者が頻繁に変更したり、多数であるがゆえに個々の受益者に権利行使を委ねることが不適当な場合、主に商事信託での利用を想定した制度です。受益者の権利行使の制限は、まさにこのような信託での利用では合理的です。一方、本問のような高齢者を受益者とする信託にそのままあてはめると、意思決定が十分可能な受益者の意思を無視する道具となりかねません。

受益者代理人が就任した場合の効果について十分に説明したり、受益者代理人候補者を指定・選任する規定を定めるにとどめ、後日、受益者の意思能

力が減退したときに選任できるようにしたり、受益者代理人が就任しても受益者も行使することができる権限を信託契約に定めたりするなどすることが考えられます。

参考文献
・田中和明『信託法務大全［第1編］信託法』（2023年）448頁以下
・村松秀樹編著『概説信託法』（2023年）286頁以下
・金森健一『民事信託の別段の定め　実務の理論と条項例』（2022年）374頁

（金森健一）

Q 24 ▶ 受益者代理人による請求および受取金の倒産隔離

　高齢者を受益者とする信託を設定し、受益者の長女を受益者代理人にしました。受託者である長男が金銭の管理をして、受益者の生活に必要な資金を受益者代理人である長女が受け取り、受益者に代わって買い物に行ったり、光熱費を支払ったりしています。
① 　最近、受託者である長男に対し、生活費分の振込みを求めても応じてくれません。長女は受益者代理人として受益者に代わって受益債権を行使し、長女名義の口座への振込みを請求することはできますよね？
② 　受益者に代わって受託者から生活費分の振込みを受けていた長女名義の口座に対し、信託とは無関係な長女の個人的な借金の債権者から差押えを受けました。受託者から振り込まれた分は信託財産なので、差し押さえられないと考えてよいですよね？

A 24 ▶

　①受益者代理人は、信託契約においてこれを認める旨の定めがない限り、受益者に代わって受益債権を行使して、受託者に対し信託財産の引渡しを請求することができないと解されるおそれがあります。
　②受益者代理人が受託者から受け取った金銭は、もはや信託財産ではありませんので、受益者代理人の債権者から差押えを妨げることは原則できません。

キーワード　受益者代理人の権限、倒産隔離機能

▲▲▲▲▲▲▲▲▲▲▲▲▲▲▲▲▲▲▲▲▲▲▲▲▲▲▲▲▲▲▲▲

1　受益者代理人は受益債権の弁済を受ける権利を行使できるか

　信託法139条1項は、受益者代理人がその代理する受益者のためにその受益者の権利（同法42条の規定による責任免除に係るものを除く）に関する一切の裁判上または裁判外の行為をする権限を有する旨を規定します。これによれば、「受益者の権利に関する一切の行為をする権限」とある以上、受益

債権の一内容である信託財産の引渡しを求める権利もその弁済を受ける権利（同法2条7項参照）も受益者代理人が行使することができるように読めます。

この点について、信託法139条1項本文により受益者代理人に与えられていない、信託行為の定めを要するとする見解（道垣内弘人編著『条解信託法』（2017年）611頁〔佐久間毅〕）と、弁済受領権限を特に否定しなかった場合には、信託の運営をスムーズに行うという利益のために、そのようなアレンジがあったととらえ、弁済受領権限を肯定すべきとする見解があります（道垣内弘人『信託法〔第2版〕』（2022年）400頁）。

2 弁済を受けた後の財産についての倒産隔離機能

受益者代理人に受託者から信託財産を受け取る権限があるとされ、現に受益者代理人が信託財産を受け取ったときは、もはやその財産は信託財産ではありません。遅くとも引渡し（債務の履行）をもってその財産の所有権は債権者である受益者代理人に移転します。したがって、その財産を受益者に引き渡す前に受益者代理人が倒産した場合には、受益者代理人の倒産手続の対象になります。つまり、受益者代理人が受け取った財産については倒産隔離機能が機能しないことになります。本問②の場合は、債権者からの差押えを受けることになります。

もっとも、受益者を委託者兼受益者、受益者代理人を受託者、受託者代理人が受け取った財産を信託財産とする別個の信託が成立したとみられる場合には、受益者代理人個人の債権者による差押えを排除することができることになります（信託法23条1項）。

3 実務対応

認知症対策のための信託など、判断能力の低下や喪失が懸念される者が受益者となる場合には、受益者本人に代わって受益者代理人に受益債権の行使をさせることが求められます。受託者が任意に信託財産の引渡しをしている限り支障は生じませんが、万が一、受託者がそれを懈怠すれば、受益者の生活を危険に晒すことになるため、積極的な受益債権の行使が必要になるからです。

もっとも、受益者代理人の権限の範囲に、受益債権を行使して信託財産の弁済を受けられるかどうかについては見解が一致しているものではありません。そのため、受益者代理人の権限にこれらが含まれる旨を定めておいたほうが解釈の違いに起因する争いを未然に防ぐことができます。

　また、受益者代理人が受け取った財産には、原則、信託の倒産隔離機能が働きません。したがって、受益者代理人の手元に受益者に引き渡すべき財産を長期間または多量に留め置くことは適切ではありません。受益者代理人は受益者に対し善管注意義務を負います（信託法140条1項）。受益者代理人になる者に対し、その旨を教示して、いやしくも受益者に引き渡される前に信託財産が失われることのないようにさせなければなりません。

参考文献
・道垣内弘人『信託法〔第2版〕』（2022年）400頁
・道垣内弘人編著『条解信託法』（2017年）611頁
・金森健一『民事信託の別段の定め　実務の理論と条項例』（2022年）213頁

（金森健一）

Q 25 ▶ 複数の受益者のための受益者代理人

　委託者兼当初受益者の死亡後の受益者を、その配偶者、長男、長女、二男および二女とする信託を設定しました。高齢の受益者のために、受益者代理人を選任することができる旨の定めを設けました。「受益者代理人はＡとする」という定めです。Ａがこの規定に従い、受益者代理人に就任しました。Ａは、どの受益者のための受益者代理人になりますか？

A 25 ▶

　「受益者代理人はＡとする」という定めによれば、特定の受益者を指定していないため、この信託の受益者全員を代理する受益者代理人であると解することができると考えます。Ａは、当初受益者ならびに第二次受益者である配偶者、長男、長女、二男および二女のための受益者代理人となります。

　キーワード　受益者代理人、複数の受益者

▲▲▲▲▲▲▲▲▲▲▲▲▲▲▲▲▲▲▲▲▲▲▲▲▲▲▲▲▲▲▲▲

1　受益者代理人の意義

　受益者が現に存しない場合に選任される信託管理人（信託法123条1項）や、受益者が現に存する場合に選任される信託監督人（同法131条1項）と異なり、受益者代理人は受益者の「代理人」であるとして、その本人となる受益者が存在することが選任の要件であると解する見解が有力です（道垣内弘人『信託法〔第2版〕』（2022年）397頁）。また、「その代理する受益者を定めて」受益者代理人を指定し（同法138条1項）、受益者代理人が権限を行使する際にはその代理する受益者の範囲を示すことになっています（同法139条2項）。

　そのため、受益者代理人を選任するときは、代理される本人である受益者が誰であるかを明らかにすることになります。

2　複数の受益者のための受益者代理人の可否

　そもそも受益者代理人は、受益者が多数であったり、頻繁に変動したりす

る信託での利用を想定したものであるため、複数の受益者のための受益者代理人を選任することができることは当然の前提ということができます。

このような信託では、本人となる受益者の指定は、「受益者全員」となります。

3　複数の受益者のための受益者代理人の適否

複数の受益者のための受益者代理人を選任することはできますが、それが適切であるかどうかは、信託の内容や受益者の属性等により変わってくると考えます。

2で述べた受益者が複数または頻繁に変動する信託は、年金信託のように、各受益者が受託者に対し監督権を行使することにそれほど関心がない場合を想定しています。

一方、事例のような生前の被相続人と相続人を受益者とする信託では、各人が信託財産や受託者による管理処分に対し強い関心を寄せることが多いと思われます。

この点、受益者代理人は、各受益者に対し善管注意義務および誠実公平義務を負います（信託法140条1項・2項）。いわば「あっち立てればこっち立たず」の状況に陥ることが懸念され、また、その義務違反を理由として一部の受益者から責任を追及されることとなります。

4　実務対応

本問の場合、受益者代理人Aは、当初受益者しかいない時点ではその受益者のためだけに職務を遂行すれば足ります。しかし、当初受益者の死亡後の第二次受益者4人がそれぞれ信託財産の管理について異なる考えをもつことがあることは、遺産共有の不動産の管理処分について相続人間で意見が一致しないのと同様であり、よくみられることです。そのような状況ですべての受益者のために振る舞うこと自体が至難の業といえます（当初受益者の生存時から、将来の受益者となるべき者も「その代理する受益者」（信託法138条1項）に含まれると解する見解もあり、その場合は、Aは、現在の受益者と将来の受益者との間との板挟みにもなることになります）。

信託監督人が受託者の信託事務処理の適正を確保することにより、受益者の保護を図るのと異なり、それぞれの受益者の利益代弁者であるべき受益者代理人が、個性が強い複数の受益者を本人とするのは実際上、困難を極めることがあると考えます。

参考文献
- 田中和明『信託法務大全［第1編］信託法』（2023年）456頁
- 金森健一「ここからはじめる！　民事信託実務入門［第6回］民事信託の継続的関与」信託フォーラム21号（2024年）121頁

（金森健一）

第3章
信託終了時の悩みどころと落とし穴

第1 信託の撤回

Q1 ▶ 信託契約の有効性

　以前、セミナーで娘が民事信託の話を聞いてきて、将来への備えとして大切だと強く話をするので、一度一緒に専門家のところに行って話を聞くこととしました。しかし、単に話を聞くだけのつもりがあれよあれよという間に信託の契約書まで作成されてしまいました。信託をすると不動産の名義が変わることなども全然聞いていなかったのですが、先日、登記を見たら名義が娘に変わっていて驚きました。このような場合、信託を終わらせることはできないでしょうか?

A1 ▶

　有効に成立した民事信託については、信託の終了事由がなければ信託を終了することはできませんが、そもそも信託契約について錯誤や詐欺があればその契約を取り消すことができる場合もあります。

　キーワード　信託契約の無効主張、錯誤や詐欺による信託の取消し

▲▲▲▲▲▲▲▲▲▲▲▲▲▲▲▲▲▲▲▲▲▲▲▲▲▲▲▲▲▲▲▲▲▲▲▲

1　信託契約の有効性に関する裁判例

　民事信託において、裁判では時々その有効性を争うものが出てきています。

　東京地判平成30・10・23〔裁判例4〕は、委託者兼受益者が、受託者であ

る子に対し、信託の無効を主張し、所有権移転および信託登記の抹消等を請求した事案です。裁判では、①信託契約の詐欺取消し・錯誤無効、②債務不履行解除、③信託の目的の達成不能による終了、④委託者と受益者の合意による終了などが主張されましたが、裁判所はいずれの請求も棄却しました。

東京地判平成31・1・25〔裁判例5〕は、株式信託の委託者兼受益者が、受託者に対し、当該信託に関する信託契約の不存在や錯誤無効・詐欺取消し・公序良俗違反等を主張して信託契約の効力を争った事案です。裁判所はいずれの主張も排斥し、請求を棄却しました。

東京地判令和2・12・24〔裁判例9〕は、委託者兼受益者が、自らの養子との間で行っていた信託契約について当初受益者死亡後の第二次受益者である同人の配偶者が、①信託契約は公序良俗に反し無効、②信託契約の詐欺取消し・錯誤無効などを主張して信託の無効確認や所有権移転登記および信託登記の抹消を求めた事案です。裁判所は原告の主張を退け、請求をいずれも棄却しました。

また、少し違う形で信託の有効性が争われたものとして、大阪高判令和4・5・27〔裁判例16〕があります。この裁判では、破産手続との関係で、両替金等が信託財産にあたり破産財団に帰属しないのではないかという点が争われました（結論：信託不成立）。

2　信託契約の有効性を争う手段

1の裁判例においても主張されているところですが、信託契約を終わらせたい場合には、信託が有効であったことを前提として信託を終了させる場合のほか、信託契約の有効性を否定するという方法があります。

信託契約の有効性を否定する代表的な主張としては、①信託契約時に委託者に意思能力がない（民法3条の2）、②信託契約にあたって詐欺や錯誤がある（同法95条・96条）、③信託契約の内容が公序良俗違反である（同法90条）などがあります。これらの主張は裁判でよく総花的に主張されますが、単に主張するだけで認められるものではないので注意が必要です。

3　実務対応

　民事信託においては、委託者がある程度年齢が高齢になってから信託契約をするということが多いと思いますので、信託契約の有効性が後に争われることも考えなければなりません。また、親1人子1人の場合であればともかく、子が複数いるような場合には将来の相続発生時に紛争が起きることも可能性として想定しないといけません。

　このようなことに備えるためにできることとしては、①信託契約の内容をしっかり説明をすることに加えて説明をしたという証拠を残しておくこと、②信託契約の内容を過度に複雑にしないこと、③信託契約書は公正証書で作成をすることなどが考えられます。

　なお、千葉地判令和2・10・30〔裁判例7〕は、家族信託契約の締結をめぐり母親の言動に振り回された子が母親を殺害した事案ですが、家族間でのトラブルがこのような事態にならないよう、専門家として対応していくのが望ましいと思われます。そのほか、札幌地判令和2・10・30〔裁判例8〕のような詐害性を疑われるような信託についても慎重な対応が必要です。

（菊永将浩）

Q2 ▶ 信託の終了①

　私は長男を受託者として信託契約を締結したのですが、信託をした後、長男は私に対して暴言を吐いたり、信託契約で定めた業務を適切に行ってくれなかったりするなど、親子関係が悪化してしまい、これ以上、長男に財産の管理を任せたくありません。信託契約において、信託の終了についての定めを置いていないのですが、この場合、信託法164条1項に基づいて、委託者兼受益者である私は、信託を終了することができると考えてよいですよね？

A2 ▶

　信託法164条3項の別段の定めがない場合において、委託者兼受益者は、いつでもその合意（委託者と受益者が同一人であれば単独の意思表示）により信託を終了できます。ただし、この場合においては、残余財産の帰属の定めの内容によっては予期せぬ財産の帰属や課税の問題が出てくるので注意が必要です。

キーワード　信託の終了、信託法164条3項の別段の定め

▲▲▲▲▲▲▲▲▲▲▲▲▲▲▲▲▲▲▲▲▲▲▲▲▲▲▲▲▲▲▲

1　信託の終了事由

　信託法163条以下では、信託の終了事由について定めています。主なものとして、①信託の目的達成または不達成（同条1号）、②受託者が受益権の全部を固有財産で有する状態が1年間継続（同条2号）、③受託者が欠けた場合であって、新受託者が就任しない状態が1年間継続（同条3号）、④信託行為に定めた事由が生じたとき（同条9号）、⑤委託者と受益者の合意（同法164条1項）があります。

2　委託者と受益者の合意による信託の終了

　信託法164条は、委託者と受益者の合意による信託の終了について定めを置いています。

信託法164条1項では委託者および受益者は、いつでも、その合意により信託を終了することができることを定めています。信託は委託者の意思の実現や受益者の利益の実現を図ることがその目的であるところ、委託者と受益者が合意をするのであれば信託を継続する必要がないことからいつでも信託を終了できる旨を定めています。

もっとも、信託法164条3項において、信託の終了については別段の定めを置くことも認められており、実務においては多くの契約書で別段の定めが置かれているところです。

よく見られる別段の定めの例としては「本信託については、信託法164条1項の定めにかかわらず、委託者と受益者が合意をした場合に限り終了をすることができる」というものや「信託法に定める終了事由が生じたこと（ただし、信託法164条1項は除く）」というものなどがあります。

3　信託の終了についての別段の定め

信託契約書にある「受益者は、受託者との合意により、本件信託の内容を変更し、若しくは本件信託を一部解除し、又は本件信託を終了することができる」という条項が、信託法164条3項の「別段の定め」に該当するかが争われたものとして、東京地判平成30・10・23〔裁判例4〕があります。

裁判所は、「仮に、本件信託の受益者である原告が、任意の時期にこれを終了させることができるのだとすれば、本件信託の受託者である被告との合意によって本件信託を終了することができるとの上記規定は、無意味なものとなるから、本件信託契約11条は、信託法164条3項にいう信託行為における『別段の定め』であって、本件信託において、同法164条1項に優先して適用される規定であるというべきである」と判示して、受託者の合意がない本件事案において信託は終了していないと判示しました。

4　実務対応

信託の終了においては、何が終了事由なのかを明確にしておくことが必要です。実務上の工夫としては、信託の終了事由の条文の中に信託法164条3項の定めを置くのであればそれが同項の別段の定めであることを明確にする

ために同条1項の適用がないことを明文にするなどしておくことが考えられます。

また、信託が終了した後の残余財産の帰属権利者の定めも信託の終了事由ごとに丁寧に定めておくことが必要です。たとえば、信託の終了事由にかかわらず、帰属権利者が受託者となっているような場合に、委託者兼受益者がその意思で信託を終了すると財産が受託者に行ってしまうことになり予期せぬ結果をもたらしますので注意が必要です。

5　もう一歩前へ・関連論点：信託法164条3項の別段の定めを置くことは問題か

実務家の間では、遺言がいつでも撤回できることから（民法1022条）、信託も常に撤回できなければ問題であるということで、信託法164条3項に関する定めを置くべきではないという意見も聞かれるところです。この見解の背景にあるのは、信託においては委託者（受益者）の意思が大切なのだからその意思として信託を終了させたいと思うのであれば当然終了させるべきという考えがあるように思われます。

民事信託においては対象となる財産が賃貸物件のような場合、信託をすると同時に多くの利害関係人が生じることがあるところ、それが委託者（受益者）の意思でいつでも撤回（終了）できるとしてしまうのは法的安定性からみて問題があるケースもあります。

このあたりは、委託者（受益者）の意思の尊重と法的安定性の比較衡量になってくる問題であり、今後の議論の蓄積が待たれるところです。

参考文献
- 菊永将浩ほか『事例でわかる家族信託契約変更・終了の実務』（2022年）20頁以下

（菊永将浩）

Q3 ▶ 信託の終了②

私は父から将来の備えのために金銭の管理を信託で任されています。ちょっと心配なのは、将来、父が認知症などになってしまって物盗られ妄想が入ってしまったような場合、信託で管理を任されたお金についても信託したことを忘れて、または理解ができなくなって返せと言われるのではないかということです。このお金は父の生活を支えるためのお金なので、父の手元に一度に渡してしまって、それが騙されて持っていかれたりすると困るのですが、どうなりますか？

A3 ▶

信託契約においては、信託法164条3項の別段の定めを置くことで撤回不能とすることは可能です。もっとも、その内容が委託者兼受益者の利益を過度に損なうものであるような場合にはその定めが無効と判断されることもありうるので注意が必要です。

キーワード　信託の終了、信託法164条3項の別段の定め

▲▲▲▲▲▲▲▲▲▲▲▲▲▲▲▲▲▲▲▲▲▲▲▲▲▲▲▲▲▲▲▲

1　民法上の贈与に関する規定

民法上の贈与は、書面によらない場合には未履行の部分についていつでも当事者が解除することができます（民法550条）。これは、贈与という契約は受贈者が贈与者から財産をもらうだけという片務契約であることから、贈与者が贈与の意思を有しなくなったとしたらすでに履行が終わっている部分を除いて贈与契約を続ける必要がないためです。

もっとも、贈与の中でも負担付き贈与契約については双務契約に関する規定が適用され、死因贈与については遺贈に関する規定が適用されるなど、贈与の性質によって、民法の贈与に関する規定以外の規定が適用されることになっています（民法553条・554条）。

2　委託者と受益者の合意による信託の終了

信託法164条は、委託者と受益者の合意による信託の終了について定めを置いています（内容については本章Q2参照）。

3　信託契約の有効性に関する裁判例

信託契約の有効性について、死因贈与との比較検討がなされた裁判例としては、東京地判令和5・3・17〔裁判例19〕があります。

裁判所は、死因贈与契約に関する判例について言及したうえで、判例上、いかなる事情の下においても贈与者が自由に死因贈与契約を取り消すことができると解されているわけではないこと、受託者が適切に事務処理をしているか否かにかかわらず、委託者がいつでも何らの合理的理由もなく被告を解任することができるとすることは当事者間の衡平を欠くこと、信託法58条4項において裁判所への申立てによる受託者の解任が可能であることなどから、本件信託契約が原告の任意解任権を制限する本件規定を置いているからといって公序良俗には反しない旨判示し、信託契約の有効性を認めました。

4　実務対応

実務においては、もともと叶えたい目的との関係で委託者兼受益者が一方的な意思表示で信託を終了できないようにする定めを信託法164条3項の別段の定めとして置くことはしばしば行われています。

この場合も、たとえば受託者がもし委託者兼受益者がそうなったら信託を一方的に終えてもらってかまわないと言っているような場合などにはあえて別段の定めを置かないということもありうるところです。

また、別段の定めを置くことが過度に委託者兼受益者の利益を侵害するような状況があれば場合によっては信託の有効性が否定されたりする可能性もあるので注意が必要です。

（菊永将浩）

Q4▶受託者の任務懈怠と信託契約の債務不履行解除

信託契約も契約である以上、民法の契約解除に関する規定の適用を受けるので、受託者に任務懈怠があれば、信託契約を債務不履行解除できますよね？

A4▶

信託契約の債務不履行による遡及効のある解除（民法541条・545条）には結びつかないと考えられます。

キーワード　受託者の任務懈怠、信託契約の債務不履行解除

▲▲▲▲▲▲▲▲▲▲▲▲▲▲▲▲▲▲▲▲▲▲▲▲▲▲▲▲▲▲▲▲▲

1　信託契約と民法の契約解除に関する規定の適用

まず、確かに、信託契約も契約である以上、民法の契約解除に関する規定の適用を受けうるものと考えられます。実際に、本件信託契約に債務不履行解除の事由があるか否か等が争点となった裁判例として、東京地判平成30・10・23〔裁判例4〕があります（結論は否定）。

2　信託契約の債務不履行解除

では、受託者に任務懈怠があれば、信託契約を債務不履行解除できるのでしょうか。

この点については、「受託者に任務懈怠があった場合には受託者の損失てん補責任等（信託法40条）が問題となり得るが、信託契約の債務不履行による遡及効のある解除（民法541条、545条）には結びつかない。信託契約締結時の受託者のみが受託者の任務を遂行する唯一の主体ではなく、受託者の変更なども伴いながら信託は存続していくことができるからである」との見解が示されています（片岡雅「委託者の意思による民事信託の変更と終了」金商1636号114頁）。

3　実務対応

　以上のとおり、受託者に任務懈怠があっても、信託契約の債務不履行による遡及効のある解除（民法541条・545条）には結びつかないと考えられます。

　そこで、もし、信託契約に基づく法律関係を否定したいのであれば、受託者を解任（信託法58条）したうえで、信託を終了させる（同法164条）（ただし、別段の定めに関し東京地判令和5・3・17〔裁判例19〕には注意）、あるいは、信託の不成立、意思無能力、公序良俗違反、錯誤・詐欺、信託目的不達成終了（同法163条1号）を主張するなど法律構成を検討する必要があるでしょう。

（海野千宏）

Q5▶信託終了権行使に係る意思無能力無効の主張権者

委託者兼受益者である母が、受託者である私に、信託を終了すると言ってきました。しかし、現在、母の認知症が急速に進んでおり、意思能力を欠いていると思います。判断能力ある時点での意思凍結機能からしても、私は、「母による信託契約終了の意思表示は無効である」と主張できますよね？

A5▶

意思表示をした時に意思能力を欠いたことを原因とする無効は、その意思表示をした法律行為の当事者に無効を主張する意思がない場合、当該当事者以外の者から無効を主張することは許されないと考えられます。

キーワード　意思無能力無効の主張権者

▲▲▲▲▲▲▲▲▲▲▲▲▲▲▲▲▲▲▲▲▲▲▲▲▲▲▲▲▲

1　意思無能力無効

民法上、「法律行為の当事者が意思表示をした時に意思能力を有しなかったときは、その法律行為は、無効とする」とされています（民法3条の2）。この「意思無能力無効」の主張権者が争点となった裁判例として、東京地判令和3・11・18〔裁判例13〕があります。

2　意思無能力無効の主張権者

東京地判令和3・11・18における当事者の主張として、被告（受託者）は、原告（委託者兼受益者）は、その認知症が急速に進んでいたため、意思能力を欠いており、信託契約の終了に関する意思表示は無効である等と主張しました。

これに対し、裁判所は、「意思表示をした時に意思能力を欠いたことを原因とする無効は、その趣旨が表意者の保護にある以上、その意思表示をした法律行為の当事者に無効を主張する意思がない場合、当該当事者以外の者から無効を主張することは許されないと解される。そして、原告は、E弁護士

に対する代理権の授与に関して無効を主張する意思がないことが明らかであるから、被告がこれを主張することは許されないというべきである」と判断しました。

3　表意者以外の者による無効主張の可否

では、当該表意者以外の者は、一切無効主張できないのでしょうか。

ここで、重要なことは、表意者を保護する趣旨の無効は、表意者の側からのみ主張することができるものと解されることです。すなわち、「表意者"の側"からのみ、ということは、表意者本人に加え、表意者の利益を主張することが適当であると認められる者らを含む。成年被後見人がした法律行為の意思無能力無効は、同人を『代表する』(859条1項)成年後見人が無効を主張することができることは、疑いがない。また、表意者の一般承継人も、無効を主張することができる。意思無能力の状態でされた自筆証書遺言(968条)は無効であり、表意者の相続人においてその無効を主張することができることが、その例である」とされています（山野目章夫『民法概論(1)民法総則〔第2版〕』(2022年) 58頁）。

よって、信託に係る意思無能力無効の主張権者に関しても、表意者の利益を主張することが適当であると認められる者である限り、成年後見人や、表意者の相続人等も無効主張できることになります。

4　実務対応

以上より、少なくとも、意思無能力無効の主張権者は、その趣旨からして表意者の側に制限されます。そこで、もし、判断能力ある時点での意思凍結機能を実現すべき特段の合理的必要性がある場合には、委託者兼受益者に対し、十分な説明のうえで、信託契約において、信託法164条3項の「別段の定め」を置き、いわゆる撤回不能信託としておく対応を検討することが考えられます。

5　参考——他者の議決権行使が意思無能力を前提とする無権代理であると主張することの可否

　以上とは別の事例として、区分所有関係における建替え決議の議決権行使に関して、仮に、区分所有者が判断能力を喪失しているにもかかわらず、無権代理により議決権が行使されたとしても、無権代理無効は本人保護の規定であるから、他の区分所有者等の第三者は、無権代理無効であることを主張できないのではないかが問題となった裁判例として、東京地判平成24・12・27（判時2187号51頁）があります。

　この判決は、当該他者の議決権行使が無権代理であると主張することの可否について、「建替え決議が成立することにより、被告を含む本件団地の区分所有権者らは、同決議に拘束され、自己の有する区分所有権等について、権利変換を受けたり、売渡し請求を受けたりすることになる。したがって、被告は、他の議決権行使者の議決権行使が無権代理により無効であることを主張する法的利益を有するものといえ、その無効主張をすることができる」としています。

　このように、ケースによっては、各区分所有者の意思能力（代理権授与の有効性）が裁判上争われるリスクが存在することには、留意が必要です。

参考文献
・一般社団法人民事信託推進センターマンション支援信託推進委員会編『マンションにおける高齢居住者支援のための民事信託活用手引き』（2023年）26頁以下

（海野千宏）

第2 帰属権利者

Q6 ▶ 帰属権利者①

　母親と私との間で認知症対策のための財産の管理および承継のための民事信託契約を締結しました。その契約は委託者である母親が死亡したら終了するという形にしているのですが、その際の帰属権利者は委託者の子と定めています。問題はありませんよね？

A6 ▶

　信託の終了事由については、信託法163条以下に定められていますが、委託者（受益者）の死亡は明文の信託終了事由として定めはありません。もっとも、同条9号に基づき信託契約の中で委託者（受益者）の死亡を終了事由として定めることは問題なく、実務においてはそのような定めを置いている契約書はよくあります。また、帰属権利者については同法183条に定めがあり、そこでも信託行為により帰属権利者を定めることができる旨が定められており、実務において委託者（受益者）の子が帰属権利者と定められていることはよくあります。

キーワード　信託の終了、帰属権利者の定め、委託者の死亡、受益者の死亡

▲▲▲▲▲▲▲▲▲▲▲▲▲▲▲▲▲▲▲▲▲▲▲▲▲▲▲▲▲▲▲▲

1　信託の終了事由

　信託法163条以下では、信託の終了事由について定めています。主なものとして、①信託の目的達成または不達成（同条1号）、②受託者が受益権の全部を固有財産で有する状態が1年間継続したとき（同条2号）、③受託者が欠けた場合であって、新受託者が就任しない状態が1年間継続したとき（同条3号）、④信託行為に定めた事由が生じたとき（同条9号）、⑤委託者と受益者の合意（同法164条1項）があります。

なお、信託契約書などにおいては、「信託契約を解除したとき」という定めが置いてあるものも散見されます。信託法においては同法163条8号の破産法などの規定に基づく解除を終了事由として定めていますが、それ以外に一般的な規律として「解除」という概念は採用しておらず、信託を終わらせる概念としては「信託の終了」という概念を採用しています。

2 信託の終了についての別段の定め

1で述べたとおり、信託の終了事由については法律で明文が置かれているもののほか、信託行為において定めた事由をもって終了事由とすることが認められています。

その例としては、①委託者や受益者が死亡したとき、②一定の期間が経過したとき、③自社株信託において受託者が会社を退職したとき、④信託財産が消滅したときなどが実務でみられるものです。それぞれの終了事由について、法律上は柔軟に定めることができるものの、その定め方の内容によっては想定しない課税の問題が生じたり、信託財産に不動産があるときに登記の手続で困ってしまうことになったりすることもあるので注意が必要です。

なお、契約書において「受益者は、受託者との合意により、本件信託の内容を変更し、若しくは本件信託を一部解除し、又は本件信託を終了することができる」という条項が信託法164条3項の別段の定めに該当するかが争点となったものとして、東京地判平成30・10・23〔裁判例4〕があります。この判決では、裁判所は上記の条項は同条3項の別段の定めに該当するとして、同条1項に優先して適用されるものと判断しました。

3 帰属権利者の定め

信託法183条では帰属権利者についての定めを置いています。同条1項では、信託行為において帰属権利者となるべき者を指定された者が当然に残余財産の給付をすべき債務に係る債権を取得する旨定めています。

多くの場合には、たとえば、「帰属権利者は、信託終了時の受託者とする」などのように信託契約書の中で帰属権利者を事前に決めているところですが、契約書の中で、具体的に誰というのは決めず、将来において法定相続人

の協議によるという定めなども散見されます。

　なお、帰属権利者は、信託の清算中は受益者とみなされる点も注意が必要です（信託法183条6項）。

　また、帰属権利者については、信託の終了事由ごとに丁寧に定めておくことが大切です（本章Q2参照）。

4　帰属権利者を委託者の子と定めること

　帰属権利者を委託者の子と定める定め自体は法律上許されるものです。ただ、これが1人でなく、子が複数いるような場合には注意が必要です（本章Q7参照）。

（菊永将浩）

Q7 ▶ 帰属権利者②

　私には3人の子（長男、長女、次男）がいます。長男と長女は遠方に住んでいることから、自らの認知症対策として次男に信託をすることを考えています。ただ、その信託した財産について、現時点で誰に渡したいということを決められないので、私が死んだ後に話合いで決めてほしいと思っています。このようなことは可能ですよね？

A7 ▶

　信託した財産は、委託者の固有の財産ではなくなることから、原則として遺産分割協議の対象にならないと考えられます。

キーワード　信託の終了と遺産分割

▲▲▲▲▲▲▲▲▲▲▲▲▲▲▲▲▲▲▲▲▲▲▲▲▲▲▲▲

1　信託財産は遺産分割協議の対象となるか

　委託者が受託者に財産を信託すると、その財産の所有権は受託者に移転します。

　よって、信託財産については委託者の所有する委託者固有の財産ではなくなりますので、委託者が死亡した場合において、委託者固有の財産のように当然に遺産分割協議の対象になるかというとそうではありません。

　このことは、信託法74条において受託者の任務終了事由が生じた後の財産を法人とする扱いとしていることや税務上信託をした財産については、みなし相続財産として課税することにしていること（つまり、相続財産ではないけど相続財産と「みなして」課税していること）などから明らかです。

　実務においてみられる信託契約書などにおいては、信託終了時の財産が当然遺産分割協議の対象となるということを前提とした定めが置かれていたり、遺産分割協議書の対象として信託財産があげられていたりしていますが、これらは必ずしも正しい取扱いとはいえません。

2 信託の対象とした財産の帰属を遺産分割協議で定めることはできないか

　世の中では、本問のように財産の残し方を、残された相続人で決めてほしいというニーズもあるといわれています。

　では、そのようなニーズに対し、何かしら対応ができるのでしょうか。

　この点についての実務上の工夫の一つとしては、委託者兼受益者が死亡したときに信託を終了させず、受益権を相続の対象財産とし、その受益権を遺産分割協議で定めるという方法が提唱されています。また、残余財産が相続財産になるようにするため帰属権利者を委託者兼受益者と定めることができないか、という議論もあります。

　この論点については、今後も議論がなされると思われることから、新しい情報をしっかり確認することが必要です。

3 もう一歩前へ・関連論点：後見制度支援信託における取扱い

　後見制度支援信託も「信託」の一つになりますが、成年被後見人死亡時において残っていた財産は相続人に引き継がれる形になっていると思われます。2の論点を検討する際には、後見制度支援信託に関する文献なども確認することをお勧めします。

参考文献
- 日本司法書士会連合会民事信託等財産管理業務対策部編『任意後見と民事信託を中心とした財産管理業務対応の手引き』(2023年) 147頁
- 田中和明編著『信託の80の難問に挑戦します！』(2021年) 175頁
- 片岡雅「成年後見制度支援信託の現状と課題」銀行法務21・796号 (2016年) 14頁
- 「後見制度支援信託が受益者の死亡により終了した場合における残余財産の帰属」(令和3年度商事信託法研究会報告)

（菊永将浩）

Q8 ▶ 帰属権利者③

　委託者死亡で終了する信託で、帰属権利者としては、委託者の妻・子2人が指定されており、帰属割合は明記されていませんでした。この場合、遺産共有となり、法定相続割合になりますか？

A8 ▶

　信託財産は相続財産でないことから、遺産共有にはならないと考えられます。帰属の割合についても法定相続分に応じた割合になるという見解のほか、頭割りで等分するという見解もあります。

キーワード　残余財産の帰属割合

▲▲▲▲▲▲▲▲▲▲▲▲▲▲▲▲▲▲▲▲▲▲▲▲▲▲▲▲▲▲▲▲▲▲

1　残余財産の帰属に係る信託法の規律

　繰り返し述べているとおり、信託財産は法律上は相続財産とならないことから、残余財産について帰属権利者が複数定められているときの割合をどのように考えたらよいのかについては議論があります。

　残余財産の帰属について、信託法182条に定めがあります。同条1項で、信託行為において残余財産受益者・帰属権利者（以下、「残余財産受益者等」といいます）を定めた場合にはそれらの者に財産が帰属されることが定められています。また、同条2項では、残余財産受益者等についての定めがない場合や残余財産受益者等として指定された者すべてがその権利を放棄した場合には信託行為に委託者またはその相続人その他の一般承継人を帰属権利者として指定する旨の定めがあったものとみなす旨が、同条3項では、1項・2項で帰属が決まらないときには清算受託者に残余財産が帰属する旨が定められています。

2　帰属権利者が複数いる場合の残余財産の帰属割合

　この点について、信託法には明文の定めがないことから解釈によるところになりますが、残余財産の帰属割合について法定相続分に応じて定まると考

える見解と帰属権利者の頭割りにより定まるという見解があります。

　このように解釈が分かれる以上、可能な限り、当初の信託行為の中で帰属権利者への帰属割合を定めておくのが重要と思われます。

3　東京地判令和3・2・2

　残余財産の帰属が争われたものとして、東京地判令和3・2・2〔裁判例10〕があります。この事案は遺言信託についてのものですが、遺言においては受益者が死亡したら信託を終了とし、帰属権利者は受益者の子としていたところ、受益者の子が先に死亡してしまったというものです。裁判所は黙示の指定があるとして、受益者の子に信託財産が帰属すると判示しました。2と同様に、想定されることについては信託行為に明記するのが望ましいところです。

参考文献
・坂田真吾「信託の終了と財産の帰属変更の課税問題について」信託フォーラム15号（2021年）19頁以下（信託の終了における財産の帰属について、税務との関係も含めて整理したもの）

（菊永将浩）

第3　信託終了後の変更

Q9▶清算受託者の権限と職務

会社においては、いったん解散した後も会社を継続することができますが、信託においても、同じように、信託の終了事由が発生した後でも、関係者全員の合意があれば、信託を継続したり、信託を変更したりすることもできますよね？

A9▶

信託の終了後の再開については、基本的にできないものと考えられます。

キーワード　信託の終了後の再開、清算受託者の権限

▲▲▲▲▲▲▲▲▲▲▲▲▲▲▲▲▲▲▲▲▲▲▲▲▲▲▲▲▲▲▲▲▲▲

1　信託の終了後の受託者の権限

信託が終了した時以後の受託者は、信託法177条に定める清算受託者にあたります。清算受託者の職務内容として、①現務の結了、②信託財産に属する債権の取立ておよび信託債権に係る債務の弁済、③受益債権（残余財産の給付を内容とするものを除く）に係る債務の弁済、④残余財産の給付の四つが明文により定められています（同条1号～4号）。

信託法178条では清算受託者の権限等を定めており、清算受託者は、信託の清算のために必要な一切の行為をする権限を有することのほか、信託行為に別段の定めを置くことができる旨定められています。

2　信託の継続および継続後の信託の変更の可否

信託法において、いったん終了した信託を継続することを想定した定めはありません。1で述べたとおり、信託終了後の受託者である清算受託者の職務も清算業務に限られることからすると、清算受託者にはその権限はないも

のと思われます。

　仮に清算受託者にその権限があると仮定した場合においても、信託の変更は無制限に行いうるものではありません（信託法149条参照）。信託の変更については信託行為に別段の定めを置くことができるものであることから（同条4項）、実際には信託行為の内容と信託法の内容を見ながら検討をする必要があります。

（菊永将浩）

第4 後見制度支援信託・後見制度支援預貯金

Q 10 ▶ 後見制度支援信託・後見制度支援預貯金

　親族後見人となり、家庭裁判所から後見制度支援信託もしくは後見制度支援預貯金の利用を検討するようにとの連絡を受けました。これらは何がどのように違うのでしょうか？　どちらも本人が死亡したら、他の預貯金と同じように相続手続をしてよいのでしょうか？

A 10 ▶

　後見制度支援信託と後見制度支援預貯金は、まず取扱金融機関が異なり、申込みができる者も異なります。他方で、基本的なしくみは同じですが、その法的構成は異なるものです。本人が死亡した場合には、成年後見人や家庭裁判所の指示書による管理ではなくなり、相続財産となります。

　キーワード　後見制度支援信託、後見制度支援預貯金、相続財産、黙示の指定

▲▲▲▲▲▲▲▲▲▲▲▲▲▲▲▲▲▲▲▲▲▲▲▲▲▲▲▲▲▲

1 支援信託の商品性

　後見制度支援信託（以下、「支援信託」といいます）は、親族後見人が管理する預貯金等を200万円～300万円程度として、その余の預貯金等を家庭裁判所の指示書に基づいて、本人を代理して成年後見人が信託銀行等との間で、本人を委託者兼受益者として、信託銀行等を受託者、金銭を信託財産として、受益者死亡により終了する信託契約を締結するものです。合同運用指定金銭信託契約の約款を基に特別約定を行う方法で行われます。

　申込みができるのは、弁護士か司法書士に限られますので、支援信託を活用したい場合には、リレー方式で後見開始の審判の時点では専門職を選任

し、支援信託の組成が完了したら、親族後見人へ引き継いでいくことになります。

信託報酬は各信託銀行等によって異なります。

2 支援預貯金の商品性

後見制度支援預貯金（以下、「支援預貯金」といいます）は、預貯金の普通取引約款に特別約定を定めたもので、家庭裁判所による指示書により、口座開設をするものです。

申込みは、親族後見人や社会福祉士、行政書士など、弁護士や司法書士以外でも行うことができます。支援信託と同じ目的の制度で、類似の機能を有します。

口座開設手数料や口座利用時の金利などが、各金融機関で大きく異なります。また、預金保険制度（ペイオフ）の対象となります。

3 支援信託・支援預貯金の終了時の取扱い

信託財産は、残余財産受益者や帰属権利者の定めのない信託（信託法182条2項）は、帰属権利者としての指定を受けたとみなされる者が相続外で取得することになります。しかし、支援信託は、成年後見制度を補完するしくみとして、財産管理に特化したものであり、また法定後見人が行った行為によって、本人の相続財産の多くを占める預貯金を相続手続から除外することは、亡くなった本人にとっても残された家族にとっても不意な結果となり妥当ではないといえます。法的構成は、①信託期間中の受益者が残余財産受益者を兼ねており受益権の相続であると解する立場、②本人を残余財産受益者とする黙示の指定があったものとする立場、③残余財産に関する信託行為の定めをする立場などがあるところです。

ただ、支援信託についていずれの立場にしても、支援預貯金についても、相続財産として扱う実務上の取扱いは変わりません。

支援信託と支援預貯金の終了後の違いとして、遺産分割前の相続預金の払戻し（民法909条の2）は預貯金債権を対象とするものですので、支援預貯金にのみ適用されます。なお、類推適用の余地については検討が必要です。

4 保佐・補助類型への拡大と成年後見法改正による影響

　成年後見制度利用促進との関係で、支援信託や支援預貯金は、これまで後見類型に限られた利用になっていましたが、保佐・補助類型に拡大する動きが今後みられるものと予測されます。保佐・補助類型では同意権に基づき本人取引を前提とする小口預貯金という枠組みが利用されることになります。

　また、法制審議会民法（成年後見等関係）部会において、成年後見制度の法改正が検討されており、現行法の3類型を維持するか否か、包括的類型を存置する場合でも現行法で運用上後見とされている対象を維持するか否かが議論されていますので、議論の帰趨によっては、支援信託や支援預貯金のしくみの見直しも検討課題となってくるものと思われます。

参考文献
- 片岡雅「後見制度支援信託の現状と課題」銀法796号（2016年）15頁
- 信託法務研究会（令和3年度信託法務研究会報告）「後見制度支援信託が受益者の死亡により終了した場合における残余財産の帰属」信託293号（2023年）19頁以下

（根本雄司）

第2編

民事信託の登記

第1 信託登記の意義

Q 1 ▶ 信託目録に記録すべき事項

信託目録には、何を記録すべきですか？

A 1 ▶

信託目録に記録すべき事項は、不動産登記法97条1項各号に掲げられています。

キーワード　信託目録に記録すべき事項

▲▲▲▲▲▲▲▲▲▲▲▲▲▲▲▲▲▲▲▲▲▲▲▲▲▲▲▲▲▲▲▲▲▲

信託目録に記録すべき事項は、不動産登記法97条1項各号に掲げられています。このうち、民事信託において一般的に登記事項とされるものは、次の①〜⑦です。

① 委託者、受託者および受益者の氏名または名称および住所（同項1号）
② 受益者の指定に関する条件または受益者を定める方法の定めがあるときは、その定め（同項2号）
③ 受益者代理人があるときは、その氏名または名称および住所（同項4号）
④ 信託の目的（同項8号）
⑤ 信託財産の管理方法（同項9号）
⑥ 信託の終了の事由（同項10号）
⑦ その他の信託の条項（同項11号）

なお、不動産登記法97条1項2号所定の受益者の指定に関する条件または受益者を定める方法の定めを登記したとき（②）、4号所定の受益者代理人の氏名または名称および住所を登記したとき（③）には、受益者の氏名または名称および住所を登記する必要はありません（同条2項）。ただし、これらを登記した場合でも、受益者の氏名または名称および住所を登記することは可能です。

（谷口　毅）

Q2▶信託目録の役割

信託目録には、どのような役割がありますか？

A2▶

　信託目録に受託者が受けている債権的な拘束を記録することで、取引の安全を図り、受益者を保護することができます。

キーワード　信託目録の役割

▲▲▲▲▲▲▲▲▲▲▲▲▲▲▲▲▲▲▲▲▲▲▲▲▲▲▲▲▲▲▲▲▲▲▲▲▲

　受託者は、信託財産に属する財産について完全な権利を有しています。財産の所有者は自らの意思で一切の使用・収益・処分を行うことができます。所有権は絶対的・排他的な権利であり、受託者が所有権を有する場合でも、物権としての絶対性・排他性は変わりありません。しかし、受託者は信託行為による債権的な拘束を受けており、権限外の行為を行った場合、一定の要件の下、受託者の行為が取り消される可能性があります（信託法27条）。信託目録に受託者が受けている債権的な拘束を記録することで、取引の安全を図り、受益者を保護することができます。

　信託目録の内容は、登記官が形式的な審査権に基づいて後続の登記の申請を審査する際の基準となります。信託目録の内容と整合しない後続登記の申請は、受理されません（不動産登記法25条6号、昭和43・4・12民甲第664号民事局長回答）。たとえば、「信託財産の管理方法」として「受託者は信託財産に属する不動産を売却することができない」と登記されている場合、後日、受託者が信託財産に属する不動産を売却したとして所有権移転登記及び信託登記の抹消登記を申請しようとしても、受理されません。

　登記官は信託目録に記録されていない事項については、信託法の規定に基づいて後続登記の審査を進めることとなります。たとえば、帰属権利者に関する定めが信託目録に登記されていない場合、委託者またはその相続人その他の一般承継人を帰属権利者として指定する旨の定めがあったとみなして（同法182条2項）、後続の登記の審査が行われます。このように、信託目録の内容と整合しない登記の申請を受理しないと扱うことで、受託者の権限外

の行為を防止し、取引の安全を図ることができます。

　なお、信託目録が信託における規律の維持やコンプライアンスの向上に役立つという見解もあります（渋谷陽一郎『信託登記のための信託目録の理論と実務〔第2版〕』（2023年）174頁）。この見解については、登記官の形式的な審査権に基づいて後続の登記が審査され、結果的に取引の安全が保たれるという限度においては妥当します。ただし、それを超えて、信託目録が信託全体の規律の維持やコンプライアンスの向上に役立つことはありません。これらは、信託法や信託業法といった実体法や規制法によって実現されるべきであり、不動産登記制度で実現されるべきではありません。

　また、受託者が権限外行為をした際に、信託目録に登記された内容については取引の相手方の悪意が事実上推認されることで、権限外行為の取消しが容易になり、受益者が保護されるという見解も存在します。しかし、信託目録に受託者の権限についての記載があることをもって、取引の相手方の悪意が推認されるとはいえません。取引の相手方の内心は、取引に関する諸事情を総合的に考慮したうえで判断されるべきもので、信託目録はそれらの事情の中の一つにすぎません。

　なお、信託受託者の権限外行為であっても、一定の要件を満たした場合に受益者が取り消しうるにすぎず、有効な物権変動が発生しています。登記官が信託目録に整合しない後続登記の申請を受理しないという現行の登記実務の扱いは、有効な物権変動の公示を妨げるものであり、妥当ではないという批判がされています（道垣内弘人『信託法〔第2版〕』（2022年）146頁）。また、後続の登記の可否についての登記官の判断が一律に行われていないため、受託者による取引や、信託の変更・終了等に基づく登記申請の可否の予測が困難になるという弊害が発生しています。

（谷口　毅）

Q3▶信託目録に記録すべき情報の作成

信託目録に記録すべき情報を作成する際には、どのような点に留意する必要がありますか？

A3▶

信託行為の定めの中から、後続の登記に必要な情報を要約・抽出して信託目録に記録すべき情報を作成する必要があります。

キーワード　信託目録に記録すべき情報の作成

▲▲▲▲▲▲▲▲▲▲▲▲▲▲▲▲▲▲▲▲▲▲▲▲▲▲▲▲▲▲▲▲▲▲▲▲▲

信託行為の定めの中から、後続の登記に必要な情報を要約・抽出して信託目録に記録すべき情報を作成する必要があります。後続の登記に関連しない条項については登記する必要がありません。また、信託法の規定を確認的に規定する条項についても、登記する必要がありません。

後続の登記に関係しない条項については、たとえば、①受託者の善管注意義務、忠実義務、帳簿等の作成義務、②信託の計算期間、③信託事務の第三者委託に関する定め、④受託者の損害賠償についての特約、⑤金銭の管理方法、⑥受益者への金銭の給付方法、⑦火災保険などに関する事項などの内容が考えられます。これらの条項を登記しても、信託目録の内容が冗長となるだけで、公示をする意味は乏しいといえます。

次に、信託法の規定を確認的に規定する条項について検討します。たとえば、委託者および受益者は、いつでも合意によって受託者を解任することができます（同法58条1項）。受託者の解任は、後続の登記に関連する条項であるといえますが、その条項が信託法の規定と同一の内容である場合には、信託目録に登記することの意味は乏しいといえます。一方で、たとえば、受託者を解任できる場合を制限する場合や、受益者のみの意思表示によって解任が可能である旨を定める場合など、信託法の原則に変更を加える条項である場合には、登記をする必要があります。

（谷口　毅）

Q4▶信託不動産に対する差押登記

信託財産に属する不動産に対する差押登記の嘱託は受理されますか？

A4▶

　信託財産責任負担債務に係る債権に基づいて信託財産に属する財産を差し押さえる場合、差押命令等の内容から信託財産責任負担債務に係る債権に基づく旨が登記官から判別可能であることを要件として、差押登記が受理されると考えられます。

キーワード　信託財産に属する不動産に対する差押登記

▲▲▲▲▲▲▲▲▲▲▲▲▲▲▲▲▲▲▲▲▲▲▲▲▲▲▲▲

　信託財産責任負担債務に係る債権に基づいて差押えをすることはできますが、受託者が固有財産のみをもって弁済する責任を負う債務に係る債権に基づいて差押えをすることはできません。

　昭和30・12・23民甲第2725号民事局長通達では、信託財産について受託者に対する国税滞納処分による差押登記は受理できないとされています。一方、昭和31・12・18民甲第2836号民事局長通達では、信託財産に対する固定資産税の滞納処分のための差押登記は、当該租税債権の発生期および発生原因を表示した差押調書がある場合に限り、信託事務処理につき生じる権利と解し、受理して差し支えないとされています。

　このことから、信託財産責任負担債務に係る債権に基づいて信託財産に属する財産を差し押さえる場合、差押命令等の内容から信託財産責任負担債務に係る債権に基づく旨が登記官から判別可能であることを要件として、差押登記が受理されると考えられます。

（谷口　毅）

第2 信託目録の公示のルール

Q5 ▶ 所有権登記名義人の肩書や持分

委託者Aが不動産の持分2分の1を所有しているときに、当該持分を受託者Bに信託しました。A持分全部移転および信託の登記をする場合、所有権登記名義人の肩書や持分の表示方法は、通常の所有権登記と異なりますか？

A3 ▶

委託者が持分2分の1を受託者に信託した場合、登記名義人の肩書は「受託者」となり、氏名の後にかっこ書で持分を記載します。

キーワード　所有権登記名義人の肩書や持分

▲▲▲▲▲▲▲▲▲▲▲▲▲▲▲▲▲▲▲▲▲▲▲▲▲▲▲▲▲▲▲▲▲

通常の所有権の登記であれば、持分を有する登記名義人の肩書は「共有者」となり、持分は当該共有者の氏名の前に記載されます。一方、委託者が持分2分の1を受託者に信託した場合、次のように、登記名義人の肩書は「受託者」となり、氏名の後にかっこ書で持分を記載することになります。

権利部（甲区）	（所有権に関する事項）		
順位番号	登記の目的	受付年月日・受付番号	権利者その他の事項
2	A持分全部移転	令和〇年〇月〇日第〇〇〇号	原因　令和〇年〇月〇日信託 受託者　B（受託者持分2分の1）
	信託	余　白	信託目録第〇〇号

なお、受託者が信託財産に属する金銭をもって不動産の持分を取得した場合など、受託者による処分行為を原因とするときには、信託行為の定めに基づいて不動産を取得したものではないため、通常の所有権の登記と同様に、登記名義人の肩書は「共有者」となり、受託者の持分は氏名の前に記録されます。私見では、このように肩書や持分の表記に差異を設けることに合理性はないように思われます。

（谷口　毅）

Q6 ▶ 帰属権利者や次順位の受益者の指定の秘匿

信託行為に帰属権利者や、次順位の受益者の指定についての定めがありますが、依頼者のプライバシーに関する情報ですので、公示したくないと考えています。この場合、信託目録に「帰属権利者についての定めは○○公証役場令和○年第○○○号信託契約公正証書記載の通り」等の振り合いで登記すればよいですか？

A6 ▶

帰属権利者に関する定めや次順位の受益者の指定に関する定めは、遺言に類するものですので、公示を避けることが望ましいという見解があります。一方で、後続登記に先立って更正登記を要するという見解もあり、運用が定まっていません。

キーワード　帰属権利者、次順位の受益者の指定

▲▲▲▲▲▲▲▲▲▲▲▲▲▲▲▲▲▲▲▲▲▲▲▲▲▲▲▲▲▲

帰属権利者に関する定めや次順位の受益者の指定に関する定めは、遺言に類するものですので、公示を避けることが望ましいという見解があります。このような立場からは、信託目録に「公正証書記載の通り」等と記載し、具体的な帰属権利者や次順位の受益者の氏名等を登記しないことができると主張されます。このように信託目録に登記された場合、後続登記の申請の際に公正証書を添付情報とすることで、後続登記が受理されている法務局も存在します。一方で、帰属権利者や次順位の受益者の氏名等が登記されていない場合、後続登記に先立って、信託目録の更正登記が必要と取り扱う法務局も存在します。現時点では、統一的な運用は存在しません。

私見では、後続登記の申請の際に公正証書を添付情報とすることで、信託目録に登記されていなかった情報を補うことについては消極に解しています。登記官は形式的審査権しか有しませんので、法定の添付情報以外の情報を申請人に求めることは原則としてできません。信託契約公正証書を登記審査の資料とすることは、法定の添付情報からは読み取れない実体的な契約関係に関する資料に基づいて登記官が審査を行うことであり、登記官の権限を

越えるものと考えます。

　信託目録は、信託法の原則的な規定と異なる信託行為の定めが存在する場合に、当該信託行為の定めを公示することによって、後続登記の審査基準とするために存在します。帰属権利者の定めや次順位の受益者に関する定めが存在する場合、それを登記することによって、初めて登記官による後続の登記の審査が可能になり、かつ、登記記録の形式的な連続性が保たれるものと考えられます。

　このほかにも、信託の終了事由、信託財産の管理方法、信託の変更の方法など、信託目録の登記事項の大部分を「公正証書記載の通り」として登記している例もみられますが、これらは信託目録による公示を無力化するとともに、後続登記の審査を困難にするものですので、妥当ではないと考えます。

　ただし、実務的にはそれぞれの登記に際して、登記官が相当と認める方法で登記の審査がなされており、このような考え方で一貫しているわけではありません。

（谷口　毅）

Q7 ▶ 受益者の指定条件と指定方法

受益者の指定に関する条件または受益者を定める方法の定めを登記した場合には、受益者の氏名または名称および住所を登記する必要がないとされています。具体的にどのような定めがこれに該当するのですか？

A7 ▶

たとえば、受益者の指定に関する条件としては、「将来生まれてくる孫」などの定めが考えられます。また、受益者を定める方法としては、債権の譲渡に伴って受益者が変動する場合に「○○の債権を有する者」との定めが考えられます。

キーワード　受益者の指定に関する条件、受益者を定める方法

▲▲▲▲▲▲▲▲▲▲▲▲▲▲▲▲▲▲▲▲▲▲▲▲▲▲▲▲▲▲

「受益者の指定に関する条件」または「受益者を定める方法」の定めとは、信託行為の時点において受益者が特定されていないか、または変動することが予定されている場合に、信託行為において、受益者として指定されるべきものの条件または指定の方法を定めたとき、当該条件または方法の定めを登記事項とするものです（鎌田薫ほか編『新基本法コンメンタール不動産登記法〔第2版〕』（2023年）308頁）。

受益者の指定に関する条件の例としては、「将来生まれてくる孫」などの定めが考えられます。この条件は、登記する時点では受益者が存在しない場合に定められるものですので、受益者を登記することができないこととなります。なお、受益者が存在しない信託は法人課税信託となり、税務上の負担も重くなります。

受益者を定める方法の例としては、債権の譲渡に伴って受益者が変動する場合に「○○の債権を有する者」との定めが考えられます。受益者が多数に及ぶ場合や、頻繁に受益者が変動する場合は、受益者の特定自体は可能であるものの、受益者の変更の登記の申請の負担が極めて重くなることから、省略が認められています。なお、この定めを登記した場合であっても、受益者の氏名または名称および住所を登記することは妨げられません。

民事信託においては、受益者が存在しない信託や、受益者の変更登記の申請が極めて重くなるような信託が設定されることは、稀であると思われます。ただし、たとえば後継ぎ遺贈型受益者連続信託において、受益者を定める方法の定めを登記することで、受益者の氏名または名称および住所を登記することを省略することは、一応、可能と思われます。ただし、多くの場合、当該定めは属人的なものであり、受益者を秘匿することでプライバシーを保護したいというニーズには、十分に応えられない可能性が高いと思われます。

(谷口　毅)

Q8 ▶ 権利能力なき社団

権利能力なき社団を受益者として登記できますか？

A8 ▶

権利能力なき社団を受益者として登記することはできません。

キーワード　権利能力なき社団

▲▲▲▲▲▲▲▲▲▲▲▲▲▲▲▲▲▲▲▲▲▲▲▲▲▲▲▲▲▲

　権利能力なき社団は、実体法上は委託者や受益者となることができます。一方、権利能力なき社団を信託目録において受益者として登記することはできません（昭和59・3・2民三第1131号民事局長回答）。

　受益者は、受託者に代位して信託の登記を申請することができますので（不動産登記法99条）、受益者として登記される主体には、登記の申請能力が必要とされます。権利能力なき社団は、実体法上は不動産を所有することも受益権を取得することもできますが、登記制度上、登記の申請能力は認められていません。したがって、権利能力なき社団を受益者として登記することはできないのです。

　権利能力なき社団を委託者として登記することについても同様です。委託者も受託者に代位して信託の登記を申請することができます（不動産登記法99条）。また、信託が終了した際に、委託者を帰属権利者と指定する旨の信託行為の定めがあるとみなされる場合もあります（信託法182条2項）。つまり、委託者として登記される主体にも登記の申請能力が必要とされることから、権利能力なき社団を委託者として登記することもできません。

　以上から、権利能力なき社団が委託者や受益者としての地位を取得した場合には、その代表者または構成員の全員を委託者または受益者として登記することになります。権利能力なき社団の保有する財産に関して信託によって受託者に所有権を移転する場合、自益信託であれば、信託前の所有権登記名義人を委託者および受益者として登記することが多いと思われます。

（谷口　毅）

Q9 ▶ 受益権の持分割合

受益権が複数の受益者の共有に属する場合、持分割合を登記できますか？

A9 ▶

受益権の持分割合は登記事項ではありません。

キーワード　受益権の持分割合

▲▲▲▲▲▲▲▲▲▲▲▲▲▲▲▲▲▲▲▲▲▲▲▲▲▲▲▲▲▲▲▲

　私見では不可能と考えます。受益者の氏名または名称および住所が登記事項と定められていますが（不動産登記法97条1項1号）、受益権の持分割合は登記事項とは定められていません。

　不動産登記法59条4号では、登記名義人が2人以上であるときは当該権利の登記名義人ごとの持分が登記事項となると規定されています。登記できる権利は、同法3条に10種類が列挙されていますが、受益権はその10種類の権利に含まれていません。信託目録に登記されているのは、あくまで受益者の氏名または名称および住所であり、受益権という権利について登記されているものではないと解されます。受益権については同法59条4号の射程外となることから、持分の記載をすることはできないと解されます。

　ただし、持分の登記がされている例も存在しており、実務上の運用が確立しているとはいえません。管轄の法務局の取扱い次第では、受益権の持分の登記が受理されることもあり得ます。

（谷口　毅）

Q10 ▶ 受益権の質権の設定

受益権について質権の設定をした場合、質権の登記をすることはできますか？

A10 ▶

受益権の質権の設定は登記事項ではありません。

キーワード　受益権の質権の設定

▲▲▲▲▲▲▲▲▲▲▲▲▲▲▲▲▲▲▲▲▲▲▲▲▲▲▲▲▲▲

　受益権について質権を設定した場合、その旨の登記はできません。受益者の氏名または名称および住所は登記事項と定められていますが（不動産登記法97条1項1号）、受益権の質入れに関しては登記事項ではありません。

　たとえば、受益権に関して譲渡担保権が設定された場合のように、担保権者に受益権が移転する場合には、受益者の変更登記をする必要があります。一方、受益権について質権を設定したとしても、質権者は受益権を取得するわけではありませんので、受益者の氏名または名称および住所が変更になることはなく、その旨の登記をすることはできません。

　また、商行為によって生じた債権を担保するために設定された質権については、流質契約が認められます（商法515条）。流質契約に基づいて質権が実行された結果、受益権が移転した場合には、受益者変更登記を申請する必要があります。

（谷口　毅）

Q11 ▶ 受益者代理人の就任の条件

一定の条件が成就した場合に受益者代理人が就任する旨の定めがあるときには、どのように登記すべきですか？

A11 ▶

受益者代理人がいまだ就任していない場合には、その就任の条件等は、「その他の信託の条項」の一部として登記します。

キーワード　受益者代理人の就任

▲▲▲▲▲▲▲▲▲▲▲▲▲▲▲▲▲▲▲▲▲▲▲▲▲▲▲▲▲▲▲▲▲▲▲▲

受益者代理人の氏名または名称および住所は、「受益者に関する事項等」の欄に登記します。一方で、受益者代理人がいまだ就任していない場合に、その就任の条件等を「受益者に関する事項等」の欄に登記することはできません。したがって、当該定めを登記する場合には、「その他の信託の条項」の一部として登記します。

信託の効力発生時にこのような定めを登記しなかった場合には、登記記録上の形式的な連続性を欠くとして、受益者代理人の就任による信託の変更登記が受理されない可能性があります。

（谷口　毅）

Q12▶ 複数の信託不動産の関連性

複数の不動産を信託する場合、それらの不動産の関連性を公示することはできますか？

A12▶

信託の登記によって、複数の不動産の関連性を公示することはできません。

キーワード　複数の信託不動産の関連性

▲▲▲▲▲▲▲▲▲▲▲▲▲▲▲▲▲▲▲▲▲▲▲▲▲▲▲▲▲▲

　信託の登記によって、複数の不動産の関連性を公示することはできません。信託目録は不動産ごとに作成されます。一つの申請情報によって複数の不動産を信託した場合、すべての不動産について同一の内容の信託目録が作成されますが、それぞれの信託目録は関連性をもちません。目録番号が別個に付される理由はここにあります。

　なお、「その他の信託の条項」において、同一の信託に属する他の不動産を公示するために、「信託不動産目録」という内容を登記して、他の不動産についての表示を加える例がみられます。しかし、登記官は他の不動産について記録した内容が真実であるかどうかについては審査の対象とすることができません。また、信託した後に、他の不動産について、信託登記の抹消や変更、分筆・合筆、滅失などの登記がなされたとしても、正確に信託目録に反映させるしくみは存在しません。したがって、不正確な登記記録となる可能性が否定できません。信託目録において、他の不動産についての表示を加えることは避けるべきと考えます。なお、他の不動産についての登記が認められた事例と認められなかった事例があり、登記官の判断は分かれているようです。

（谷口　毅）

Q13 ▶ 不動産の追加信託

　不動産を追加信託した場合、信託目録に記録すべき情報や登記原因証明情報に、追加信託である旨を記載すべきですか？

A13 ▶

　追加信託である旨を記載する必要はないと考えます。

キーワード　不動産の追加信託

▲▲▲▲▲▲▲▲▲▲▲▲▲▲▲▲▲▲▲▲▲▲▲▲▲▲▲▲▲▲▲

　追加信託である旨を記載する必要はないと考えます。

　それぞれの不動産について作成された信託目録は、他の不動産との関連性を公示する機能をもちませんので（本編 Q12 参照）、追加信託であることを公示する必要性はありません。

（谷口　毅）

Q 14 ▶ 複数の受益者

一つの信託の信託財産に甲不動産と乙不動産が属しています。甲不動産について受益者A、乙不動産について受益者Bと定められている場合、甲不動産について受益者はAのみを記録しますか、A・B双方を記録しますか？

A 14 ▶

A・B双方を記録するものと考えられます。

キーワード　複数の受益者

▲▲▲▲▲▲▲▲▲▲▲▲▲▲▲▲▲▲▲▲▲▲▲▲▲▲▲▲▲▲▲▲

甲不動産について受益者A、乙不動産に受益者Bと定められている場合、その意味は、受託者が甲不動産の使用収益等の利益を受益者Aに給付し、乙不動産の使用収益等の利益を受益者Bに給付することを指すと考えられます。これは、受益権のうち、受益債権についての定めを置いたものと考えられます。しかし、信託目録には受益者の氏名または名称および住所を登記するものであり、受益債権を登記するものではありません。

受益者が有する権利は、受益債権のみではありません（信託法2条7項）。たとえば、同法92条各号に掲げる権利については、信託行為によって制限することはできませんので、受託者が甲不動産について行った信託事務について、受益者Aと受益者Bの双方が同条各号に掲げる権利を行使することができます。

また、受益者の意思決定については、原則として受益者全員の一致による決定によるものとされています（信託法105条1項）。したがって、甲不動産に関する管理処分の方法等を変更する場合、受託者を解任する場合、受託者の辞任を承諾する場合、信託を合意により終了する場合などには、受益者Aと受益者Bの双方が意思決定を行うことが必要です。受益者Aと受益者Bの双方の作成した書面が後続の登記申請の添付情報となります。

よって、受益者Aと受益者Bの双方が、甲不動産に関する後続の登記の申請人となる可能性や、添付情報の作成名義人となる可能性があることを考えると、受益者Aと受益者Bの双方を信託目録に登記する必要があると考

えられます。

　なお、この考え方を採用する場合、後ほど「信託の終了」の項で検討する内容（本編Q51参照）との整合性がとれません。現在の不動産登記制度では、すべての場合について整合性をもった取扱いを行うことは困難と考えられます。今後の制度上の検討課題といえるでしょう。

（谷口　毅）

第3　信託の設定

Q 15 ▶ 農地の信託

農地について信託による所有権移転登記は受理されますか？

A 15 ▶

原則として信託を原因とする所有権移転登記をすることはできないと考えられます。

キーワード　農地の信託

▲▲▲▲▲▲▲▲▲▲▲▲▲▲▲▲▲▲▲▲▲▲▲▲▲▲▲

　農地法3条2項3号では、信託の引受けにより権利が移転する場合には、同条所定の許可をすることはできないと規定されています。例外的に、農業協同組合または農業協同組合連合会が受託者になる場合には同条の許可を得ることは可能ですが、それ以外の者を受託者とする場合には農地法所定の許可を得ることはできません。

　したがって、原則として信託を原因とする所有権移転登記をすることはできないと考えられます。

　なお、農地を農地以外に転用する場合には、農地法5条に基づく許可や届出が必要となります。同法5条に関しては、同法3条の場合のような受託者に関する制限は存在しません。同法5条では、受託者が農地を保有することにはならないため、その資格を制限する必要がないことが理由であると考えられます。

（谷口　毅）

Q16 ▶ 信託の登記の留保

信託をした不動産について、登録免許税の節約のために、委託者から受託者への所有権移転の登記および信託の登記を申請せず、委託者の名義のままにしてもよいですか？

A16 ▶

信託をした不動産について、登記名義を委託者に留保することは許容されないと解されます。

キーワード　信託の登記の留保

▲▲▲▲▲▲▲▲▲▲▲▲▲▲▲▲▲▲▲▲▲▲▲▲▲▲▲▲▲▲▲▲

信託の登記は、不動産が信託財産に属することに関する対抗要件です（信託法14条）。また、受託者は信託財産に属する財産と固有財産および他の信託の信託財産に属する財産を分別して管理する義務を負っており、分別管理をする方法として、登記または登録ができる財産については登記又は登録をすることが求められています（同法34条1項1号）。この義務は、信託行為の定めによっても免除することはできません（同条2項）。

したがって、受託者への所有権移転の登記および信託の登記を申請せず、登記名義を委託者のまま留保することは、受託者の分別管理義務に違反しますし、対抗要件の具備を怠ることにより受益者に損害を与えるおそれがあることから、善管注意義務にも違反するものと考えられます。

（谷口　毅）

Q17 ▶ 共有不動産の信託

　A・B・C共有の不動産について、A・B・Cを委託者兼受益者、Aを受託者として信託する場合、一つの申請情報によって申請することができますか？

A17 ▶

　受託者であるAを登記権利者、委託者であるA・B・Cを登記義務者として、共有者全員持分全部移転および信託を原因とする登記申請を一つの申請情報で行うことができます。

キーワード　共有不動産の信託

▲▲▲▲▲▲▲▲▲▲▲▲▲▲▲▲▲▲▲▲▲▲▲▲▲▲▲▲▲▲▲

　受託者であるAを登記権利者、委託者であるA・B・Cを登記義務者として、共有者全員持分全部移転および信託を原因とする登記申請を一つの申請情報で行うことができます。

　このような信託については、A持分をAに信託する部分については自己信託であり、B・C持分をAに信託する部分については契約による信託であるから、別個の信託行為であると解する見解が存在します。

　一方で、全体として一つの契約による信託であるという見解も存在します（村松秀樹編著『概説信託法』（2023年）11頁）。平成30・12・18民二第760号民事局民事第二課長通知においては、本ケースは全体として契約による信託であるとして、共有者持分全部移転および信託を原因とする一つの申請情報による登記申請を認めました。

　ただし、実体法上は、A持分は自己信託であり、B・C持分は契約による信託であると解釈される余地は残ります。実体法上無効であると判断されるリスクを回避するため、信託契約を公正証書で締結するなど、自己信託に求められる要式性を満たすことが安全であると思われます。

（谷口　毅）

Q 18 ▶ 借地上の建物の信託

借地上の建物を信託する場合、借地権も建物の所有権に伴って委託者から受託者に移転しますが、賃借権または地上権の移転登記および信託の登記をする義務はありますか？

A 18 ▶

借地権に関する登記がなされている場合には、委託者から受託者への借地権の移転登記および信託の登記をする必要があります。

キーワード　借地上の建物の信託

▲▲▲▲▲▲▲▲▲▲▲▲▲▲▲▲▲▲▲▲▲▲▲▲▲▲▲▲▲▲

　登記または登録ができる財産については、信託の登記または登録をする義務があり、この義務は信託行為の定めによっても免除することができません（信託法 34 条 2 項）。借地権についても、委託者から受託者への移転登記および信託の登記をすることは可能です。しかし、借地権は、その登記がなくても、土地の上に借地権者が登記されている建物を所有するときは、これをもって第三者に対抗することができます（借地借家法 10 条 1 項）。現実には借地権の登記がなされることは多くはありません。

　このような場合には、借地上の建物について委託者から受託者への所有権の移転登記および信託の登記を申請すれば、底地については借地権に関する登記がなくとも、第三者に対して借地権が信託財産に属することを対抗することができます。ただし、借地権に関する登記がなされている場合には、委託者から受託者への借地権の移転登記および信託の登記をする必要があります（村松秀樹編著『概説信託法』（2023 年）39 頁）。

（谷口　毅）

第4 受託者による信託財産の処分

Q 19 ▶ 受託者の処分行為

信託目録に「受託者は不動産の処分ができる」と記録されている場合、売買や抵当権の設定、地上権の設定など、受託者が行うすべての処分行為に関する後続登記の申請が可能ですか？

A 19 ▶

受託者が行うことができる処分行為の具体的な内容を登記する必要はなく、概括的な定めを登記することによって足りるものと解されます。法務局によっては、具体的な内容が必要と判断されることもあります。

キーワード　受託者の処分行為

▲▲▲▲▲▲▲▲▲▲▲▲▲▲▲▲▲▲▲▲▲▲▲▲▲▲▲▲▲▲▲▲

受託者は、信託財産に関して完全な所有権を有しており、信託財産の管理や処分その他信託の目的の達成のために必要な行為を、自らの裁量で行うことができます（信託法26条）。受託者がどのような処分を行うのかは、信託の目的に照らして受託者の裁量に基づいて判断することができます。

私見では、受託者が行うことができる処分行為の具体的な内容を登記する必要はなく、処分行為ができるとの概括的な定めを登記することによって足りるものと解しています。

一方、どのような処分行為ができるのかを信託目録に具体的に記録しておかなければ、後続の登記は受理されないとの取扱いをする法務局も存在します。また、受託者が区分地上権を設定する登記を申請する際には、あらかじめ信託目録に区分地上権を設定する権限がある旨を登記しておくべきとの見解を記した文献も存在します（横山亘『信託登記の照会事例2』（2023年）149頁）。

私見ではこのような見解には否定的ですが、登記実務上は、具体的な処分

方法が信託目録に記録されていない場合には、後続の登記申請が受理されないリスクが存在することを認識すべきと思われます。

（谷口　毅）

Q20 ▶ 受益者の承諾や指図

信託目録に、受託者による不動産の処分に関して受益者の承諾や指図が必要であるとの定めが登記されている場合、後続の不動産の処分の登記を申請するにあたり、受益者の承諾や指図を証する情報の添付は必要ですか？

A20 ▶

受益者の承諾書や指図書を添付することが望ましいと考えます。

キーワード　受益者の承諾や指図

▲▲▲▲▲▲▲▲▲▲▲▲▲▲▲▲▲▲▲▲▲▲▲▲▲▲▲▲▲▲▲

1　受益者の承諾

不動産の処分に関して受益者の承諾が必要であるとの定めが信託目録に登記されている場合について検討します。

「受託者は受益者の承諾を得て管理処分をする」との旨が信託目録に記録されている場合には、受益者の承諾書を添付すべきであるとされています（登記研究508号「質疑応答」）。したがって、受益者の承諾書（印鑑証明書付き）が第三者の許可、同意または承諾を証する書面（不動産登記令7条1項5号ハ）であると取り扱われることになります。なお、実務上は、登記原因証明情報において受益者の承諾があった旨の記載をすれば、受益者の承諾書の添付をしないでも登記の申請が受理されている例も存在しており、運用が確立しているとはいえません。

2　受益者の指図

受託者が不動産の処分に関して受益者の指図に従うとの定めが信託目録に登記されている場合について検討します。

不動産登記令の文言を形式的に解釈すれば、受益者の指図は、不動産登記令7条1項5号ハの「第三者の許可、同意又は承諾」に該当しないとの考え方も成り立ち得ます。

しかし、受益者の指図を要する旨の定めは、登記原因となる法律行為が受

託者の権限の範囲内で正当に成立することについて第三者の意思表示を要求する規定ですから、受益者の承諾を要する旨の定めと類するものであるという見解も成り立ち得ます。このような立場から、第三者の指図書（印鑑証明書付）の添付を要するという見解が存在します（横山亘『信託登記の照会事例2』（2023年）56頁）。

3　実務対応

　以上から、信託目録に、受託者による不動産の処分に関して受益者の承諾が必要であると登記されている場合、受益者の指図に従うと登記されている場合のいずれであっても、受益者の承諾書や指図書（印鑑証明書付き）を添付することが現時点では望ましいと考えますが、法務局によって取扱いが異なるため、確定的なことはいえません。

（谷口　毅）

Q21 ▶ 信託目録に記録すべき事項の遺漏

信託目録に記録すべき事項を遺漏していた場合、登記原因証明情報の中に遺漏していた事項を記載して信託目録を補うことによって、後続の登記を申請することはできますか？　また、信託の変更があった場合に、信託目録の変更登記を申請しないで後続登記を申請することができますか？

A21 ▶

信託目録の記録内容と後続登記の内容に矛盾が生じる場合、後続登記に先立ち、信託目録の変更または更正の登記をする必要があります。

キーワード　信託目録に記録すべき事項の遺漏

▲▲▲▲▲▲▲▲▲▲▲▲▲▲▲▲▲▲▲▲▲▲▲▲▲▲▲▲▲▲▲▲▲

登記官は、信託目録に登記された内容と整合しない登記を受理することはできません。したがって、信託目録の記録内容と後続登記の内容に矛盾が生じる場合、後続登記に先立ち、信託目録の変更または更正の登記をする必要があります。

たとえば、信託行為の中に帰属権利者の定めがあるにもかかわらず、信託目録にその旨の登記がされていない場合、信託の終了によって帰属権利者に信託財産に属する不動産を引き継ぐ旨の所有権移転登記および信託登記の抹消登記を申請する際には、信託目録の更正登記を申請する必要があります。登記原因証明情報中に、当初の信託行為の定めには帰属権利者の指定があった旨を記載しても、信託目録の更正登記を省略することはできません。

また、たとえば、信託行為の中に帰属権利者の定めがなく、後日、信託の変更によって帰属権利者の定めを加えた場合、信託の終了によって帰属権利者に信託財産に属する不動産を引き継ぐ旨の所有権移転登記および信託登記の抹消登記を申請する際には、前提として信託目録の変更登記を申請する必要があります。登記原因証明情報の中に、信託の変更によって帰属権利者の定めを加えた旨を記載しても、信託目録の変更登記を省略することはできません。

（谷口　毅）

Q 22 ▶ 信託不動産の第三者への贈与

受託者が信託財産に属する不動産を第三者に贈与する登記は、受理されますか？

A 22 ▶

①信託目録に登記された信託の目的との整合性、②信託目録に登記された受託者の処分権限との整合性、③忠実義務との関係という三つの視点から検討を加えるべきと考えられます。

キーワード　信託不動産の第三者への贈与

▲▲▲▲▲▲▲▲▲▲▲▲▲▲▲▲▲▲▲▲▲▲▲▲▲▲▲▲▲▲▲▲

1　信託目録に登記された信託の目的との整合性

信託目録に登記された信託の目的との整合性（①）について検討します。

たとえば、家屋を建築するための資金を得ることが信託の目的となっている場合に、贈与による所有権移転登記が申請された場合、却下されます（昭和43・4・12民甲第664号民事局長回答）。信託の目的に反する贈与の登記は受理されません。

2　信託目録に登記された受託者の処分権限との整合性

信託目録に登記された受託者の処分権限との整合性（②）について検討します。

どのような処分行為ができるのかを信託目録に具体的に記録しておかなければ、後続の登記は受理されないとの取扱いをする法務局も存在します（本編Q 19参照）。私見ではこの取扱いには消極的ですが、このような法務局においては、受託者が第三者に対して不動産を贈与することができる旨をあらかじめ信託目録に登記していなければ、贈与の登記が受理されないこととなります。

3 忠実義務との関係

　忠実義務との関係（③）について検討します。

　受託者には忠実義務（信託法30条）が課されており、受益者の利益の犠牲の下に、自己または第三者の利益を図ってはなりません。信託財産に属する財産を第三者に贈与することは、第三者に利益を与えることになる一方、受益者の利益を犠牲にするものと登記官に判断され、受理されないと扱われる可能性があります。私見では、このような取扱いには否定的です。

　信託法上、忠実義務違反と認定されるためには、受託者が受益者の利益の犠牲の下に自己または第三者の利益を図る意思をもって行為することが必要であり（道垣内弘人『信託法〔第2版〕』（2022年）247頁）、具体的・実質的に判断されることとなります。行為の外形から忠実義務違反と判断することはできません。したがって、第三者に対する贈与が行われたからといって忠実義務違反に該当するとはいいきれず、登記官の形式的な審査権という限界から考えて、忠実義務違反について登記官が判断を行うことは困難と考えられますが、それでもなお、実務上は受理されないと扱われる可能性があることを認識しておくべきだと思われます（横山亘『信託登記の照会事例2』（2023年）159頁）。

　なお、信託法の条文上は、忠実義務違反を許容する場合の手続については明文で定められていませんが、利益相反行為の許容に関する条文（同法31条2項）を参考に判断すべきと解釈されます。たとえば、あらかじめ当該贈与を許容する旨の信託行為の定めを置いている場合（同項1号）には、そもそも義務違反が存在しないと考えられます。この場合、あらかじめ信託目録に当該贈与を許容する旨の定めが登記されている必要があります。また、受益者に当該贈与に関する重要な事実を開示したうえで承認を得た場合（同項2号）は、忠実義務の解除事由が存在すると考えられます。この場合、贈与の登記申請に際して、受益者の承諾書（印鑑証明書付き）を添付する必要があります。

　受託者が当該贈与をすることが信託の目的の達成のために合理的に必要と認められる場合であって、受益者の利益を害しないことが明らかであると

き、または当該贈与が信託財産に与える影響、当該贈与の目的および態様、受託者の受益者との実質的な利害関係の状況その他の事情に照らして正当な理由がある場合（信託法31条2項4号）にも、受託者には忠実義務違反は成立しません。このような理由がある場合には、登記原因証明情報にその旨を記載したうえで登記を申請することが考えられます。たとえば、道路の拡幅工事等のために、信託財産に属する不動産の一部を分筆して地方公共団体等に寄付する場合に、忠実義務違反を理由として登記の申請が受理されないこともありますが、このような場合には同号に該当することが多いのではないかと考えます。なお、同号は、総合的な事情によって忠実義務違反が成立しないという規定ですので、本来は登記官の形式的な審査権には馴染まないと考えています。

4　実務対応

　以上をまとめると、受託者が第三者に不動産を贈与する場合には、①信託目録に記録された信託の目的と矛盾しないことが重要です。また、②受託者が第三者に対して不動産を贈与することができる旨をあらかじめ信託目録に登記していなければ、贈与の登記が受理されないと取り扱う法務局も存在することに配慮しなければなりません。さらに、③忠実義務違反であると登記官に判断される可能性についても検討が必要です。忠実義務違反については、形式的な審査権しかもたない登記官が判断することは困難と考えざるを得ませんが、今後の制度上の検討課題と思われます。

（谷口　毅）

Q23 ▶ 第三者を債務者とする抵当権の設定

受益者以外の第三者を債務者とする抵当権の設定はできますか？

A23 ▶

①信託目録に登記された信託の目的との整合性、②信託目録に登記された受託者の処分権限との整合性、③忠実義務との関係という三つの視点から検討を加えるべきと考えられます。

キーワード　信託不動産の抵当権の設定

▲▲▲▲▲▲▲▲▲▲▲▲▲▲▲▲▲▲▲▲▲▲▲▲▲▲▲▲▲▲▲▲▲▲▲▲▲▲

1　信託目録に登記された信託の目的との整合性

信託目録に登記された信託の目的との整合性（①）について検討します。

建物を処分し、得た金銭は有価証券に投資するまたは預金するという目的の信託において、第三者のために受託者が物上保証をすることは認められないとする先例が存在します（昭和41・5・16民甲第1179号民事局長回答）。信託の目的に反する抵当権の設定登記の申請は受理されません。

2　信託目録に登記された受託者の処分権限との整合性

信託目録に登記された受託者の処分権限との整合性（②）について検討します。

どのような処分行為ができるのかを信託目録に具体的に記録しておかなければ、後続の登記は受理されないとの取扱をする法務局も存在します。すでに述べたとおり（本編Q22参照）、私見ではこの取扱いは疑問です。

3　忠実義務との関係

忠実義務との関係（③）について検討します。

すでに述べたとおり（本編Q22参照）、忠実義務違反に該当するかどうかについては、受託者の内心の意思も含めた具体的・実質的な判断が要求されるため、登記官の形式的な審査権による判断に馴染むものではありません。

しかし、現状の登記実務では、登記官によって外形的に忠実義務違反について判断され、登記が受理できないと扱われる可能性を意識しなければなりません。

したがって、第三者を債務者とする抵当権設定登記の可否については利益相反行為の許容に関する条文を参考に、忠実義務違反と判断されるリスクを検討すべきと思われます。あらかじめ当該抵当権の設定を許容する旨の信託行為の定めがある場合（信託法31条2項1号）には、そもそも義務違反がないと考えられます。また、当該抵当権の設定に関する重要な事実を開示したうえで承認を得た場合（同項2号）には、忠実義務違反の解除事由があると考えられます。受託者が当該抵当権の設定をすることが信託の目的の達成のために合理的に必要と認められる場合であって、受益者の利益を害しないことが明らかであるとき、または当該抵当権の設定が信託財産に与える影響、当該抵当権の設定の目的および態様、受託者の受益者との実質的な利害関係の状況その他の事情に照らして正当な理由がある場合（同項4号）にも、受託者には忠実義務違反は成立しません。

なお、昭和41・5・16民甲第1179号においては、第三者の債務を担保するための抵当権設定登記については、委託者および受益者の承諾があった場合であっても認められないとされていますが、現在では妥当しないと考えられます。旧信託法の下では、利益相反行為を行うためには、やむを得ない事情がある場合に、裁判所の許可を得ることが要件となっていましたが、現行信託法ではそのような規定になっていないからです。

具体的なケースにおいて、実体法上、忠実義務違反に該当するのかどうか判断に迷うこともあり得ます。たとえば委託者兼受益者が、従前より会社を経営していた場合において、委託者兼受益者が元気であれば当該会社の借入れに係る債権を被担保債権として不動産を担保に供していたであろうと推定される場合、受託者が信託財産に属する不動産を担保に供することが許容されるのかどうかについては、いまだ定まった見解は存在しません。

受託者が実現すべきなのは、純粋な受益者の経済的な利益であるという観点に立てば、このような担保提供は許容されないと考えられます。しかし、成年後見制度において、本人の経済的な利益のみを追求するのではなく、愚

行権も含めた本人の意思を尊重するのと同様、信託においても委託者の意思の実現をめざすべきであるという考え方も成り立ちます。このような立場に立つ場合、受託者の信託事務の内容は、必ずしも受益者の経済的な利益の追求に収斂しないものと思われ、受託者による担保の提供が許容されると考えられます。

　私見では、信託の目的の中にこのような委託者の意思が表明されている場合には、第三者に担保提供をすることも受託者の信託事務に含まれているため、受託者が担保を提供することは忠実義務違反を構成しないと考えますが、今後の議論が待たれるところです。

（谷口　毅）

Q 24 ▶ 居住用不動産の新築と登録免許税の軽減

受託者が受益者の居住用不動産を新築する場合、所有権保存登記や抵当権設定登記に関して、登録免許税の軽減を受けることは可能ですか？

A 24 ▶

登録免許税の軽減は、原則として受けられないものと考えられます。

キーワード　居住用不動産の新築、登録免許税の軽減

▲▲▲▲▲▲▲▲▲▲▲▲▲▲▲▲▲▲▲▲▲▲▲▲▲▲▲▲▲▲▲▲▲▲▲▲

居住用不動産を新築した場合には、租税特別措置法72条の2～75条に規定された要件を満たせば、所有権保存登記や抵当権設定登記の際に、登録免許税の軽減を受けることができます。この要件のうちに、住宅用家屋を取得した個人の居住の用に供することという内容が含まれています。

しかし、受託者が住宅用家屋を取得し、受益者が居住する場合には、この要件を満たしません。租税特別措置法の規定には、相続税法9条の2等の他の法令のように、受益者が権利を保有するものとみなす等の規定は存在しないことに注意が必要です。

実務においては、市区町村にて登録免許税の軽減のために必要な証明書が発行され、法務局にて登録免許税が軽減された事例は存在しますが、法律上は困難と考えられます。

（谷口　毅）

Q25 ▶ 信託不動産の持分の第三者への一部売却

不動産の所有権全部を受託者が所有しており、信託登記もされています。そのうちの持分の一部を第三者に売却した場合、信託登記の変更登記は必要ですか?

A25 ▶

特段の手続は必要がない見解と、信託登記の変更登記が必要であるという見解があり、実務上の取扱いは定まっていません。

キーワード　持分の第三者への一部売却

▲▲▲▲▲▲▲▲▲▲▲▲▲▲▲▲▲▲▲▲▲▲▲▲▲▲▲▲▲▲

受託者が信託財産に属する不動産の持分の一部を第三者に売却した場合、売却した持分は信託財産に属する財産ではなくなります。第三者への所有権一部移転の登記がなされれば、移転した持分が信託財産に属する財産ではないことは公示上明らかですので、信託登記の変更登記は必要ないという見解が存在します（登記研究581号「登記簿」）。この見解によれば、受託者は買主と共同して所有権一部移転の登記を申請すればよいと考えられます。

一方、公示をわかりやすく明瞭なものとするためには、信託の登記の変更をするのが相当であるという立場も存在し、次のような登記記録例を示した文献も存在します（藤原勇喜『信託登記の理論と実務〔第3版〕』(2014年) 394頁）。この立場によれば、所有権一部移転の登記の申請と同時に、信託財産の処分を原因とする信託の変更登記も申請することになると考えられます。

権利部（甲区）	（所有権に関する事項）		
順位番号	登記の目的	受付年月日・受付番号	権利者その他の事項
3	所有権一部移転	令和○年○月○日 第○○○号	原因　令和○年○月○日売買 共有者　持分3分の1　B
	○番信託登記変更	余　白	信託目録第○○号 原因　信託財産の処分 信託財産　A持分

（谷口　毅）

Q 26 ▶ 信託財産と固有財産からの資金の拠出①

　受託者が不動産を購入するにあたり、資金の一部を信託財産に属する財産から拠出し、一部を固有財産に属する財産から拠出します。この資金の拠出の割合に応じて、持分の一部を固有財産に属する財産として、一部を信託財産に属する財産として登記することはできますか？

A 26 ▶

　資金の拠出の割合に応じて、持分の一部を固有財産に属する財産として、一部を信託財産に属する財産として登記することができます。

キーワード　信託財産と固有財産からの資金の拠出

▲▲▲▲▲▲▲▲▲▲▲▲▲▲▲▲▲▲▲▲▲▲▲▲▲▲▲▲▲▲▲▲▲▲▲▲▲▲

　受託者が不動産を購入するにあたり、持分の一部を固有財産に属する財産として、一部を信託財産に属する財産として取得した場合、登記識別情報はあわせて1通のみを発行するという見解が示されています（登記研究879号「質疑応答」）。

　この場合、登記の目的は「所有権移転及び受託者甲持分2分の1は信託財産の処分による信託」の振り合いで記録するものとされています。また、登記記録中の「権利者その他の事項」の欄は、「原因　令和〇年〇月〇日売買　所有者　〇市〇町〇番地　持分2分の1　甲　受託者　〇市〇町〇番地　甲（受託者持分2分の1）」の振り合いで記録するものとされています。

　なお、信託財産の処分によって不動産を購入した場合には、所有権登記名義人の肩書は「共有者」となり、持分は氏名の前に書かれる取扱いとなっていますが（本編Q5参照）、この質疑応答における記載例とは整合せず、疑問が残ります。さらに、このように登記をした後に、受託者が固有財産に属する持分の一部のみ、または信託財産に属する持分の一部のみを売却した場合に、どのように記載すべきかは判然としません。

（谷口　毅）

Q 27 ▶ 信託財産と固有財産からの資金の拠出②

　受託者が建物を新築するにあたり、資金の一部を信託財産に属する財産から拠出し、一部を固有財産に属する財産から拠出します。この資金の拠出の割合に応じて、持分の一部を固有財産に属する財産とし、一部を信託財産に属する財産として登記する場合、表題登記や所有権保存登記はどのように申請すればよいですか？

A 27 ▶

　表題登記に関しては、固有財産に属する持分と信託財産に属する持分を区別せず登記し、所有権保存登記に関しては、同時に信託の登記を申請する必要があります。

キーワード　信託財産と固有財産からの資金の拠出

▲▲▲▲▲▲▲▲▲▲▲▲▲▲▲▲▲▲▲▲▲▲▲▲▲▲▲▲▲▲

　表題登記に関しては、所有者の氏名または名称および住所ならびに所有者が2人以上であるときはその所有者ごとの持分を登記すべきとされています（不動産登記法27条3号）。信託の登記は権利に関する登記の一種ですので、表題部にて信託の登記をすることはできません。受託者である旨の肩書を付すこともできません。したがって、固有財産に属する持分と信託財産に属する持分を区別せず、所有者の氏名または名称および住所を登記することになります。

　一方、所有権保存登記を申請する際には、同時に信託の登記を申請する必要があります。この場合、次のような記載例によるべきとする見解があります（横山亘『信託登記の照会事例2』（2023年）68頁）（なお、本編Q26で紹介した質疑応答における記載例とは整合性がありません）。さらに、このように登記をした後に、受託者が固有財産に属する持分の一部のみ、または信託財産に属する持分の一部のみを売却した場合に、どのように記載すべきかは判然としません。

第4 受託者による信託財産の処分

権利部（甲区）（所有権に関する事項）			
順位番号	登記の目的	受付年月日・受付番号	権利者その他の事項
1	所有権保存	令和○年○月○日 第○○○号	所有者　○○市○○町○番地 甲
	甲持分10分の3の信託財産処分による信託	余　白	信託目録第○○号

（谷口　毅）

第2編　民事信託の登記

第5　信託と担保権

Q 28 ▶ 抵当権・根抵当権の設定①

　委託者が所有する不動産について、委託者を債務者とする抵当権が設定されています。この不動産について、信託によって受託者に所有権を移転し、以後、受託者が信託財産に属する金銭の中から被担保債権に係る債務の返済をしたいと考えています。この場合、抵当権について債務者の変更登記の必要はありますか？　根抵当権の場合はどうですか？

A 28 ▶

　抵当権については免責的債務引受または併存的債務引受を原因とする債務者の変更登記をし、根抵当権については債務者と債権の範囲の変更登記をします。

キーワード　抵当権・根抵当権の設定
▲▲▲▲▲▲▲▲▲▲▲▲▲▲▲▲▲▲▲▲▲▲▲▲▲▲▲▲▲▲▲

1　抵当権の場合

　委託者が債務者となっている抵当権について、信託を設定した後に被担保債権の債務者を受託者に変更する場合、信託行為において被担保債権に係る債務を信託財産責任負担債務とする旨の定めを置いたうえで、受託者が委託者の債務を引き受けるのが一般的です（信託法21条1項3号）。したがって、免責的債務引受または併存的債務引受を原因とする債務者の変更登記をします。

　免責的債務引受の手続による場合には、受託者のみが債務者となります。一方、併存的債務引受の手続による場合には、委託者と受託者が連帯債務者となります。この債務引受の手続は民法の規定に基づくものですので、信託である場合であっても、登記申請の方法は通常の債務者変更登記と変わりが

ありません。

2 根抵当権の場合

　根抵当権の場合であっても、抵当権の場合と同様、信託行為において被担保債権に係る債務を信託財産責任負担債務とする旨の定めを置いたうえで、受託者が委託者の債務を引き受けることになります。

　たとえば、従前の根抵当権の債権の範囲が「銀行取引　手形債権　小切手債権」であり、債務者として「A」が登記されている場合を想定します。また、受託者はBであるとします。

　免責的債務引受であれば、債務者をBに変更したうえで、債権の範囲を「銀行取引　手形債権　小切手債権　年月日債務引受（旧債務者A）に係る債権」と変更する登記を申請します。

　一方、併存的債務引受であれば、債務者をA・B両名としたうえで、債権の範囲を「債務者Aにつき　銀行取引　手形債権　小切手債権　債務者Bにつき　銀行取引　手形債権　小切手債権　年月日債務引受（旧債務者A）に係る債権」と変更する登記を申請します。

　このような債務者の変更登記を申請する前提として、信託目録中に、受託者が債務引受を行うことができる旨を登記する必要があるとの見解も存在するので、注意が必要です（横山亘『信託登記の照会事例2』（2023年）160頁）。

（谷口　毅）

Q 29 ▶ 抵当権・根抵当権の設定②

受託者が金融機関から借り入れ、返済を信託財産に属する金銭の中から行う場合、抵当権の債務者として、受託者である旨の肩書を登記することができますか？

A 29 ▶

私見では不可能です。ただし、受託者である旨の肩書を付した登記申請が受理されている事案は存在しますので、運用は確立していません。

キーワード　抵当権・根抵当権の設定

▲▲▲▲▲▲▲▲▲▲▲▲▲▲▲▲▲▲▲▲▲▲▲▲▲▲▲▲▲

信託財産は人格を有しないため、金融機関からの借入れを行ったのは受託者です。したがって、信託財産を独立した取引の主体として公示する意味はありません。信託財産責任負担債務に関しては、固有財産と信託財産の両方が責任財産となりますが、これは、信託財産が独立した取引の主体とはなり得ないことからの帰結となります。受託者による借入れが信託事務の一環であったかどうかは、被担保債権の性質には一切の影響を与えません。

ここで、受託者が信託事務の一環として借入れを行った場合と、信託と無関係に借入れを行った場合の違いを検討します。

信託事務の一環として借入れを行う場合、受託者は、①信託のためにする意思をもって借入れを行うこととなります。また、②受託者の権限内の行為であることが必要です（道垣内弘人『信託法〔第2版〕』（2022年）82頁）。この二つの要件を満たすことによって、受託者の行為の効力が正当に信託財産に帰属します。

①は、受託者の内心の意思の問題ですから、登記すべき事項ではありません。②は、抵当権の公示とは無関係ですから、これも登記すべき事項ではありません。登記原因の日付と債務者の住所・氏名・債権額等が公示されれば、抵当権の被担保債権の特定には十分であり、競売手続等において支障を来すことや、当該不動産に関して取引関係に入る第三者の権利を害することはないと考えられます。

一方、根抵当権において、金融機関から受託者が複数の借入れをしている場合に、信託財産責任負担債務に係る債権のみを担保し、信託とは無関係の債権については担保させたくないという事例を考えてみましょう。この場合は、信託事務の一環としての借入れか、信託と無関係の借入れなのかという違いを公示する必要があります。このような場合には、たとえば債権の範囲を「令和年月日信託契約（委託者甲）の受託者としての銀行取引」といった振り合いで記録することが認められた例が存在します（日本司法書士会連合会民事信託等財産管理業務対策部編『任意後見と民事信託を中心とした財産管理業務対応の手引き』(2023 年) 151 頁)。

　抵当権または根抵当権の登記においては、債務者の氏名または名称および住所を登記すべきとされており（不動産登記法 83 条 1 項 2 号）、当事者が柔軟に肩書等を変更することは困難であると思われます。一方、抵当権の場合の登記原因や根抵当権の債権の範囲に関しては、一定の柔軟性をもった記載が認められることから、信託事務の一環としての借入れであることを明記する必要がある場合には、登記原因または債権の範囲の記載方法を工夫することが望ましいと考えられます。

　なお、受託者が自己から金銭の借入れを行い、抵当権の設定を行う場合には、債権者と債務者が同一となり、公示上紛らわしいことから、「債務者　何市何町何番地　何信託銀行（平成何年信託目録第何号受託者）」との振り合いにより表示することが許容されるとの見解も存在します（登記研究 743 号「質疑応答」）。しかし、これは債権者と債務者が同一となる事例において、混同により被担保債権が消滅していると誤認されるのを防ぐための取扱いですので、その他の場合に一般化することは困難と思われます。

（谷口　毅）

Q 30 ▶ 抵当権と受託者の交代

受託者が金融機関から借り入れ、抵当権を設定したうえで、信託財産に属する金銭の中から返済を行っていました。前受託者の任務が終了し、新受託者が就任した場合、抵当権の債務者をどのように変更すべきですか？

A 30 ▶

債務者は前受託者と新受託者となり、双方が債務の全額について責任を負うため、両者は連帯債務者となります。この場合、いかなる登記を申請すべきかを明示した文献等は見当たりません。ここでは、私案として登記申請の方法を記載します。

キーワード　抵当権と受託者の交代

▲▲▲▲▲▲▲▲▲▲▲▲▲▲▲▲▲▲▲▲▲▲▲▲▲▲▲▲▲▲▲▲▲▲▲▲

信託財産責任負担債務については、固有財産と信託財産の双方が責任財産となっています。受託者の任務が終了し、新受託者が就任した場合、新受託者は、前受託者の任務の終了時（辞任により前受託者の任務が終了したときは新受託者の就任時）に、前受託者の権利義務を承継したものとみなされます（信託法75条1項）。ただし、新受託者は信託財産のみをもって債務を弁済する責任を負い（同法76条2項）、前受託者は引き続き固有財産をもって弁済する責任を負います（同条1項）。この場合、債務者は前受託者と新受託者となり、双方が債務の全額について責任を負うため、両者は連帯債務者となります。

この場合、いかなる登記を申請すべきかを明示した文献等は見当たりません。私案としては、登記原因を「令和○年○月○日信託法75条1項による承継」としたうえで、連帯債務者を前受託者と新受託者の両名とする抵当権の変更登記をすると考えます。新受託者のみを債務者としたい場合には、別途、免責的債務引受による債務者の変更登記を申請する必要があると考えられます。前受託者の債務を新受託者が引き受けた場合、当該債務引受は信託事務執行ではないため、新受託者は固有財産をもって引き受けた債務を弁済する責任を負います。その結果、新受託者が信託法75条1項の規定により

負う責任は信託財産が責任財産となり、債務引受によって負う責任は固有財産が責任財産となります。

　なお、前受託者の任務が死亡によって終了した場合、新受託者が信託財産をもって弁済する責任を負い、前受託者の相続人は固有財産をもって弁済する義務を相続によって承継することになります。この場合の登記については、私案として、登記原因を「令和〇年〇月〇日相続　同日信託法 75 条 1 項による承継」としたうえで、連帯債務者を新受託者および前受託者の相続人の全員とすることが考えられます。その後、新受託者のみを債務者とする場合には、前受託者の相続人全員の債務を新受託者が免責的に引き受け、新受託者のみを債務者として登記することが必要になると考えます。

　なお、仮に新受託者が前受託者の相続人のうちの 1 人である場合には、新受託者は、信託法 75 条 1 項により承継した責任と、相続により承継した責任を併有することとなります。この後、他の相続人の債務を引き受けた場合、結果的に債務者は 1 人となりますが、1 人の中に連帯債務者としての地位を併有していることは変わらないため、肩書は「連帯債務者」となると思われます。

　また、受託者が債務者となって借入れを行う事例では、所有権登記名義人も受託者となっていることが多いと思われます。その場合には、上記の債務者の変更登記の前提として、新受託者への所有権移転登記が必要となります。

（谷口　毅）

Q 31 ▶ 根抵当権と受託者の交代①

受託者が金融機関から借り入れ、債権の範囲を「銀行取引」とする根抵当権を設定したうえで、返済を信託財産に属する金銭の中から返済を行っていました。根抵当権の確定前に前受託者の任務が終了し、新受託者が就任した場合、債務者に関してどのような変更登記をすべきですか？

A 31 ▶

債務者を新受託者として取引を継続する場合には債務者と債権の範囲の変更登記が必要になります。ここでは、私案として登記申請の方法を記載します。

キーワード　根抵当権と受託者の交代

▲▲▲▲▲▲▲▲▲▲▲▲▲▲▲▲▲▲▲▲▲▲▲▲▲▲

根抵当権は、抵当権とは異なり、根抵当権者と債務者との間の取引で発生する一定の範囲の債権を担保するものです。すでに検討したとおり（本編Q 30 参照）、受託者の任務が終了して、新受託者が就任した場合、前受託者は固有財産を責任財産として、新受託者は信託財産を責任財産として、それぞれが全額の債務を負担することになります。受託者の任務が終了したとしても、前受託者は依然として債務全額の支払義務を負いますので、根抵当権の変更の登記は必要がありません。ただし、実務上は債務者を新受託者に変更したうえで金融機関との取引を継続することが多いと思われます。

前受託者から新受託者が信託法 75 条 1 項により承継した債務は、根抵当権者と新受託者との間の取引によって発生した債権とはいえません。したがって、根抵当権の債務者を新受託者に変更すると、前受託者から新受託者が承継した債務が変更後の根抵当権によって担保されなくなることに注意が必要です。新受託者が承継した債務を担保させるためには、私案として、債権の範囲に「銀行取引」のほかに、「令和○年○月○日信託法 75 条 1 項により○○より承継した債務のうち変更前根抵当権の被担保債権の範囲に属するものに係る債権」を加えることが考えられます。また、前受託者から債務引受を行い、当該債務を根抵当権によって担保させる場合には、債権の範囲に

「年月日債務引受(旧債務者○○)に係る債権」を加える変更登記が必要と思われます。

　なお、所有権登記名義人が受託者となっている場合には、上記の債務者および債権の範囲の変更登記の前提として、新受託者への所有権移転登記が必要となります。

(谷口　毅)

Q 32 ▶ 根抵当権と受託者の交代②

受託者が金融機関から借り入れ、債権の範囲を「銀行取引」とする根抵当権を設定したうえで、返済を信託財産に属する金銭の中から返済を行っていました。前受託者の死亡によって受託者の任務が終了し、新受託者が就任した場合、根抵当権を確定させないためにはどのような登記手続をすべきですか？

A 32 ▶

相続を原因として前受託者の相続人全員を債務者とする根抵当権の債務者の変更登記をした後に、指定債務者の合意による根抵当権変更の登記を申請することになります。

キーワード　根抵当権と受託者の交代

▲▲▲▲▲▲▲▲▲▲▲▲▲▲▲▲▲▲▲▲▲▲▲▲▲▲▲▲▲▲

　根抵当権の債務者が死亡した場合、その日から6か月以内に指定債務者の合意による根抵当権変更登記をしなければ、根抵当権の元本は債務者の死亡の時に確定したものとみなされます（民法398条の8第4項）。指定債務者は、死亡した債務者の相続人の中から定めなければなりません。また、指定債務者の合意の登記の前提として、相続を原因として法定相続人全員を債務者とする債務者の変更登記を申請する必要があります。

　すなわち、相続を原因として前受託者の相続人全員を債務者とする根抵当権の債務者の変更登記をした後に、指定債務者の合意による根抵当権変更の登記を申請することになります。また、所有権登記名義人が受託者である場合には、上記の登記の前提として、新受託者への所有権移転登記が必要となります。

　実務上は、この後に債務者を新受託者に変更したうえで、金融機関との取引を継続することが多いと思います。このとき、新受託者を債務者とするだけでは、前受託者と金融機関との間の取引によって発生した債権は被担保債権とはなりませんので、債権の範囲の変更登記が必要となります。

　すでに検討したとおり（本編 Q 31 参照）、新受託者が信託法75条1項に

よって承継した債務を担保させるためには、債権の範囲に「銀行取引」のほかに、「令和○年○月○日信託法75条1項により○○より承継した債務のうち変更前根抵当権の被担保債権の範囲に属するものに係る債権」を加えることが必要となると思われます。また、前受託者の相続人から債務引受を行い、当該債務を根抵当権によって担保させる場合には、「年月日債務引受（旧債務者○○）に係る債権」を加えることが必要になりますし、新受託者が前受託者の相続人のうちの1人である場合は、「令和○年○月○日相続による○○の相続債務のうち変更前根抵当権の被担保債権の範囲に属するものに係る債権」を加える変更登記が必要と考えます。

（谷口　毅）

Q33▶ 抵当権と信託の終了

　信託財産に属する不動産上に、受託者を債務者とする抵当権を設定したうえで、受託者が信託財産に属する財産から債務の返済を行っていました。信託が終了して帰属権利者に不動産の所有権が移転した場合、抵当権の登記の変更の必要はありますか？　受託者と帰属権利者が同一の場合はどうですか？

A33▶

　清算受託者と帰属権利者との間で債務引受の手続を行う必要があります。また、受託者と帰属権利者が同一である場合には、信託が終了したとしても、抵当権の変更登記をすることはできないものと考えられます。

キーワード　抵当権と信託の終了

▲▲▲▲▲▲▲▲▲▲▲▲▲▲▲▲▲▲▲▲▲▲▲▲▲▲▲▲▲▲

　信託が終了して清算受託者から帰属権利者に不動産の所有権が移転したとしても、借入れの債務者が帰属権利者に変更されるわけではありません。帰属権利者を債務者とするためには、信託の清算手続とは別に、清算受託者と帰属権利者との間で債務引受の手続を行う必要があります。債務引受に関する基本的な考え方と登記手続の方法は、信託が開始した際に委託者と受託者が債務引受契約を締結する場合と同様です（本編Q28参照）。

　受託者と帰属権利者が同一である場合には、債務引受の手続を行うことができません。信託財産には法人格がありませんので、信託が終了したとしても、受託者であった者が引き続き債務を負うことになります。債務者には変更がなく、被担保債権の性質にも変化がありません。

　受託者と帰属権利者が同一である場合に、信託の継続中と信託の終了後において変化があるかを検討します。信託の継続中には、受託者は信託のためにする意思をもって債務の返済を行いますが、信託の終了後には、自らのためにする意思をもって債務の返済を行うことになります。つまり、返済に関する内心の意思が変化しますが、これは登記制度で公示されるべきものではありません。

また、信託の終了に伴って被担保債権は信託財産責任負担債務に係る債権ではなくなります。この意味は、信託の継続中は固有財産と信託財産の双方が責任財産となっていたところ、信託の終了によって信託財産が固有財産に帰属する結果、その区別が消滅するということにすぎません。そもそも責任財産の範囲は登記されるべきものではないため、信託が終了したとしても、抵当権の登記に影響は与えません。

　すなわち、受託者と帰属権利者が同一である場合には、信託が終了したとしても、抵当権の変更登記をすることはできないものと考えられます。なお、すでに検討したとおり（本編Q29参照）、私見では抵当権の債務者に「受託者」の肩書を付すことには消極ですが、仮にこのような肩書が付されている場合には、信託の終了にあたってこの肩書を抹消すべきと考えられます。しかし、その手続の方法は判然としません。

（谷口　毅）

第6 表示の登記

Q 34 ▶ 合筆登記・合併登記

信託の登記がされている不動産について、土地の合筆や建物の合併の登記をすることはできますか？ その場合、信託目録はどうなりますか？

A 34 ▶

登記事項が同一である信託不動産についての合筆・合併の登記は受理されます。従前の信託目録が抹消されたうえで、新たな目録番号を付した信託目録が作成されます。

キーワード　合筆登記、合併登記

▲▲▲▲▲▲▲▲▲▲▲▲▲▲▲▲▲▲▲▲▲▲▲▲▲▲▲▲▲▲

信託の登記がされている不動産について、土地の合筆や建物の合併の登記が申請された場合、受理することができないというのが登記実務の扱いでした。しかし、不動産登記規則105条・131条が改正され、信託の登記の登記事項が同一である不動産については、合筆や合併の登記が受理されることとなりました。

合筆または合併の登記がされた場合、従前の信託目録が抹消されたうえで、新たな目録番号を付した信託目録が作成されます。その記載例は次のようになります。

権利部（甲区）（所有権に関する事項）			
順位番号	登記の目的	受付年月日・受付番号	権利者その他の事項
2	所有権移転	令和〇年〇月〇日第〇〇〇号	原因　令和〇年〇月〇日信託 受託者　B
	信託	余　白	信託目録第〇〇号
3	合併による所有権登記	令和〇年〇月〇日第〇〇〇号	受託者　B
	信託	余　白	信託目録第××号

第6 表示の登記

信　託　目　録			調製	余　白
番　号	受付年月日・受付番号		予　　備	
第○○号	令和○年○月○日 第○○○号		信託抹消　令和○年○月○日 受付第○○○号抹消	
1　委託者に関する事項	（記載省略）			
2　受託者に関する事項	（記載省略）			
3　受益者に関する事項	（記載省略）			
4　信託条項	（記載省略）			

信　託　目　録			調製	余　白
番　号	受付年月日・受付番号		予　　備	
第××号	令和○年○月○日 第○○○号		余　白	
1　委託者に関する事項	（記載省略）			
2　受託者に関する事項	（記載省略）			
3　受益者に関する事項	（記載省略）			
4　信託条項	（記載省略）			

（谷口　毅）

第2編　民事信託の登記

Q 35 ▶ 分筆登記

信託の登記がされている土地について、分筆の登記をすることはできますか？　その場合、信託目録はどうなりますか？

A 35 ▶

分筆の登記は受理されます。分筆元の土地の信託目録と同一の信託目録が作成されたうえで、新たな目録番号が付されます。

キーワード　分筆登記

▲▲▲▲▲▲▲▲▲▲▲▲▲▲▲▲▲▲▲▲▲▲▲▲▲▲▲▲▲▲▲▲▲▲▲

信託の登記がされている不動産について分筆の登記が申請された場合、分筆をすることが登記されている信託目録の条項に反すると登記官が判断できない限り、受理されます。この場合、登記官が職権で分筆元の土地の信託目録と同一の信託目録を作成したうえで、新たな目録番号を付すことになります。新たに作成される登記記録の記載例は、次のとおりとなります。

権利部（甲区）（所有権に関する事項）			
順位番号	登記の目的	受付年月日・受付番号	権利者その他の事項
1	所有権移転	令和〇年〇月〇日 第〇〇〇号	原因　令和〇年〇月〇日信託 受託者　B 順位第〇番の登記を転写 令和〇年〇月〇日受付第〇〇〇号
	信託	余　白	信託目録第〇〇号 順位第〇番の登記を転写 令和〇年〇月〇日受付第〇〇〇号

信　託　目　録		調製	余　白
番　号	受付年月日・受付番号	予　備	
第〇〇号	令和〇年〇月〇日 第〇〇〇号	令和〇年〇月〇日分筆により 信託目録令和〇年第〇〇号から転写	
1　委託者に関する事項	（記載省略）		
2　受託者に関する事項	（記載省略）		
3　受益者に関する事項	（記載省略）		
4　信託条項	（記載省略）		

（谷口　毅）

Q36 ▶ 滅失登記

信託の登記がされている建物について滅失登記を申請する場合、信託登記の抹消登記も同時に申請する必要がありますか？

A36 ▶

滅失登記がなされた場合には、登記記録が閉鎖されます。

キーワード　滅失登記

▲▲▲▲▲▲▲▲▲▲▲▲▲▲▲▲▲▲▲▲▲▲▲▲▲▲▲▲▲▲▲▲▲

　信託の登記がなされている建物につき滅失登記がなされた場合には、不動産の表題部に抹消の旨を記載し、登記記録が閉鎖されます。

　信託目録に関しては特段の処理の必要はありません（登記研究764号「質疑応答」）。

（谷口　毅）

第7　信託の登記の変更・更正

Q 37 ▶住所の変更

受益者や受託者が住所を変更しました。この場合、住所変更登記を申請する必要はありますか？

A 37 ▶

信託の登記の登記事項に変更があった場合、受託者は遅滞なく信託の変更の登記を申請しなければなりません。

キーワード　住所の変更

▲▲▲▲▲▲▲▲▲▲▲▲▲▲▲▲▲▲▲▲▲▲▲▲▲▲▲▲▲▲▲▲

信託の登記の登記事項に変更があった場合、受託者は遅滞なく信託の変更の登記を申請しなければなりません（不動産登記法103条）。

委託者、受託者、受益者などの住所も信託登記の登記事項であることから、変更があった場合には遅滞なく登記を申請する義務が受託者に課されています。ただし、違反に対する罰則はありません。

（谷口　毅）

Q 38 ▶受益者の変更①

受益権を譲渡した場合、受益者の変更登記を申請しても対抗要件を具備することができないのはなぜですか？

A 38 ▶

受益権は登記できる権利ではないため、受益者の変更登記をしたとしても、受益権の移転を第三者に対抗することはできません。

キーワード　受益者の変更

▲▲▲▲▲▲▲▲▲▲▲▲▲▲▲▲▲▲▲▲▲▲▲▲▲▲▲▲▲▲▲▲▲▲▲▲

すでに検討したとおり（本編Q9参照）、不動産登記法上、受益権は登記できる権利には含まれていません。不動産登記法3条に列挙されている10種類の権利に関しては、民法177条に従い、登記をすることが権利の得喪および変更の対抗要件となります。しかし、受益権は不動産登記法3条に列挙されている権利ではないため、受益者の変更登記をしたとしても、受益権の移転を第三者に対抗することはできません。

受益権の譲渡の対抗要件については、信託法94条に規定があります。受益権の譲渡に関して、譲渡人が受託者に通知をすることや、受託者が承諾することが、受託者への対抗要件となります。また、この通知や承諾を確定日付のある証書によって行うことが、受託者以外の第三者への対抗要件となります。

（谷口　毅）

Q 39 ▶ 受益者の変更②

　受益権の売買や贈与による受益者変更登記は、受託者の単独申請となります。この場合、受託者が作成名義人となる報告形式の登記原因証明情報を添付することでよいですか？　旧受益者が登記原因証明情報の作成名義人となったり、印鑑証明書を添付したりする必要はないですか？

A 39 ▶

　実務の運用は確立していませんが、受託者が作成した報告形式の登記原因証明情報の添付で足りると考えられます。ただし、登記の真正を担保する手段がなくなるという欠点があります。

> キーワード　受益者の変更

▲▲▲▲▲▲▲▲▲▲▲▲▲▲▲▲▲▲▲▲▲▲▲▲▲▲▲▲

　受益権の売買や贈与による受益者変更登記について、実務の運用は確立していません。現行の法令に基づいて考えると、受託者が作成した報告形式の登記原因証明情報の添付で足りると考えられます。

　不動産登記法改正以前の運用として、受益者変更登記の申請には変更を証する書面の添付が必要とされていました（旧不動産登記法110条ノ10）。変更を証する書面には、旧受益者が実印を押印し、印鑑証明書を添付することとされていました（登記研究554号「カウンター相談」）。

　現在の不動産登記法においては、受益者の変更登記を申請する際に変更を証する書面を添付することはなくなり、登記原因証明情報を添付することとなりました。これに伴い、旧受益者が登記手続に関与する根拠もなくなりました。現在の不動産登記法の解釈では、登記原因証明情報は申請人である受託者が作成することで足りると考えられます（横山亘『信託登記の照会事例1』(2023年) 74頁）。しかし、現在でも、法務局によっては、不動産登記法改正前の運用に従い、旧受益者が登記原因証明情報の作成名義人となり、実印で押印したうえ、印鑑証明書を添付することを求めることがあります（信託登記実務研究会編著『信託登記の実務〔第3版〕』(2016年) 474頁）。

　なお、旧受益者が登記手続に関与しなくとも受託者が受益者変更登記を申

請できるという取扱いをすると、登記の真正を担保する手段が存在しなくなるという問題が発生します。私見では、受益権の売買や贈与には、旧受益者の意思表示が必要ですから、現行の不動産登記法の下では、旧受益者の承諾書（印鑑証明書付き）の添付が必要であると解することにより、登記の真正が保たれると考えます。

（谷口　毅）

Q 40 ▶ 添付情報の作成名義人

信託登記の変更登記や更正登記の添付情報の作成名義人は、誰ですか？

A 40 ▶

実務の運用は確定していませんが、受託者が作成した報告形式の登記原因証明情報の添付で足りるという見解も成り立ちます。一方で、登記の真正の担保という点から、一律の取扱いを定めることは困難にも思われます。

キーワード　変更・更正の登記の添付情報の作成名義人

▲▲▲▲▲▲▲▲▲▲▲▲▲▲▲▲▲▲▲▲▲▲▲▲▲▲▲▲▲▲▲▲

　信託登記の変更登記や更正登記について、実務の運用は確定していません。信託の変更登記も更正登記も、いずれも受託者の単独申請となります。したがって、一つの考え方としては、受託者の作成した報告形式の登記原因証明情報で足り、受託者以外の者が添付情報の作成名義人になる必要はないという取扱いもあり得ます。

　この点、信託目録とは、信託行為の定めによって付された受託者の権限に関する制限を公示することにより、取引の安全を図るのが大きな役割の一つであると考えられます。仮に受託者の作成した添付情報のみによって信託登記の変更登記や更正登記が行われれば、受託者のほしいままに信託登記の内容が変更され、実体に合致しない信託目録が作出されたり、受益者の利益を害したりする可能性があります。

　私見では、信託の変更登記と更正登記について、一律に添付情報の作成名義人を定めることは困難であると考えます。たとえば、信託登記の更正登記に関しては、委託者が定めた信託行為の趣旨を訂正する場合には、登記原因証明情報として、委託者が作成名義人となっている情報の添付を求めるべきであると考えます。この例としては、委託者と受託者との間で作成した信託契約書をあげることができるでしょう。一方、軽微な誤字脱字などの訂正に関しては、受託者の作成した報告形式の登記原因証明情報によることも許容されると考えます。

　信託登記の変更登記に関しては、たとえば信託法149条1項に従って委

託者、受託者および受益者の合意によって変更が行われた場合には、登記申請人である受託者のほかに、委託者および受益者の意思表示も信託の変更の要件となることから、これらの者の承諾を証する情報の添付を求めるべきであると考えます。このように、変更登記を申請すべき事由が発生した実体法上の原因によって、添付情報の作成名義人が変わると考えられます。

　しかし、実務においては確立した考え方や取扱いは存在せず、それぞれの登記審査において、登記官が相当と認める添付情報によって登記の審査がなされています。

（谷口　毅）

Q41 ▶ 委託者の変更

受益者が変更になった場合は、委託者の地位も受益者になった者に移転するとの旨の信託行為の定め（以下、「地位移転条項」といいます）があります。受益者が変更になった場合には、委託者の変更登記をすべきですか？

A41 ▶

地位移転条項がある場合、委託者の変更登記をすべきと考えます。

キーワード　委託者の変更、地位移転条項

▲▲▲▲▲▲▲▲▲▲▲▲▲▲▲▲▲▲▲▲▲▲▲▲▲▲▲▲▲▲▲▲

　委託者の変更登記をすべきと考えます。なお、受益者の変更登記と委託者の変更登記はいずれを先に申請しても足りるとの見解がありますが（横山亘『信託登記の照会事例1』（2023年）99頁）、私見では相当とは思えません。地位移転条項は、受益者が変更になることを条件として委託者の地位が移転することを定めるものですから、受益者の変更登記を先にすべきであると考えます。委託者の地位の変更登記を先に行った場合、登記記録上の矛盾が発生します。

　なお、令和6・1・10民二第16号民事局民事第二課長回答では、信託の終了に伴って帰属権利者が受益者とみなされる場合に、地位移転条項に従って委託者の変更登記をするべきか明示されていません（本編Q50参照）。不動産登記法103条1項の登記申請義務の観点からいえば委託者の変更登記も必要になると考えますが、実務の運用は確立していません。

（谷口　毅）

Q 42 ▶ 受託者の変更

受託者が不正を働いたため、委託者兼受益者が受託者に対して解任の意思表示をしました。不動産の所有権を新受託者に対して移転する登記を申請したいのですが、新受託者からの単独申請は可能ですか？

A 42 ▶

前受託者と新受託者の共同申請となり、新受託者からの単独申請によることはできません。

キーワード　受託者の変更

▲▲▲▲▲▲▲▲▲▲▲▲▲▲▲▲▲▲▲▲▲▲▲▲▲▲▲▲▲▲▲

委託者兼受益者は、いつでも受託者を解任することができます（信託法58条1項）。この規定に基づいて受託者の解任の意思表示をし、新受託者が選任されたことにより、信託財産に属する不動産の所有権を移転する場合、前受託者と新受託者の共同申請となります。

受託者の解任事由のうち、新受託者からの単独申請の手続によることができる場合は、①死亡、②後見開始または保佐開始の審判、③破産手続開始の決定、④法人の合併以外の理由による解散、⑤裁判所または主務官庁の解任命令を受けたときのいずれかの事由によって受託者の任務が終了し、新受託者が選任されたときです（不動産登記法100条1項）。新受託者からの単独申請によって所有権移転登記を申請できる類型は、いずれも、公文書によって受託者の任務終了事由を証することができますので、共同申請構造によって登記の真正を担保する必要がありません。

一方、委託者兼受益者が受託者に対して解任の意思表示をした場合は、上記のいずれの事由にも該当せず、前受託者と新受託者の共同申請によって登記の真正を担保する必要があります。これは、前受託者が不正を働いた場合でも変わりありません。前受託者が所有権移転登記に協力しない場合には、新受託者が前受託者に対して不動産の所有権を移転する登記手続を請求する訴訟を提起するか、信託法58条4項に基づいて受託者を解任する旨の裁判所の決定を得ることを検討することになります。

（谷口　毅）

第8 信託の終了

Q43 ▶ 帰属権利者等への権利の移転時期

信託が終了しました。残余財産が清算受託者から帰属権利者に移転する時期はいつになりますか？

A43 ▶

複数の説がありますが、債権の取立てと債務の弁済が終了し、残余財産が特定した時と考えます。

キーワード　帰属権利者等への権利の移転時期

▲▲▲▲▲▲▲▲▲▲▲▲▲▲▲▲▲▲▲▲▲▲▲▲▲▲▲▲▲▲▲▲

信託の終了に伴い、残余財産が清算受託者から帰属権利者に移転する時期については、信託法に明文の規定は存在しません。信託法の立法過程においては、この論点は解釈に委ねるべきとして、明文化が見送られた経緯が存在します。

解釈としては、①信託の終了事由の発生と同時に残余財産が帰属権利者に移転するという立場、②清算受託者による現務の結了、債権の取立と債務の弁済（信託法177条1号～3号）が終了し、残余財産が特定すると同時に帰属権利者に移転するという立場、③残余財産の特定後に、清算受託者と帰属権利者との間で所有権の移転に関する合意をした時に移転するという立場が存在します。

私見では、残余財産が特定する前に帰属権利者に所有権が移転した場合、清算受託者による清算事務の遂行が不可能になることから、①の立場は相当ではないと考えます。また、物権行為の独自性を否定するわが国の民法の考え方から、③の立場は相当ではないと考えます。よって、信託行為に別段の定めがない限り、②の立場によることが相当と思われます。したがって、信託の終了に伴い、帰属権利者に財産を移転する登記に関する登記原因証明情

報には、清算受託者による信託法177条1号～3号の手続が終了したことを含めて記載することが望ましいと思われます。

　なお、②の立場に拠ったとしても、信託の終了時に特段の債権債務関係が存在しない場合など、清算受託者による清算事務が存在しない場合には、信託の終了事由の発生と同時に帰属権利者に所有権が移転するものと考えられます（さいたま地越谷支判令和4・3・23〔裁判例15〕、東京高判令和6・2・8〔裁判例21〕）。

（谷口　毅）

Q44 ▶ 最終決済

受託者が信託財産に属する不動産を売却する契約を締結した後、最終決済の前に信託の終了事由が発生しました。受託者は最終決済を進めるべきですか？　それとも、帰属権利者に不動産を引き渡し、帰属権利者への所有権移転登記および信託登記の抹消登記を申請すべきですか？

A44 ▶

受託者は帰属権利者に不動産を引き渡すことなく、締結した売買契約に基づいて最終決済を進めるべきです。

キーワード　最終決済

▲▲▲▲▲▲▲▲▲▲▲▲▲▲▲▲▲▲▲▲▲▲▲▲▲▲▲▲▲▲▲▲▲▲

　すでに検討したとおり（本編Q43参照）、信託の終了事由が発生しても、残余財産の所有権は直ちに清算受託者から帰属権利者に移転するわけではないと考えられます。清算受託者による現務の結了、債権の取立、信託債権に係る債務の弁済、受益債権に係る債務の弁済を経ることによって初めて残余財産が特定します（信託法177条）。残余財産が特定した時に、初めて帰属権利者に財産が帰属することになります。

　受託者が不動産を売却する契約を締結した場合、売買契約は双務契約ですので、受託者は買主に対して不動産の引渡義務を負い、同時に売買代金債権を取得します。これらは同時履行の関係にあるのが一般的です。このような債権債務関係を解消することが清算事務の内容であり、不動産の売却の最終決済を完了させるまで残余財産の内容は特定しませんので、帰属権利者に対して残余財産の所有権が移転しないものと解されます。

　受託者は売買契約に拘束される一方、帰属権利者は売買契約に拘束されません。帰属権利者に財産を給付した場合、最終決済が無事に遂行される保証がないため、受託者が買主に対して債務不履行責任を負う可能性があることに注意すべきです。

　仮に、帰属権利者に不動産の所有権を移転したうえで、帰属権利者が売買を進めたいなどの事情がある場合には、信託法177条所定の手順とは異な

る方法で清算手続を進めることになります。したがって、関係者全員の合意を得て、売買契約の売主の地位も清算受託者から帰属権利者に移転するなどの工夫が必要です。

（谷口　毅）

Q 45 ▶ 登録免許税法 7 条 2 項の適用①

　信託が終了して残余財産を帰属権利者に引き継ぐ際に、当初の委託者兼受益者の相続人が帰属権利者である場合、登録免許税法 7 条 2 項の適用があり、所有権移転登記の登録免許税が不動産の価格の 1000 分の 4 になると聞きました。登録免許税法 7 条 2 項の適用を確実に受けるためには、どのような点に注意すればよいですか？

A 45 ▶

　受益者が変更になった際に委託者の地位も承継される旨の信託行為の定めを置くことが重要と思われます。

キーワード　登録免許税法 7 条 2 項の適用

▲▲▲▲▲▲▲▲▲▲▲▲▲▲▲▲▲▲▲▲▲▲▲▲▲▲▲▲▲▲▲

　登録免許税法 7 条 2 項の適用要件に関しては、平成 29・6・22 東京国税局文書回答事例（以下、「東京国税局文書回答事例」といいます）と、平成 30・12・18 名古屋国税局文書回答事例（以下、「名古屋国税局文書回答事例」といいます）が参考になります。

　両文書回答事例において、①信託の信託財産を受託者から受益者に移す場合であること、②当該信託の効力が生じた時から引き続き委託者のみが信託財産の元本の受益者である場合であること、③当該受益者が当該信託の効力が生じた時における委託者の相続人であること、という三つが要件であると整理されています。

　要件②に関して、東京国税局文書回答事例では、後継ぎ遺贈型受益者連続信託において、当初の委託者兼受益者の死亡後に受益権を取得した者が、委託者の地位を取得したかどうかを重視しています。すなわち、受益者が変更になった際に委託者の地位も承継される旨の信託行為の定めを置くことが重要と思われます（なお、委託者の地位については本編 Q 48 においても検討します）。

参考文献
- 平成29・6・22東京国税局文書回答事例(「信託契約の終了に伴い受益者が受ける所有権の移転登記に係る登録免許税法第7条第2項の適用関係について」)
- 平成30・12・18名古屋国税局文書回答事例(「信託の終了に伴い、受託者兼残余財産帰属権利者が受ける所有権の移転登記に係る登録免許税法第7条第2項の適用関係について」)

(谷口　毅)

Q 46 ▶ 登録免許税法7条2項の適用②

受託者が帰属権利者となった場合でも、登録免許税法7条2項の適用はありますか？

A 46 ▶

受託者が帰属権利者となった場合でも、登録免許税7条2項の適用はあると考えられます。

キーワード　登録免許税法7条2項の適用

▲▲▲▲▲▲▲▲▲▲▲▲▲▲▲▲▲▲▲▲▲▲▲▲▲▲▲▲▲▲▲▲▲▲

　すでに紹介した名古屋国税局文書回答事例（本編Q45参照）は、当初の委託者兼受益者である甲の死亡により信託が終了し、受託者である乙が残余財産を取得する旨の信託行為の定めがある事例です。また、甲の死亡により委託者の地位は残余財産帰属権利者として指定されている乙が取得し、委託者の権利については、相続により承継されることなく消滅する旨の定めがあります。

　このような事例において、名古屋国税局文書回答事例では、清算手続中に帰属権利者は受益者とみなされることから、要件①（信託の信託財産を受託者から受益者に移す場合であること）を満たすとしています。また、甲の死亡により乙が委託者の地位を取得していることから、要件②（当該信託の効力が生じた時から引き続き委託者のみが信託財産の元本の受益者である場合であること）を満たすとしています。さらに、乙は信託の効力が生じたとき委託者である甲の相続人であることから、要件③（当該受益者が当該信託の効力が生じた時における委託者の相続人であること）を満たすとしています。

　以上から、受託者が帰属権利者となった場合でも、登録免許税7条2項の適用はあると考えられます。また、帰属権利者が委託者の地位を取得することは必須ですが、委託者の権利を取得する必要はないと考えられます。

（谷口　毅）

Q 47 ▶ 登録免許税法7条2項の適用③

後継ぎ遺贈型受益者連続信託において、途中で受益権を取得した者が当初の委託者兼受益者の相続人ではない場合でも、最後に帰属権利者となった者が当初の委託者兼受益者の相続人である場合には、登録免許税法7条2項の適用はありますか?

A 47 ▶

適用があると考えられます。

キーワード　登録免許税法7条2項の適用

▲▲▲▲▲▲▲▲▲▲▲▲▲▲▲▲▲▲▲▲▲▲▲▲▲▲▲▲▲

　すでに紹介した東京国税局文書回答事例(本編Q 45参照)では、当初の委託者兼受益者甲の死亡により、その法定相続人ではない乙が受益権と委託者の地位を取得しています。さらに、乙の死亡によって、当初の委託者兼受益者の法定相続人である丙が受益権と委託者の地位を取得し、その後に信託が終了して丙が残余財産を取得しています。

　このような事例において、東京国税局文書回答事例では、登録免許税法7条2項には信託の効力が生じた時からその信託の信託財産を受益者に移すまでの間の受益者を限定する規定は設けられていないということから、登録免許税法7条2項の適用があるとしています。したがって、後継ぎ遺贈型受益者連続信託においては、途中で受益権を取得した者が当初の委託者兼受益者の相続人ではない場合でも、最後に受益権を取得したうえで帰属権利者となった者が当初の委託者兼受益者の相続人である場合には、登録免許税法7条2項の適用を受けられると考えられます。

　なお、令和6・1・10民二第16号民事局民事第二課長回答で示された事例では、当初の委託者兼受益者の法定相続人が複数であることが読み取れますが、委託者の地位の移転に関する信託行為の定めや、委託者の地位に関する遺産分割協議があったことは示唆されていません。このような事例でも、登録免許税法7条2項の適用があるものとされています。

(谷口　毅)

Q48 ▶ 登録免許税法7条2項の適用④

委託者の地位について信託行為に定めがない場合でも、登録免許税法7条2項の適用を受けられますか？

A 48 ▶

受益権を取得した者が委託者の地位を承継する旨の信託行為の定めを置くことが望ましいと思われますが、必須ではないと考えます。

キーワード　登録免許税法7条2項の適用

▲▲▲▲▲▲▲▲▲▲▲▲▲▲▲▲▲▲▲▲▲▲▲▲▲▲▲▲▲▲▲▲

すでに紹介した東京国税局文書回答事例と名古屋国税局文書回答事例（本編 Q45 参照）に従うと、受益権を取得した者が委託者の地位を承継する旨の信託行為の定めを置くことが望ましいといえます。ただし、私見では、当該定めがない場合でも、必ずしも登録免許税法7条2項の適用は妨げられないと考えます。

まず、当初の委託者兼受益者の法定相続人が1人である場合には、その死亡によって当該法定相続人が委託者の地位を相続によって取得しますので、結果として受益者が委託者の地位を取得することになり、要件②（当該信託の効力が生じた時から引き続き委託者のみが信託財産の元本の受益者である場合であること）を満たすことになります。

また、当初の委託者兼受益者の法定相続人が複数である場合、その死亡によって、委託者の地位は法定相続人全員に不可分のものとして相続されます。このとき、遺産分割協議を行い、受益権を取得した者が委託者の地位を取得するように定めれば、要件②を満たすと考えられます。

当初の委託者兼受益者の法定相続人が複数であり、かつ、遺産分割協議も成立しない場合には、委託者の地位が法定相続人全員に帰属します。このとき、複数の委託者のうちの1人が受益者となることもありうるでしょう。私見では、登録免許税法7条2項には「委託者のみが信託財産の元本の受益者である場合」と定められており、受益者以外に委託者がいないことは要件とはされていませんので、要件②を満たすと考えます。　　　　（谷口　毅）

Q49 ▶ 登録免許税法7条2項の適用⑤

帰属権利者が複数いる場合で、そのうちの一部の者のみが当初の委託者兼受益者の相続人であるとき、登録免許税法7条2項の適用を受けられますか？

A49 ▶

相続人に財産を引き継ぐ部分にのみ、適用を受けることができます。

キーワード　登録免許税法7条2項の適用

▲▲▲▲▲▲▲▲▲▲▲▲▲▲▲▲▲▲▲▲▲▲▲▲▲▲▲▲▲▲

すでに紹介した東京国税局文書回答事例（本編Q45参照）では、当初の委託者兼受益者の死亡によって受益権を取得した者のうち、1人が相続人であり、1人が相続人ではない場合について検討しています。信託が終了した場合、相続人に財産を引き継ぐ部分についてのみ登録免許税法7条2項の適用があり、相続人ではない者に財産を引き継ぐ部分については適用がないとされています。

なお、登録免許税法7条1項2号についても同様と考えられます。委託者兼受益者がABである場合、Bの受益権がDに売却され、その後に信託が終了してADに残余財産が帰属した場合、Aに引き継ぐ部分にのみ登録免許税法7条1項2号が適用され、Dに引き継ぐ部分には適用されないとの見解が示されています（登記研究724号「質疑応答」）。

（谷口　毅）

Q50 ▶ 帰属権利者と受託者が同一の場合

Aが委託者兼受益者、Aの法定相続人のうちの1人であるBを受託者とする信託において、Aの死亡を原因として、信託行為の定めに基づき、信託が終了しました。帰属権利者がBである場合、どのように登記を申請しますか？

A50 ▶

受益者をBに変更する登記を申請し、不動産に関する権利が信託財産に属する財産から固有財産に属する財産となった旨の権利の変更登記および信託登記の抹消登記を申請します。

キーワード　帰属権利者、登録免許税法7条2項の適用

▲▲▲▲▲▲▲▲▲▲▲▲▲▲▲▲▲▲▲▲▲▲▲▲▲▲▲▲▲▲▲▲▲▲▲▲

令和6・1・10民二第16号民事局民事第二課長回答では、次のような見解が示されています。

信託の清算手続中、帰属権利者は受益者とみなされますので（信託法183条6項）、受益者をBに変更する登記を申請します。これにより、登記記録上は受託者と受益者の双方がBとなります。受益者変更登記の登記原因証明情報は、B作成の報告形式のもので足ります。

続いて、不動産に関する権利が信託財産に属する財産から固有財産に属する財産となった旨の権利の変更登記および信託登記の抹消登記を申請します。この二つの登記申請は、一の申請情報によって行います（不動産登記法104条1項、不動産登記令5条3項）。この登記申請には不動産登記法104条の2第2項が適用され、登記権利者は受託者であるB、登記義務者は受益者であるBとなります。共同申請であるにもかかわらず、登記識別情報の提供は不要とされます（同項後段）。

信託財産を受託者の固有財産とする旨の権利の変更の登記申請については、登録免許税法7条2項の要件を充足する場合には、不動産の価格の1000分の4が登録免許税となります。

以上が回答において明示された取扱いですが、いまだに実務上の不明点は

残っています。固有財産になった旨の権利の変更登記および信託登記の抹消登記が完了した場合に、Bに登記識別情報が通知されるのか示されていません。私見では、Bは新たに登記名義人となるものではないため、登記識別情報は通知されないと考えます。

　一方、持分のみが信託されていた場合には、受託者の持分は氏名の後にかっこ書で表記されていますが、信託の終了に伴って通常の持分の表記に戻ることになります。このとき、システム上は帰属権利者が持分を新たに取得するものと処理されるため、登記識別情報が通知されると思われます。

　また、登記原因は「変更の登記　令和〇年〇月〇日信託財産引継　信託登記抹消　信託財産引継」となると考えますが、回答の中では明示されていません。登録免許税法7条2項の適用の前提として委託者をBとする変更登記の要否については触れられていませんが、不動産登記法103条1項の登記義務の観点からすれば、委託者の変更登記が必須であるとの見解も成り立ち得ます。

（谷口　毅）

Q51 ▶ 帰属権利者が不動産ごとに異なる場合

当初の委託者兼受益者の死亡によって信託が終了する旨の定めがあります。甲不動産についてはAを帰属権利者とし、乙不動産についてはBを帰属権利者とする旨の定めがある場合、どのように登記すべきでしょうか？

A51 ▶

甲不動産にはAを帰属権利者とし、乙不動産にはBを帰属権利者として登記し、信託の終了時には、甲不動産についてはAを受益者とし、乙不動産についてはBを受益者とする受益者の変更登記を申請をすると考えます。

キーワード　複数の帰属権利者、登録免許税法7条2項の適用

▲▲▲▲▲▲▲▲▲▲▲▲▲▲▲▲▲▲▲▲▲▲▲▲▲▲▲▲▲

複数の不動産を一つの信託によって信託しても、信託目録は、それぞれの不動産について各別に作成され、相互に関連性をもちません。また、原則として、当該不動産に関する情報以外を信託目録に登記することは望ましくないと考えます。したがって、甲不動産の信託目録については、「その他の信託の条項」の欄に「Aを帰属権利者とする」と登記し、乙不動産については「Bを帰属権利者とする」と登記するものと考えます。

すでに検討したように（本編Q50参照）、信託の清算中、帰属権利者は受益者とみなされます。したがって、当初の委託者兼受益者が死亡し、信託の清算が開始した場合、甲不動産についてはAを受益者とし、乙不動産についてはBを受益者とする受益者の変更登記を申請することで、登録免許税法7条2項の要件を満たすと考えられます。

実体法上は、清算手続中、信託の全体についてAとBの双方が受益者とみなされます。しかし、登記上は、甲不動産についてはAのみが、乙不動産についてはBのみが受益者であるとの変更登記をせざるを得ません。甲不動産について「Aを帰属権利者とする」と登記した以上、Aのみを受益者として登記しないと、登記記録上の矛盾が発生するからです。これは、すでに「信託目録の公示のルール」の項で検討した内容（本編Q14参照）と整合性がとれないと考えられます。現在の登記制度では、実体関係を正確に登

記することや、登記の取扱いに整合性をもたせることに限界があると考えられ、今後の制度上の検討課題といえます。

　なお、実務上は、甲不動産に関する信託契約と乙不動産に関する信託契約を別個に締結することで、登記上の混乱を避けることができます。

（谷口　毅）

第3編

民事信託の税務

第1 信託設定時

Q1 ▶ 扶養義務の範囲内の受益権と贈与税

　認知症対策で委託者兼受益者とする自益信託の設定を検討する場合に、信託後においても、配偶者や子を扶養するための生活費の支出は続けていきたいというニーズがあります。この際、他益信託とはなりますが配偶者や子も受益者に加え、その受益権は委託者の扶養義務の範囲内とするような場合には、配偶者や子に贈与税の課税はありませんか？

A1 ▶

　税務上、贈与税が非課税となる生活費は、必要な都度生活費にあてるために取得したものとされています。「扶養義務の範囲内の受益権」は、実際の支給はその都度であったとしても、信託設定段階で、配偶者や子は委託者が死亡するまで生活費を受け取り続ける権利を取得しており、形式上は他益信託として贈与税の課税対象となります。ただし、扶養義務の範囲内とする受益権の評価は困難であり、配偶者や子が生活費として実際に費消をしている状況下での贈与税課税は難しいと考えます。

キーワード　扶養義務の範囲内の受益権、贈与税

▲▲▲▲▲▲▲▲▲▲▲▲▲▲▲▲▲▲▲▲▲▲▲▲▲▲▲▲

1　贈与税が非課税とされる生活費

　扶養義務者相互間において生活費にあてるためにした贈与により取得した財産のうち通常必要と認められるものは、贈与税の非課税財産とされています（相続税法21条の3第1項2号）。また、非課税とする財産は、生活費として必要な都度直接これらの用にあてるために贈与によって取得した財産としており、生活費の名目で取得した財産を預貯金にした場合または株式の買入代金もしくは家屋の買入代金に充当したような場合における当該預貯金また

は買入代金等の金額は、通常必要と認められるもの以外のものとして取り扱うものとされています（相続税基本通達21の3-5）。また、数年分の生活費の一括贈与を受けたような場合も、生活費としての費消部分以外は贈与税課税の対象とされています（平成25・12・12国税庁資産課税課情報「扶養義務者（父母や祖父母）から『生活費』又は『教育費』の贈与を受けた場合の贈与税に関するQ&A」Q1-3）。

2　扶養義務の範囲内の受益権

　受託者からの実際の給付は扶養義務の範囲内の金額であったとしても、信託の設定時に、適正対価の負担をせずに受益権を取得した配偶者等は、信託に関する権利を委託者から贈与により取得したものとみなされます（相続税法9条の2第1項）。しかし、受益者である配偶者等が取得する受益権は、委託者生存中に生活費を受け取り続ける権利であり、その評価額の算出は困難です。そのため、配偶者等が生活費として実際に費消をしている状況下での贈与税課税は難しいと考えます。

　また、このケースにおいて、「信託に関する受益者別（委託者別）調書（同合計表）」の提出をどうするかという問題が生じます。この調書には「信託財産の価額」の欄があり、評価が困難な場合には見積金額によることとされていますが（相続税法施行規則31条1項・第9号書式）、扶養義務の範囲内の受益権の評価はそもそも見積自体が困難です。他益信託設定の場合には、原則この調書の提出が必要ではあるものの（相続税法59条3項1号）、信託財産の価額の合計額が50万円以下の場合には提出不要とされており（相続税法施行規則30条7項1号）、これを根拠に提出不要としてよいのか検討が求められます。

3　実務対応

(1)　生活費として支給する金額を具体的に定めた場合

　本問とは異なりますが、たとえば、生活費として年間110万円を支給する旨の受益権を配偶者等が取得したとしましょう。暦年贈与制度における贈与税の基礎控除は年間110万円ありますが、配偶者等は「委託者が生存中

は、年間110万円を受け取る権利」を信託設定時に取得したことになります。また、そもそも生活費における「通常必要と認められるもの」は、被扶養者の需要と扶養者の資力その他一切の事情を勘案して社会通念上適当と認められる範囲の財産をいうものとされているため（相続税基本通達21の3-6）、これに該当すれば基礎控除の適用以前に贈与税の非課税財産となりますが、一括贈与の場合は贈与税の課税対象となります（平成25・12・12国税庁資産課税課情報「扶養義務者（父母や祖父母）から『生活費』又は『教育費』の贈与を受けた場合の贈与税に関するQ&A」Q1-3）。

したがって、年間支給額に、委託者の平均余命（厚生労働省が作成する完全生命表に掲載されている）に応ずる予定利率（一定金額を一定期間受け取れる年金の現在価値を求める際に用いられる率）による複利年金現価率を乗じて算出した額について、贈与税の課税対象となる可能性があると考えます。

(2) 委託者死亡時に生活費として支給していた金銭が配偶者等の口座に残っていた場合

配偶者等の受益権の範囲は扶養義務の範囲内であったとしても、支給しすぎてしまい、委託者死亡時に、配偶者等の口座に未費消分が残る可能性もあります。贈与税が非課税となる生活費は、必要な都度生活費にあてるために受け取る部分のみであり、未費消で残った部分は生活費ではなかったことになります。そのため、未費消部分については、委託者と配偶者間で別途贈与契約が成立（贈与税申告が必要な場合には、当然贈与税申告も）している場合を除き、委託者死亡時の相続税申告の対象財産に含める必要があると考えます。

（鈴木　淳）

Q2 ▶ 小規模宅地等の特例

　認知症対策と死後の承継対策で、自宅不動産と当面の維持管理費用相当の金銭を信託財産とする信託の組成を考えています。私自身が当初受益者となる自益信託で、同居する配偶者と別居の長男を第二次受益者にするつもりです。相続時の相続税計算においては、自宅土地について小規模宅地等の特例を適用し、評価額を80％減額できる見込みですが、信託しても取扱いは同じですよね？

A2 ▶

　相続開始直前に被相続人の居住の用に供されていた宅地は、小規模宅地等の特例の適用対象財産となり、不動産を信託していたとしても適用は可能です。しかし、財産の取得者側の要件もあり、特例の適用を受けられるのは、配偶者、同居親族、いわゆる「3年内家なき子」に限られます。単に被相続人の自宅であっただけでは要件を満たさず、配偶者取得分のみが小規模宅地等の特例対象となります。

キーワード　小規模宅地等の特例

▲▲▲▲▲▲▲▲▲▲▲▲▲▲▲▲▲▲▲▲▲▲▲▲▲▲▲▲▲▲

1　小規模宅地等の特例

　小規模宅地等の特例は、被相続人（または同一生計親族）の事業用または居住用に供されていた宅地のうち、納税者が選択をしたもので限度面積（貸付事業用：200 m^2、その他特定事業用：400 m^2、居住用：330 m^2、複数ある場合には一定の調整あり）までの部分について、相続税の課税価額計算上、一定の割合（貸付事業用：50％、その他特定事業用：80％、居住用：80％）を減額する特例です。

　被相続人の自宅はすべて適用対象になるとの誤解が多いところですが、適用を受けられるのは、取得者が配偶者、同居親族、いわゆる「3年内家なき子」のケースに限られます。「3年内家なき子」は、相続開始前3年以内にマイホームに居住していなかったなど一定の要件を満たす取得者が対象とな

りますが、被相続人に配偶者がいなかったことも一つの要件となっていますので、長男がマイホームを有していなかったとしても、一次相続において、長男は特例の適用を受けることができません。

なお、小規模宅地等の特例の適用を受けるためには、特例の適用を受けるものとして選択しようとする部分について、特例の対象となりうる宅地等を取得したすべての相続人等が同意をしている必要があります。賃貸不動産など自宅不動産以外にも小規模宅地等の特例対象となる宅地があり、その宅地を長男が取得する場合には、どの宅地について特例適用を受けるか配偶者と長男とで同意が必要となります。

2 実務対応

(1) 信託受益権を取得しても小規模宅地等の特例の適用を受けられるのか

小規模宅地等の特例は、一定要件を満たす「宅地等」が対象となっているため、信託受益権を取得した場合に適用を受けられるのか疑義が生じますが、信託に関する権利を取得した者は、信託財産に属する資産を取得したものとみなされており（相続税法9条の2第6項）、現物の不動産を取得した場合と同様に、小規模宅地等の特例の適用を受けることが可能です（租税特別措置法施行令40条の2第27項、租税特別措置法通達69の4-2）。

なお、本問とは異なり、信託終了で帰属権利者が「宅地等」を取得した場合に、相続税法9条の2第6項が「信託終了」について定めていないことから、小規模宅地等の適用可否について疑義が生じるかもしれません。しかし、「個人が相続又は遺贈により取得した信託に関する権利」も小規模宅地等の特例の適用対象に含まれるとされており（租税特別措置法通達69の4-2）、また、信託が終了した場合には、清算が結了するまではなお信託は存続するものとみなされ（信託法176条）、帰属権利者は信託の清算中は受益者とみなされることから（同法183条6項）、受益者変更時と同様に信託終了においても特例の適用は可能と考えます。

(2) 小規模宅地等の特例適用を受けられないため、長男は受益権を取得しないほうがよいのか

本問においては、小規模宅地等の特例の適用要件を満たす取得者は配偶者

のみであることから、別居の長男が取得する受益権については要件を満たさず、適用を受けることができません。自宅だけにフォーカスすると、すべての受益権を配偶者が取得し小規模宅地等の特例の適用を受けることが有利にも思えますが、親族の置かれた状況や配偶者の財産の多寡により検討を必要とします。

　たとえば、自宅以外にも特例適用が可能な財産があれば長男が他の財産で特例の適用を受ける場合には、仮に減額される額が少なくなっても、配偶者の税額軽減でそもそも税額が発生しない配偶者が特例適用を受けるより有利となるケースがあります。

　また、相続後も長男は同居する予定がなく、マイホームに住んでいる場合には、二次相続においても特例の適用は受けられませんが、一次相続後に長男が配偶者と同居予定である、または、今後も同居予定はないが「家なき子」である場合には、二次相続において長男が特例の適用対象となる可能性がありますので、一次相続では配偶者が100％取得することも検討できます。

（鈴木　淳）

Q3 ▶ 複数の委託者・受益者

父母2人が委託者となり、長男を受託者として信託の組成を考えています。父は保有する時価1億円の賃貸不動産を信託し、母は1億円の現金の信託を計画しています。双方1億円を信託することから、当初受益者である父母の権利を2分の1ずつと考えていますが、税務上の問題点等はありますか？

A3 ▶

このような信託を設定した場合には、委託者父は、土地の持分の2分の1相当を5000万円で母に譲渡したものとして、信託設定時に、譲渡所得税の課税関係が生じます。

キーワード　複数の委託者、複数の受益者

▲▲▲▲▲▲▲▲▲▲▲▲▲▲▲▲▲▲▲▲▲▲▲▲▲▲▲▲▲▲

受益者が複数存する場合には、信託に関する権利の全部をそれぞれの受益者がその有する権利の内容に応じて有するものとされます（相続税法施行令1条の12第3項）。そのため、父母それぞれは、信託設定により、信託財産である賃貸不動産と金銭1億円を2分の1ずつ有することとなります。父は拠出した不動産の2分の1が金銭に変わり、母は5000万円相当の不動産を取得することで、実質的には父から母へ賃貸不動産の2分の1を5000万円で譲渡したことと同じ経済的効果が認められることから、父に譲渡所得税の課税が生じることとなります。

なお、信託設定により拠出する財産の割合と受益権割合が異なる場合には別途贈与税の課税関係が生じますが、本問においては当初それぞれが1億円相当を拠出し、1億円相当の受益権を取得していることから、適正対価の授受が認められ、贈与税の課税関係は生じません。

（鈴木　淳）

Q4 ▶ 受益者が存しない信託

最近孫が結婚し、ひ孫の誕生を楽しみにしています。ひ孫が産まれたら、代飛ばしで、まとまった金銭を渡したいと考えていますが、最近体調が思わしくなく、私の寿命が先か、ひ孫の誕生が先か懸念しています。今のうちに信託しておけば、未出生のひ孫に直接渡せる可能性があると聞きましたが、税務上どのような扱いになるのですか？

A4 ▶

信託設定時とひ孫の出生時に贈与税等の課税が生じ、信託期間中は法人税の申告が必要となりますので、十分な検討が必要です。

キーワード　受益者不存在、法人課税信託

▲▲▲▲▲▲▲▲▲▲▲▲▲▲▲▲▲▲▲▲▲▲▲▲▲▲▲▲▲▲▲▲▲▲▲▲

1　信託の設定時の課税関係

ひ孫は出生を条件に受益権を取得することから、信託設定時には未出生で停止条件が成就していないため、「受益者としての権利を現に有する者」に該当せず（相続税法9条の2第1項、相続税法基本通達9の2-1）、当然ながらこの段階で未出生の孫への課税はありません。信託設定時は、「受益者等が存しない信託」に該当することとなります。

受益者が存しない信託の設定時には、受託者が個人か法人かを問わず、受託者を法人とみなして法人税の受贈益課税が生じます（所得税法6条の3第3項、法人税法4条の3第3項）。また、将来受益者となる者が委託者の親族（相続税法施行令1条の9）であることから、受託者に対しては贈与税も課税され、この際には受贈益課税で課された法人税等が控除されます（相続税法9条の4）。なお、本問は信託財産が金銭のため該当しませんが、含み益が生じている財産を信託する場合には、委託者にみなし譲渡課税の適用もあります（所得税法6条の3第7項）。

2 信託の信託期間中の課税関係

　受益者不存在期間中は、信託財産から生じる所得は、受託者が法人税の申告をすることとなります（所得税法6条の2第2項、法人税法4条の2第2項）。
　その後、信託期間中にひ孫が誕生し受益者となった際には、受託者は信託財産を簿価で引継いだものとし（法人税法64条の3第2項）、受益者であるひ孫も受託者から信託財産を簿価で引継ぎを受けたものされますが、この引継ぎは所得税法上の総収入金額には算入されないことから、所得税の課税関係は生じません（所得税法67条の3第1項・2項）。ただし、ひ孫は「信託設定の際に存していなかった」かつ「委託者の親族」に該当するため、個人から贈与により取得したものとみなして贈与税の課税関係が発生し（相続税法9条の5）、ここから受益者が存する信託（受益者等課税信託）へ移行することとなります。

3 信託終了時の課税関係

　受益者等課税信託へ移行後、ひ孫を帰属権利者として信託が終了した場合には、信託終了直前の受益者も自己であったことから、ひ孫に贈与税等の課税関係は生じません（相続税法9条の2第4項）。

（鈴木　淳）

第2　信託期間中

Q5▶実質所得者課税

賃貸不動産の信託を計画しています。受託者からの給付は、上半期分を8月に、下半期分を翌年2月にそれぞれ受け取る予定です。また、受託者には不動産の市況次第では譲渡もできるよう処分権限も与えており、譲渡後も売却代金から年2回ずつ定期的に給付を受けたいと考えています。この場合、受益者としての私が確定申告をするタイミングはいつになりますか？

A5▶

実際に給付を受けた日ではなく、受託者が賃料収入や譲渡収入を受けるべき日の属する年分の所得として、受益者は確定申告を行う必要があります。

キーワード　実質所得者課税

▲▲▲▲▲▲▲▲▲▲▲▲▲▲▲▲▲▲▲▲▲▲▲▲▲▲▲▲▲▲▲▲▲▲▲▲▲▲

信託の受益者は、当該信託の信託財産に属する資産および負債を有するものとみなし、かつ、当該信託財産に帰せられる収益および費用は当該受益者の収益および費用とみなして、所得税法の規定を適用するとされています（同法13条1項）。

そのため、受託者からの給付日や給付額とは関係なく、受益者が実際に給付を受けていない段階においても、受託者が賃料収入や譲渡収入を受けるべき日の属する年分の所得として確定申告と納税の義務が生じます。多額の納税が発生する見込みの場合には、納税によるキャッシュアウトも見越した給付額の検討が必要です。

なお、不動産を譲渡後に年2回ずつ給付を受ける際は、譲渡時点ですでに申告・納税済みである信託財産（金銭）からの給付であり、この段階で受益者への課税はありません。

（鈴木　淳）

Q6 ▶ 信託財産から生じる損失

　認知症になっても資産の運用を継続できるよう、信頼できる長女を受託者として賃貸不動産と有価証券の信託を検討しています。信託しても、所得税の課税の取扱いは変わらないと聞きましたが、損失が発生した場合も同様ですか？

A6 ▶

　信託した賃貸不動産による不動産所得で発生した損失は税務上はなかったものとされ、他の所得との通算や翌年以降への繰越控除の適用を受けられません。有価証券においてはこのような規制はありませんので、上場株式等であれば配当所得との損益通算や翌年以降への損失の繰越も可能です。

キーワード　不動産所得、損失、切り捨て

▲▲▲▲▲▲▲▲▲▲▲▲▲▲▲▲▲▲▲▲▲▲▲▲▲▲▲▲▲▲▲▲▲

1　信託財産から生じる所得の取扱いの原則

　信託の受益者は、当該信託の信託財産に属する資産および負債を有するものとみなし、かつ、当該信託財産に帰せられる収益および費用は当該受益者の収益および費用とみなして、所得税法の規定を適用することとされていますので（所得税法13条1項）、信託の前後で所得税の計算方法が変わることはなく、信託した財産の内容や収入分類に応じて所得計算を行うのが原則です。信託した財産が賃貸不動産であれば不動産所得、有価証券であれば配当所得、それらの譲渡であれば譲渡所得として、受益者が確定申告を行うこととなります。

2　信託財産から生じる損失（例外）

　信託財産に属する資産・負債は受益者が有するものとみなし、収益・費用は受益者の収益・費用とみなされますが、受益者が個人の場合で、不動産所得から生じる損失がある場合には、「生じなかったものとみなす」とされており（租税特別措置法41条の4の2）、信託していなければ適用が受けられて

いた他の所得との「損益通算」や翌年以降に損失を繰り越す「繰越控除」の適用が受けられません。同様に、受益者が法人の場合にも一定の損金不算入措置があります(同法67条の12)。平成17年度税制改正で導入された組合税制と同様の租税回避防止規定であり、一般社団法人信託協会からは「受益者単独の信託については、いわゆる損失算入制限措置を適用しない」旨の税制改正要望が出されているものの、現在のところ改正には至っていません(一般社団法人信託協会「令和7年度税制改正に関する要望」参照)。

なお、受益者が個人の場合で損失の算入に制限があるのは、上記のとおり不動産所得に限られるため、信託した有価証券が上場株式等で譲渡損失が発生した場合には、配当との損益通算や、通算しきれない部分について翌年以降への繰越控除の対象とすることができます。

3　想定されるケース

不動産所得での損失はあまり想定できないと思われがちですが、大口テナントが退去し、次の入居者決定まで時間がかかった場合や、大規模修繕工事が実施された場合など、実際には損失発生のケースが考えられます。ただし、大規模修繕工事においては、工事内容により資本的支出(固定資産の価値を高め、耐久性を増すこととなる支出等)に該当するか、修繕費(固定資産の通常の維持管理のための支出等)に該当するかの検討が必要です。修繕費は修繕完了時に一括で費用計上することとなりますが、資本的支出の場合には、いったん資産計上をしたうえで減価償却の手続で費用化するため、修繕費に該当する場合と比べて、損失発生の可能性は低くなります。

損失が発生すると、信託外の他の不動産所得や給与所得等との通算ができなくなりますので、信託内での損失発生リスクを回避するために複数の物件を信託財産にするなどの工夫も検討できます。

(鈴木　淳)

Q7▶信託の計算書・受益者別調書

受託者は、信託契約等で定めた受益者への報告のほか、税務署へも書類を提出する必要があると聞きました。どのような書類ですか？

A7▶

受託者は、毎年1月31日までに「信託の計算書（同合計表）」を税務署に提出しなくてはなりません。また、一定事由が生じた場合には、「信託に関する受益者別（委託者別）調書（同合計表）」の提出義務もあります。

キーワード　信託の計算書、信託に関する受益者別調書

▲▲▲▲▲▲▲▲▲▲▲▲▲▲▲▲▲▲▲▲▲▲▲▲▲▲▲▲▲▲

1　信託の計算書

受託者は、毎年1月31日までに、信託財産の収益・費用、資産・負債等を記載した「信託の計算書（同合計表）」を、受託者の事務所等の所在地の所轄税務署に提出しなければなりません（所得税法227条）。ただし、各人別の信託財産に帰せられる収益の額の合計額が3万円以下（信託の計算期間が一年未満である場合には、1万5000円）の場合には、調書の提出は不要です（所得税法施行規則96条2項）。

信託契約において受託者から受益者への報告期限を、仮に信託の計算期間終了後2か月以内と定めても、税務署への提出期限は上記のとおり1月31日までとなります。また、信託財産が賃貸不動産で集計に時間を要する場合など、正確な数値を期限内に出すことが困難な場合も想定されますが、その際には、次の①〜④のとおり、正しい書類を再提出することとなります（国税庁質疑応答事例「提出した法定調書に記載誤りを発見した場合の訂正方法」参照）。

　①　先に提出した信託の計算書の写し　　先に提出した信託の計算書と同じ内容のものを作成するか、控えの写しを使用し、その信託の計算書の右上部余白に「無効」と赤書きする

　②　無効分の合計表　　無効とした信託の計算書の金額等を記載した合計

表を作成し、「調書の提出区分」欄に「4」(無効)と記入する

③　正しい信託の計算書　　正しい内容の信託の計算書を作成し、その信託の計算書の右上部余白に「訂正分」と赤書きする

④　訂正分の合計表　　訂正分とした信託の計算書の金額等を記載した合計表を作成し、「調書の提出区分」欄に「3」(訂正)と記入する

なお、計算書を提出期限までに提出せず、または偽りの記載もしくは記録をして税務署長に提出した場合は、1年以下の懲役(令和7年6月1日以降は拘禁)または50万円以下の罰金とする罰則規定も設けられています(所得税法242条5項)。

2　信託に関する受益者別調書

信託期間中に受益者の変更があった場合には、受託者は、受益者の変更があった日の属する月の翌月末日までに、信託財産の種類、所在場所、数量、価額等を記載した「信託に関する受益者別(委託者別)調書(同合計表)」を、受託者の事務所等の所在地の所轄税務署に提出しなければなりません(相続税法59条3項)。ただし、信託財産の価額の合計額が50万円以下の場合には、調書の提出は不要です(相続税法施行規則30条7項1号)。この調書は、信託期間中のみならず、他益信託にて信託を設定した場合や信託終了直前の受益者と帰属権利者が異なる状況での信託終了の場合にも、それぞれの事由が発生した日の属する月の翌月末日までに提出が必要となります。

なお、信託の計算書同様に、調書を提出せず、またはその調書に虚偽の記載もしくは記録をして提出した場合は、1年以下の懲役(令和7年6月1日以降は拘禁)または50万円以下の罰金とする罰則規定も設けられています(相続税法70条)。

(鈴木　淳)

Q8 ▶ 複層化信託

　会社創業者である委託者兼受益者が、非後継者Bへの遺留分対策として、委託者兼受益者の相続時にBへは累積配当が遺留分相当に達するような収益受益権を与え、信託期間満了後に、元本受益者である後継者Aが自社株を引き継ぐような信託組成を計画していますが、課税関係はどうなりますか？

A8 ▶

　この信託は受益者連続型信託である複層化信託に該当し、非後継者Bは信託財産全部の自社株を委託者から遺贈により取得したものとみなして相続税の対象となり、後継者Aは信託期間満了時に信託財産全部の自社株を非後継者Bから贈与により取得したものとみなして贈与税の対象となります。

キーワード　複層化信託、受益者連続型信託

▲▲▲▲▲▲▲▲▲▲▲▲▲▲▲▲▲▲▲▲▲▲▲▲▲▲▲▲▲▲▲▲

1　複層化信託

　一般に、信託受益権を「元本受益権」と「収益受益権」に分離させた信託を複層化信託と呼んでいます。

　収益受益権を個人が有する複層化信託の受益権は、相続税法上の受益者連続型信託に該当するかどうかにより評価方法が大きく異なりますが、計画中の信託は、受益者連続型信託に該当すると考えられます。

2　相続税法上の受益者連続型信託

　受益者連続型信託は、信託法において「受益者の死亡により、当該受益者の有する受益権が消滅し、他の者が新たな受益権を取得する旨の定め（受益者の死亡により順次他の者が受益権を取得する旨の定めを含む。）のある信託」とされていますが（同法91条）、税務上は、さらに「受益者指定権等を有する者の定めのある信託」（同法89条1項）、「受益者等の死亡その他の事由により、受益者等の有する信託に関する権利が消滅し、他の者が新たな信託に

関する権利を取得する旨の定め（受益者等の死亡その他の事由により順次他の者が信託に関する権利を取得する旨の定めを含む。）のある信託」や「受益者等の死亡その他の事由により、当該受益者等の有する信託に関する権利が他の者に移転する旨の定め（受益者等の死亡その他の事由により順次他の者が信託に関する権利が移転する旨の定めを含む。）のある信託」にも範囲を広げ、「これらの信託に類するもの」も対象としています（相続税法9条の3、相続税法施行令1条の8）。

3　実務対応

(1)　受益者連続型信託に該当する複層化信託

受益者連続型信託である複層化信託においては、税務上、元本受益権は価値を有しないものとみなされているため、収益受益権は信託財産全部の価額にて、元本受益権はゼロにて評価することとなります（相続税法9条の3、相続税法基本通達9の3-1）。

そのため、創業者死亡時に、収益受益者である非後継者Bは自社株全部の評価が相続税の課税対象となりますが、後継者Aは相続税の課税関係は生じません。信託期間満了による信託終了後に、元本受益者である後継者Aが自社株を引き継いだ段階で、税務上は、非後継者Bから自社株全てを贈与により取得したものとみなして、後継者Aに贈与税の課税関係が生じることとなります。なお、自社株の評価にあたっては、非後継者Bは委託者死亡時点、後継者Aは信託終了時点でそれぞれ算定することとなります。

(2)　受益者連続型信託に該当しない複層化信託

逆に、本問が税務上の受益者連続型信託に該当しない信託であった場合には、収益受益権は受益者が将来受けるべき利益を推算した金額に基準年利率による複利原価率を乗じて計算した金額により、元本受益権は信託財産全部の価額から収益受益権の価格を控除した金額により、それぞれ評価されることとなります（財産評価基本通達202）。そのため、委託者の相続開始時には元本受益者である後継者Aと収益受益者である非後継者Bにそれぞれの評価額に基づく相続税が課税され、信託期間満了による信託終了時に後継者Aが自社株を引き継ぐ際は、収益受益権の価値はなくなっているため、贈与税

の課税関係は生じません。

(3) 小　括

　このように、複層化信託は、信託が税務上の受益者連続型信託に該当するか否かにより、取扱いが大きく異なることから、判断にあたっては十分に検討を行う必要があります。

（鈴木　淳）

Q9 ▶ 信託報酬

今まで同居する長男に賃貸アパートの管理を行ってもらっていましたが、賃貸借契約やリフォームの請負契約等もスムーズに行えるよう長男を受託者とする信託の組成を行いました。長男へは信託報酬も支払えるようにしましたが、課税関係はどのようになりますか？

A9 ▶

同一生計親族間の報酬授受は、父の必要経費とならず、長男の収入ともみなされません。

キーワード　信託報酬、同一生計

▲▲▲▲▲▲▲▲▲▲▲▲▲▲▲▲▲▲▲▲▲▲▲▲▲▲▲▲▲▲▲▲▲▲▲▲▲▲

1　同一生計親族間の報酬授受

親族間の報酬授受については金額の多寡のほか生計が同一か別かの確認が必要です。相談者は長男と同居しているため、明らかに互いに独立した生活を営んでいると認められる場合を除き、生計を一つにするものとされます（所得税基本通達2-47）。

同一生計親族間の報酬授受は、支払った側（委託者兼受益者）の必要経費には算入しないものとし、受け取った側（受託者）の収入金額はないものとみなされます（所得税法56条）。父の必要経費とはならないものの、長男は課税されることなく信託報酬を受け取ることができますが、明らかに高額な信託報酬の授受は別途贈与税の課税関係が生じることとなります。

また、相談者は今までも長男に賃貸アパートの管理を行ってもらっており、事業的規模で不動産所得がある場合には、青色専従者給与を支払っていたことも想定されます。この場合、信託により長男の仕事は青色専従者としてではなく受託者としての業務に変更となり、報酬も青色専従者給与から信託報酬へ変わります。青色専従者給与は父の必要経費で、長男の給与所得となっていましたが、信託により双方の課税関係に変動が生じることになるため留意が必要です。

2 長男が別生計親族であった場合

　父と長男が別生計親族であった場合、信託の目的が賃貸アパートの管理のみであれば、信託報酬は、委託者兼受益者である父の不動産所得計算上の必要経費に該当し、受託者である長男の雑所得としての申告が必要となります。

　なお、信託の目的に不動産賃貸事業以外のものも含まれている場合には、何らかの方法で合理的に按分したうえで、不動産賃貸事業に係る部分を必要経費とし、その他の部分は家事的支出となり必要経費には該当しません。

（鈴木　淳）

第3 信託終了時

Q 10 ▶ 空き家譲渡の3000万円控除の特例

1人暮らしの親が認知症になってしまった後の自宅の管理や、必要に応じて老人ホームの入居一時金にあてるための売却ができるよう、自宅不動産の信託を検討しています。しかし、信託後、自宅を売る前に親が亡くなり、その後、誰も住まなくなった旧自宅を帰属権利者が売ることになった場合には、「空き家譲渡の3000万円控除の特例」が使えないと聞きましたが、本当ですか？

A 10 ▶

「空き家譲渡の3000万円控除の特例」は、相続または遺贈で旧自宅の取得をした相続人が適用の対象となるため、帰属権利者として取得した場合には、相続人であったとしても適用の対象とはなりません。

キーワード　空き家、3000万円控除、相続または遺贈、取得費加算の特例

▲▲

1 空き家譲渡の3000万円控除の特例

相続または遺贈により取得した被相続人の旧自宅を、平成28年4月1日から令和9年12月31日までの間に売って、次の①〜⑥のような一定の要件にあてはまるときは、譲渡所得の金額から最高3000万円まで控除することができる制度が「空き家譲渡の3000万円控除の特例」です。

① 相続の開始があった日から3年を経過する日の属する年の12月31日までに旧自宅を売ること
② 家屋は区分所有登記がされておらず、昭和56年5月31日以前に建築されたものであること
③ 被相続人は1人暮らしで、同居親族等はいなかったこと

④ 譲渡金額は1億円以下で、同族関係者に対して売ったものでないこと
⑤ 売主が耐震工事や取壊しをしてから売ること（令和6年以降は、売買契約に基づき、買主が耐震工事や取壊しをする場合も適用可能）
⑥ 相続財産を譲渡した場合の取得費の特例（取得費加算の特例）とは選択適用であること

2 実務対応

(1) 帰属権利者への特例適用の可否

空き家譲渡の3000万円控除の特例は、相続または遺贈で旧自宅の取得をした相続人が適用の対象で、相続や遺贈とみなされるものは含まれていません（租税特別措置法35条3項）。帰属権利者は、信託契約の定めに従い、信託終了により信託財産を取得し、遺贈により取得したものとみなして相続税の課税対象となりますが（相続税法9条の2第4項）、これはあくまで相続税法上の取扱いであり、所得税法上の特例である空き家譲渡の3000万円控除の特例において、みなし相続・遺贈は対象となっていません。帰属権利者が相続人であったとしても、相続または遺贈での取得ではなく、信託契約に基づく取得となるため、空き家譲渡の3000万円控除の特例の適用を受けることができません。

(2) 取得費加算の特例との選択適用

相続または遺贈により取得した土地建物等を、相続開始のあった日の翌日から相続税の申告期限の翌日以後3年を経過する日までに譲渡した場合に、相続税額のうち一定金額を譲渡資産の取得費に加算することができる制度があり（租税特別措置法39条）、これは「取得費加算の特例」と呼ばれています。空き家譲渡の3000万円控除の特例とは選択適用となります。

租税特別措置法39条においては、相続または遺贈による財産の取得に、「相続税法の規定により相続又は遺贈による財産の取得とみなされるものを含む」と規定されていることから、帰属権利者が、みなし相続・遺贈として取得した財産も適用の対象となります。空き家譲渡の3000万円控除の特例には上記のような規定がないことから、適用を受けることができないので

す。

(3) 委託者兼受益者の生前に自宅を売却した場合

　老人ホームの入居一時金が必要となり、委託者兼受益者の生前に、受託者が信託財産である自宅を売却する場合はどうでしょう。税務上は、受益者である親が信託財産である自宅を有するものとみなして所得税法が適用されますので（同法13条）、親が売却に係る譲渡所得税の申告を行うこととなります。そのため、要件を満たせば、親は居住用財産譲渡の3000万円控除の特例や軽減税率の特例を受けることも可能となります。

参考文献
・令和4・12・20東京国税局文書回答事例（「信託契約における残余財産の帰属権利者として取得した土地等の譲渡に係る租税特別措置法第35条第3項に規定する被相続人の居住用財産に係る譲渡所得の特別控除の特例の適用可否について」）

（鈴木　淳）

Q11 ▶ 相続税額の2割加算

私は一回り歳が離れた後妻と再婚をしています。後妻との間に子どもはありませんが、先妻との間に1人長男がいます（後妻との間で養子縁組はしていません）。私の死後は、財産を後妻と長男に法定相続分で承継させる方針ですが、後妻の死後は、後妻が承継した財産を後妻側の親族に渡したくなく、長男に承継させたいと考えています。受益者連続型信託でこの想いを実現できると聞きましたが、後妻から長男が引き継ぐ財産は、相続税額の2割加算の対象となりますか？

A11 ▶

このような場合には、相続税額の2割加算の対象となります。

キーワード　受益者連続型信託、2割加算、養子縁組

▲▲▲▲▲▲▲▲▲▲▲▲▲▲▲▲▲▲▲▲▲▲▲▲▲▲▲▲▲

1　長男が後妻から引き継ぐ受益権の取扱い

本問において、長男は信託継続のまま受益権を引き継ぐのか、信託終了により帰属権利者として引き継ぐのかが明らかではありませんが、税務上は、直前の受益者から遺贈により取得したものとみなされます（相続税法9条の2第2項・4項）。信託法上は委託者から直接取得したものと解されますが、税務上は上記のとおり取扱いが異なりますので、本問において長男が引き継ぐ財産は相続税額の2割加算の対象となります。

2　相続税額の2割加算

相続や遺贈等で財産を取得した人が、被相続人の一親等の血族（代襲相続人となった孫（直系卑属）を含みます）および配偶者以外の人である場合には、その人の相続税額には2割相当が加算されます（相続税法18条）。

被相続人の養子は一親等の法定血族であることから、仮に本問において、長男が後妻との間で養子縁組をしていた場合には、相続税額の2割加算の対象とはなりません。

（鈴木　淳）

Q12 ▶ 債務控除

認知症対策のため、父を委託者、長男である私を受託者とする信託の組成を計画しています。信託財産は借入れの残る賃貸不動産で、借換え等にも円滑に対応できるよう残債も信託財産責任負担債務として受託者である私が債務引受をすることについて、金融機関からの同意も得られそうです。あくまで父の認知症対策が信託の目的であることから、委託者兼受益者である父の死亡で信託は終了し、帰属権利者である私が賃貸不動産を取得し、債務も承継する予定ですが、相続税計算にあたり信託内に残る借入金について債務控除は可能ですよね？

A12 ▶

相続税法の条文上は明らかでない部分もありますが、債務控除の適用は可能と考えられれます。

キーワード　債務控除、信託終了

▲▲

1　相続税法上の規定

相続税法上、債務控除の対象となる債務は、被相続人の債務で相続開始の際現に存するもの（相続税法13条1項）で、確実と認められるもの（同法14条1項）とされており、信託に関しては、同法9条の2第6項において「〔筆者注：相続税法9条の2〕第1項から第3項までの規定により贈与又は遺贈により取得したものとみなされる信託に関する権利又は利益を取得した者は、当該信託の信託財産に属する資産及び負債を取得し、又は承継したものとみなして、この法律の規定を適用する」と規定されています。しかし、同条1項は信託設定時の規定、同条2項・3項は信託期間中の受益者変更時等の規定であり、信託終了時の規定である同条4項については明記されていません。

2　債務控除の適用可能性

　信託終了時の取扱いが相続税法9条の2第6項において明記されていないことから、本問のようなケースにおいては、委託者兼受益者である父の死亡時に信託を終了させず、いったん長男に受益者変更をしたうえで、その後に信託を終了させることも実務において検討がなされています。この場合、長男が取得・承継する財産・債務は「受益者変更」によるため、同条2項が適用され、適正な信託財産責任負担債務を前提とすれば、同条6項により債務控除の適用は可能となります。

　しかし、次のような理由から、信託終了により、受託者から帰属権利者への直接の債務引受がなされている場合においても債務控除の適用は可能と考えられますが、条文上は明記されていないことから、課税庁からの解釈の明確化が待たれるところです。

① 　平成19年6月22日に廃止された個別通達「土地信託に関する所得税、法人税並びに相続税及び贈与税の取扱いについて（S 61.7.9）」の4－2においては、「信託受益権の目的となっている信託財産に帰属する債務があるときは、……債務控除の規定を適用する」旨の記載がありました。受託者が信託銀行であることを前提とするこの個別通達が廃止され、土地以外の資産にも対象が拡充され、相続税法9条の2第6項が新設されましたが、この改正において、信託終了時の債務控除のみを制限する意図はないと考えられます。

② 　相続税法9条の2第6項は、信託法177条（清算受託者の職務）・181条（債務の弁済前における残余財産の給付の制限）に基づき、信託終了時には債務は弁済されていることを前提としていると考えられますが、信託行為の別段の定めにおいて、債権者の同意を得たうえで債務の清算を行わず帰属権利者が債務引受をする旨が規定され、実際に信託終了により帰属権利者である長男が、財産・債務を両建てで取得・承継していれば問題はないと考えられます。

③ 　信託が終了した場合には、清算が結了するまではなお信託は存続するものとみなされており（信託法176条）、さらに、帰属権利者は信託の清

算中は受益者とみなされることから(同法183条6項)、帰属権利者が取得・承継した財産・債務は、受益者変更(相続税法9条の2第2項)によるものとも考えられ、そうであれば同条6項の規定にも該当し、債務控除の適用は可能とも考えられます。

3 債務を負担付き遺贈と解する場合

　帰属権利者が承継する債務については、負担付き遺贈に基づくものと解することもできます。負担付き遺贈により取得した財産の価額は、負担がないものとした場合における当該財産の価額から当該負担額を控除した価額によるものとされており(相続税基本通達11の2-7)、「信託財産の相続税評価額≧信託財産責任負担債務」という状況であれば、債務控除の規定の適用を考慮するまでもなく、財産の価額から負債額を控除した価額で相続税の計算を行うこととなります。

　ただし、時価ベースでは債務超過ではないとしても、相続税評価額ベースでは、「信託財産の相続税評価額＜信託財産責任負担債務」という状況は想定できます。このケースにおいて帰属権利者が承継する債務を負担付き遺贈と解した場合には、資産の価額から負担額を控除した価額はゼロ(マイナスは切捨て)となり、負債超過部分が相続税計算に反映されないこととなりますので留意が必要です。

(鈴木　淳)

Q13 ▶ 帰属権利者の権利放棄

　父を委託者兼受益者、一人っ子である長男の私が受託者となる信託を組成しており、父の死亡後に信託を終了させ、帰属権利者を母としていました。父の死亡後、母の財産も相応に存することがわかり、二次相続における相続税を考慮すると、この信託財産はできれば私が取得したほうがよいと母からも言われました。帰属権利者である母は財産を承継せず、私が直接取得することもできるようですが、税務上はどのような取扱いになりますか？（なお、父の相続人は母と私のみです）

A13 ▶

　帰属権利者である母が権利を放棄することで長男が直接権利を取得でき、父からのみなし遺贈として相続税の課税関係が生じると考えられます。

キーワード　信託終了、帰属権利者、権利放棄

▲▲▲▲▲▲▲▲▲▲▲▲▲▲▲▲▲▲▲▲▲▲▲▲▲▲▲▲▲▲

1　帰属権利者の権利放棄

　信託行為の定めにより帰属権利者となるべき者として指定された者は、信託行為に別段の定めがある場合を除き、当然に残余財産を取得するとされています（信託法183条1項）。しかし、信託行為の当事者である場合を除き、信託行為の定めにより帰属権利者となった者は、受託者に対し、その権利を放棄する旨の意思表示をすることができることとされ（同条3項）、放棄をした場合には当初から権利を有していなかったものとみなされます（同条4項）。

　本問では、委託者父と受託者長男が信託の当事者であるため、母は権利の放棄が可能となります。

　帰属権利者のすべてが権利放棄をした場合には、信託行為に委託者またはその相続人その他の一般承継人を帰属権利者として指定する旨の定めがあったものとみなされることから（信託法182条2項）、本問においては母と長男が帰属権利者とみなされることとなります。

信託行為の当事者である場合を除き、信託行為の定めにより帰属権利者となった者は、受託者に対し、その権利を放棄する旨の意思表示をすることができることから、母が権利放棄をすることで、長男が単独の帰属権利者として財産を承継することが可能となります。

2　税務上の取扱い

　受益者等の存する信託が終了した場合において、適正な対価を負担せずに当該信託の残余財産の帰属すべき者となる者があるときは、当該帰属すべき者となった時において、当該信託の帰属すべき者となった者は、当該信託の残余財産を当該信託の受益者等から贈与（当該受益者等の死亡に基因して当該信託が終了した場合には、遺贈）により取得したものとみなされます（相続税法9条の2第4項）。

　信託法183条1項を根拠に当初帰属権利者として指定された母に対し相続税の課税関係が生じるとの疑義が生じますが、相続税法9条の2第4項の規定を受ける者は、残余財産受益者や帰属権利者に限らず信託終了により残余財産の給付を受けるべきまたは帰属すべき者となる者としており（相続税法基本通達9の2-5）、権利放棄した母は当初から権利を有していなかったとみなされることから（信託法183条4項）、母に相続税の課税関係は生じず、確定的に単独で財産を承継した長男に対する相続税の課税関係で整理できるものと考えます。

　なお、放棄前に当初帰属権利者である母が相続税や所得税等の申告をすでに行っている場合等にはこのような取扱いとするのは困難であると見込まれ、税務上の申告等を行った後に母が帰属権利者の権利を放棄した場合には、信託法183条4項にかかわらず、母に対する相続税（父からみなし遺贈）と長男に対する贈与税（母からみなし贈与）の課税関係が生じるものと考えます。

　　　　　　　　　　　　　　　　　　　　　　　　（鈴木　淳）

第4編

民事信託の裁判例・登記先例

第4編　民事信託の裁判例・登記先例

第1　近時の裁判例からみる民事信託

　民事信託等をめぐる裁判トラブルは、筆者が把握しているだけでも、その数は30にも上ります。ここでは紛争予防・民事信託の適正活用の観点から、それらを信託設定時・信託期間中・信託終了時に分類したうえで、論点ごとに整理して概観します（なお、各裁判例の詳細については本編第2参照）。

1　信託設定時の裁判例
　(1)　委託者の意思能力、信託の理解（信託の成立、錯誤・詐欺）
　　(ア)　意思能力
　　　・東京地判平成30・9・12〔裁判例3〕
　　　・東京地判令和4・10・14〔裁判例18〕
　　　・横浜地判令和5・12・15〔裁判例20〕
　　(イ)　委託者の理解と信託の成立
　　　・東京地判平成31・1・25〔裁判例5〕
　　　・横浜地判令和5・9・22〔参考裁判例7〕
　　(ウ)　錯誤・詐欺
　　　・東京地判平成30・10・23〔裁判例4〕
　　　・東京地判平成31・1・25〔裁判例5〕
　　　・東京地判令和2・12・24〔裁判例9〕
　(2)　情報提供義務・リスク説明義務（委託者の代理人・信託内融資）
　　　・東京地判令和3・9・17〔裁判例12〕
　　　・京都地判令和4・7・1〔参考裁判例4〕
　(3)　成年後見の回避
　　　・東京地判令和4・10・14〔裁判例18〕
　　　・甲府家都留支審令和5・6・26〔参考裁判例5〕
　(4)　民事信託による財産承継と除籍謄本等の交付請求
　　　・東京高判令和4・3・17〔裁判例14〕
　(5)　詐害信託・通謀虚偽表示等
　　　・札幌地判令和2・10・30〔裁判例8〕
　　　・名古屋地判令和3・12・3〔参考裁判例2〕
　　　・東京地判令和4・6・2〔参考裁判例3〕
　(6)　遺留分
　　　・東京高判平成28・10・19〔裁判例2〕
　　　・東京地判平成30・9・12〔裁判例3〕
　　　・東京地判令和2・12・24〔裁判例9〕
　(7)　株式の信託
　　　・東京高判平成28・10・19〔裁判例2〕
　　　・東京高判令和2・1・22〔参考裁判例1〕

・千葉地佐倉支判令和5・7・19〔参考裁判例6〕
2　信託期間中の裁判例
　(1)　受託者の義務、信託契約の要素、事後的な信託成立の主張
　　・東京地判平成24・6・15〔裁判例1〕
　　・大阪高判令和4・5・27〔裁判例16〕
　　・東京地判令和4・9・8〔裁判例17〕
　　・東京地判令和5・12・13〔参考裁判例8〕
　　・横浜地判令和5・12・15〔裁判例20〕
　(2)　信託財産である預金債権に対する差押え（対外的請求権の帰属）
　　・東京地判平成24・6・15〔裁判例1〕
　　・東京地判令和5・12・21〔参考裁判例9〕
　(3)　帳簿等の閲覧等請求
　　・さいたま地越谷支判令和4・3・23〔裁判例15〕
　　・東京高判令和6・2・8〔裁判例21〕
　(4)　受託者
　　(ｱ)　解任と信託法58条3項
　　　・東京地判令和2・1・28〔裁判例6〕
　　　・東京地判令和5・3・17〔裁判例19〕
　　(ｲ)　前受託者の義務
　　　・さいたま地越谷支判令和4・3・23〔裁判例15〕
　　　・東京高判令和6・2・8〔裁判例21〕
　　　・東京地判令和2・1・28〔裁判例6〕
　　(ｳ)　新受託者
　　　・東京地決令和3・3・24〔裁判例11〕
　(5)　受益債権の具体的権利性（信託財産限定責任負担債務と判決主文）
　　・東京地判令和2・12・24〔裁判例9〕
　　・さいたま地越谷支判令和4・3・23〔裁判例15〕
　　・東京高判令和6・2・8〔裁判例21〕
3　信託終了時の裁判例
　(1)　信託の撤回
　　(ｱ)　信託撤回の連絡と殺人事件
　　　・千葉地判令和2・10・30〔裁判例7〕
　　(ｲ)　信託終了と意思無能力無効・主張権者
　　　・東京地判令和3・11・18〔裁判例13〕
　　(ｳ)　信託法164条3項の別段の定め
　　　・東京地判平成30・10・23〔裁判例4〕
　　(ｴ)　受託者の任務懈怠と信託契約の債務不履行解除
　　　・東京地判平成30・10・23〔裁判例4〕
　(2)　残余財産の権利移転時期
　　・東京高判平成28・10・19〔裁判例2〕
　　・さいたま地越谷支判令和4・3・23〔裁判例15〕
　(3)　残余財産の帰属権利者と遺言信託の対象となる信託財産
　　・東京地判令和3・2・2〔裁判例10〕

1　信託設定時の裁判例

(1)　委託者の意思能力、信託の理解（信託の成立、錯誤・詐欺）

(ｱ)　意思能力

東京地判平成30・9・12〔裁判例3〕は、診療記録等を前提に、見当識障害はなく理解力は良好であったこと、自発的検討、公証人の面前での宣誓、公証人による認証等の事実を認定し、意思能力を肯定しました。

一方で、東京地判令和4・10・14〔裁判例18〕は、判断能力の低下、信託契約締結には相当程度の判断能力が必要であること、信託契約を締結することの合理性が乏しかったこと等を認定し、意思能力を否定しました。

また、横浜地判令和5・12・15〔裁判例20〕では、後見開始の審判確定後であるため意思無能力が推認されるところ、この推認を否定する事情は認められないとしました。

(ｲ)　委託者の理解と信託の成立

東京地判平成31・1・25〔裁判例5〕は、信託契約の内容等を理解していなかったと主張されましたが、弁護士の作成したメモに基づいた事前説明（署名押印もあり）や、公正証書化した等の事情を前提に、信託契約の成立が認められました。

なお、先立つ信託契約締結の事実を、後日の相続分譲渡契約動機不存在の認定根拠とし、その錯誤を認定した裁判例として、横浜地判令和5・9・22〔参考裁判例7〕があります。

(ｳ)　錯誤・詐欺

いずれも事前説明等を前提とした委託者の理解があった等と認定し、当該主張は排斥されています。

東京地判平成30・10・23〔裁判例4〕は、まず詐欺について、信託の内容につき繰り返し説明を受けたもので、判断能力が低下した様子もみられないから、法的効果を認識していなかったとは認められないとし否定しました。錯誤については、まず、同様に法的効果を認識していなかったと認めることはできないとしたうえで、信託が新築計画を推進するものであると誤信していたとの動機の錯誤については、信託契約の内容とされたとは認められない

とし、いずれも否定しました。

東京地判平成31・1・25〔裁判例5〕は、動機と表示との間に不一致があるとはいえないとし、錯誤を否定しました。詐欺についても、同様に錯誤の存在を否定し、また、欺罔も否定しました。

東京地判令和2・12・24〔裁判例9〕は、前提として、亡委託者兼当初受益者が生前に契約の取消権を有していた場合、相続の発生に伴って相続人がこれを準共有することとなるものの、信託契約に対する取消権について、信託契約の当事者である当初受託者の持分権は、相続と同時に消滅し(民法520条類推適用)、他の唯一の相続人は、単独で当該取消権を行使することができるとしました。そのうえで、詐欺については、信託契約の内容が亡委託者の意向に沿ったものとなっていること等を認定し、詐欺行為を否定し、要素の錯誤も否定しました。

(2) 情報提供義務・リスク説明義務(委託者の代理人・信託内融資)

東京地判令和3・9・17〔裁判例12〕は、司法書士に対する不法行為に基づく損害賠償請求を認めた事案です。日本司法書士会連合会や一般社団法人民事信託推進センターの活動等が認定されたうえで、司法書士である被告について、報酬を得て民事信託の支援等の業務(①信託契約書案文の作成、②当該契約に係る公正証書の作成手続の補助、③信託財産に属する不動産に係る信託の登記の申請手続の代理、信託財産に属する金銭を預け入れる受託者名義の預金口座の開設の支援等の業務を含む)を受任する旨の委任契約を締結するに先立ち、信義則に基づき、金融機関の信託内融資、信託口口座等に関する対応状況等の情報収集、調査等を行ったうえで、その結果に関する情報を提供するとともに、信託契約を締結しても信託内融資および信託口口座の開設を受けられないというリスクが存することを説明すべき義務を負っていたというべきであり、その義務違反があるとしました。また、損害との相当因果関係に関し、金融機関から、信託契約の締結が委託者の代理人によりなされている(信託契約の委託者について代理人による公正証書作成の嘱託がされている)との理由で信託口口座を開設不可であったことを認定しています。

なお、売買契約が融資特約により当然解除されたかが争点となった事案の事実経過において、信託財産を担保にした収益物件の購入資金の融資の可否

が認定された裁判例として、京都地判令和4・7・1〔参考裁判例4〕があります。

(3) 成年後見の回避

東京地判令和4・10・14〔裁判例18〕は、任意後見受任者である弁護士が、委任者の事理弁識能力が不十分であり、不動産売却の前提としては、後見開始の手続が必要であることを認識していたにもかかわらず、任意後見監督人の選任等の必要な手続をとらずに、もっぱら、自らの裁量で自由に不動産の売却を進める目的で、自己を受託者とする信託契約を締結し、不動産を売却した事案です。これらの行為について、弁護士に対する善管注意義務違反を理由とした損害賠償請求が認められました。

甲府家都留支審令和5・6・26〔参考裁判例5〕は、本人が弁護士との任意後見契約を解除し、長男と任意後見契約および本人の自宅を含む財産につき信託契約を締結したところ、長女からの後見開始の審判申立てがなされた事案です。任意後見契約を締結した時点で、本人の理解力・判断力は相当程度減退していたこと、本人は、本人の利益保護に資する内容となっていた弁護士との委任契約等を解除して、長男との任意後見契約を締結するという不合理な意思決定をした等の認定を踏まえて、「本人の利益のため特に必要がある」(任意後見契約に関する法律10条1項)と認め、後見開始の審判となりました。

(4) 民事信託による財産承継と除籍謄本等の交付請求

東京高判令和4・3・17〔裁判例14〕は、司法書士である原告(被控訴人)が、委任者Bの任意財産管理人(特定事務受任者)として、委任者の財産を遺言または民事信託によりいとこであるAの一家に承継させるために請求した、委任者のいとこを筆頭者とする除籍謄本等の交付請求(本件請求)に係る不交付決定は違法であるとして、その取消しを求める(行政事件訴訟法3条2項)とともに、本件請求に係る除籍謄本の交付の義務づけを求めた(同条6項2号)事案です。戸籍法12条の2が準用する同法10条の2第1項1号・3号の解釈を示したうえで、いずれもの該当性を否定しました。

(5) 詐害信託・通謀虚偽表示等

詐害信託が問題となった裁判例として、札幌地判令和2・10・30〔裁判例

8〕、信託されていた不動産に係る競売事件についての第三者異議の訴えを提起する原告適格等が争点となった裁判例として、名古屋地判令和3・12・3〔参考裁判例2〕があります。

また、信託契約が通謀虚偽表示により無効と判断した裁判例として、東京地判令和4・6・2〔参考裁判例3〕があります。①信託契約の締結時点から受託者に実体がなく、②契約締結後に信託契約が履行された実体もないうえ（信託法37条1項2項の書類または電磁的記録を作成しておらず）、③虚偽の信託契約を締結する十分な動機があったことから、地代支払いや建物の明渡しといった法的義務を免れるため、建物の登記名義を形式的に受託者に移転することを計画し、その手段として本件信託契約を締結したものと推認されること等を認定しています。

(6) 遺留分

東京高判平成28・10・19〔裁判例2〕は、遺留分減殺請求は受託者に対して行うべきとしつつ、遺言信託に対して遺留分減殺がされるとどのような法律関係が生じるのかは定説がなく学者の間でも理解が分かれている等としました。

東京地判平成30・9・12〔裁判例3〕は、信託のうち経済的利益の分配が想定されない不動産を信託財産とした部分は、遺留分制度を潜脱する意図で信託制度を利用したものであって公序良俗に反して無効であるとし、また、信託契約による信託財産の移転は形式的な所有権移転にすぎないため、信託においては受益権を遺留分減殺の対象とすべきである等としました。

一方で、東京地判令和2・12・24〔裁判例9〕は、遺留分制度を潜脱する意図で信託制度を利用したものとは認められず、信託契約が公序良俗に反するものであるということはできないと判断しています。理由としては、①受託者が相続分割合を超える遺贈や死因贈与を受けたものではないこと、②受益者が信託法の規定や信託契約の約定に従い、自らの受益権を保全し、行使することが可能であること、③信託契約の約定が委託者兼当初受益者の法定の相続関係に沿ったものといえることをあげています。

(7) 株式の信託

東京高判平成28・10・19〔裁判例2〕は、譲渡制限株式の遺言信託は、一

般承継でないから譲渡承認が必要でありその否決により、仮にみなし承認（会社法145条1号）があったとしても受益権放棄により、信託の目的達成不能により終了したものと解されるとしました（信託法163条1号）。

株主間合意があった株式について、株式信託契約が締結された裁判例としては、東京高判令和2・1・22〔参考裁判例1〕があります。

千葉地佐倉支判令和5・7・19〔参考裁判例6〕は、委託者の指示に反する株主権の行使をした場合の効力について、権利行使の相手方が、当該権利行使の当時、それが信託財産のためにされたものであることを知り、かつ、当該権利行使が受託者の権限に属しないことを知りまたは知らなかったことにつき重大な過失があった場合でない限り（信託法27条1項）、その効力は否定されることはなく、別途、委託者に対し、信託契約違反を理由とする責任を負うにとどまるというべきであるとしました。

2 信託期間中の裁判例

(1) 受託者の義務、信託契約の要素、事後的な信託成立の主張

事後的に信託の成立が主張されるケースでは、契約書の文言はもとより、受託者の義務（分別管理義務等）と信託契約の要素（法性決定）が問題となります。

東京地判平成24・6・15〔裁判例1〕は、旅行するための資金として各人の固有財産から分離して確保する（当該目的のためにのみ使用し、他の目的のためには使用しない）こととして、上記目的のために預金契約を締結して口座を開設させ、それぞれ一定額を同口座に振り込む方法で支払い、前記目的に従ってこれを管理させ、また上記目的に従って使用させることを合意し、これに基づいて、それぞれ毎月一定額を口座に振り込んで支払ってきたこと、その管理状況について、不定期ながら報告しその確認を得ていたことを認定し、単なる消費寄託契約または委任契約にすぎない旨の主張を、信託財産としての分別管理の実質は備えていることを理由に排斥し、信託契約締結を認定しました。

一方で、大阪高判令和4・5・27〔裁判例16〕は、信託契約の要素が、受託者の固有財産と信託財産との分別管理義務を設定し、信託財産を受益者の

ために確保・保全する点にあり、受託者の分別管理義務はその基本的債務であることに照らせば、信託契約の成立には、契約当事者間に分別管理義務の設定について明示的な合意があるか、少なくとも受託者が託された財産を確保するうえで必要な特定性および独立性をもった管理・保管を行う義務を負うことを基礎づける事実について当事者間に合意があるなど、分別管理義務の設定されることが契約上予定されていることを要するものと解されるとしたうえで、信託契約の成立を否定しました。

東京地判令和4・9・8〔裁判例17〕は、成年後見人により第二種社会福祉事業を目的とする法人との間で締結された施設契約が、信託契約ではなく負担付き贈与契約であり、また、遺言が遺言信託ではなく遺贈とされた事案です。契約の法性決定については、①施設契約の文言、②施設契約の内容等（信託契約の要素を有しているか（ⓐ一定の目的に従った財産の管理等、ⓑ財産の分別（信託契約の成立要件ではないと解されるが、分別して管理することが予定されているか否かは、当該契約が信託契約に該当するか否かの重要な判断要素になる）、ⓒ無効事由（受益者の定めのない目的信託であって法令で規定する公益信託の要件を満たしていない）を考慮した当事者の合理的意思解釈、ⓓ報告義務および善管注意義務、ⓔ成年後見人であること（成年被後見人の意思に反さずかつ成年被後見人の生活に支障が生じない範囲においては、成年後見人の裁量により成年被後見人の財産を譲渡し処分することも許される））を詳細に検討したうえで、信託契約ではないとしています。

東京地判令和5・12・13〔参考裁判例8〕は、信託契約の具体的な内容やその成立の経緯は必ずしも明らかでないうえ、原告（母）の供述するところによっても、高齢になった原告から依頼されて本件口座を管理し、原告の生活費や医療費等の支払いを行っていたにすぎないという前提において、これにより信託契約（信託法3条1号）が成立したとも直ちに評価しがたく、そのほか本件信託契約が成立した事実を認めるに足りる的確な証拠はないとしました。

横浜地判令和5・12・15〔裁判例20〕は、①信託契約書には信託する旨の文言がないこと、②信託契約書が作成されて以降、信託業務を具体的に行っていたとは認められないこと、③財産を信託していることと整合的とはいえ

ない内容の遺言公正証書が作成されていることを考慮し、将来的に相続により取得する財産について、別途の意思表示を要することなく信託する旨の意思を有していたとは認めがたいとしました。

(2) 信託財産である預金債権に対する差押え（対外的請求権の帰属）

東京地判平成24・6・15〔裁判例1〕は、信託財産については、個人としての受託者本人に対する債務名義に基づきこれを差し押さえることは許されないことになる（旧信託法16条、現信託法23条1項）としつつも、金融機関としては、特段の事情がない限り、預金債権の差押えやこれに基づく取立てにおいても、同人を預金債権者として扱えば足りるとしました。また、払戻しを受けた債権者に対する不当利得返還請求の主体については、受益者ではなく受託者としました。

東京地判令和5・12・21〔参考裁判例9〕は、非名義株主と名義株主との契約関係が信託である場合に、不法行為に基づく損害賠償請求権を行使しうる権利者が受託者である名義株主である（信託の受益者である非名義株主原告は、信託スキームの内部関係において名義株主に対する請求をすることができるにすぎない）としました。

(3) 帳簿等の閲覧等請求

さいたま地越谷支判令和4・3・23〔裁判例15〕は、①財産目録、②貸借対照表、③損益計算書、④預金通帳、⑤税務申告書、⑥会計帳簿の謄写請求について、①〜③は財産状況開示資料にあたる、④は信託帳簿に相当する、⑤は信託事務処理書類にあたる、⑥は信託帳簿にあたるとして認容しました。

しかし、控訴審である東京高判令和6・2・8〔裁判例21〕は、④に係る部分のみ認容しました。すなわち、まず、②および③は、財産状況開示資料にあたるが、単に物の管理を目的とする信託では、貸借対照表や損益計算書の作成までは必要なく、財産目録に相当する書類が作成されれば足りると解したうえで、第1審で提出した準備書面記載のもののほかに、財産目録に相当する書類等の財産状況開示資料を作成していることはうかがわれないという事実関係の下では、①〜③について、謄写請求権を有するものとは認めがたいとしました。⑤については、受託者において、信託不動産に係る収益お

よび費用に関し、所得税の確定申告義務を負うものではないため、⑥については、会計帳簿の作成義務が課されている限定責任信託（信託法222条2項）ではない信託契約において、そもそも、会計帳簿の作成義務があるとは解しがたいとし、会計帳簿の謄写請求権を有すると認めがたいとしました。

(4) 受託者

(ア) 受託者の解任と信託法58条3項

東京地判令和2・1・28〔裁判例6〕は、「経済事情の変化、天災地変その他のやむを得ない事由により、信託目的の達成が不可能又は著しく困難となったときを除き、Aの死亡の時まで解除することができない」旨の規定（本件規定）について、その文言上、信託契約の解除についての規定であることが明らかであり、本件規定によって受託者の解任についても制限されると解すべき合理的理由は認められず、信託法58条1項に基づき、受託者から解任することを制限する「別段の定め」（同条3項）があると認めるに足りる的確な証拠はないとしました。

これに対し、東京地判令和5・3・17〔裁判例19〕は、「受益者は、受託者との合意により、本件信託契約の内容を変更し、若しくは本件信託契約を一部解除し、又は本件信託契約を終了させることができる」旨の規定（本件規定）について、委託者兼受益者が、受託者との合意により、受託者を解任することができる旨を明記していないとしつつも、①委託者兼受益者が受託者を任意に解任することができると解すると、信託終了権限を制限した本件規定が、実質的に無意味なものとなること、②本件信託契約が負担付き死因贈与契約に類するものであることから、信託終了権限を制限する本件規定は、当然にその任意解任権をも制限するものであり、合意が要求される「本件信託契約を終了させること」とは、受託者を解任して信託契約を終了させることを含むものと解するのが、契約当事者間の合理的な意思に沿うといえ、信託法58条3項所定の「別段の定め」にも該当するとしました。なお、同法149条4項・164条3項の「別段の定め」として、各項所定の信託の変更権限と終了権限のみを制限したものである旨の主張については、合理的な意思に反するほか、委託者兼受益者と受託者が本件信託契約を締結した後、受託者を解任した場合には、委託者兼受益者と受託者という両者の契約関係は事

実上終了するといえ、解任することも本件規定所定の「本件信託契約を終了させること」に含まれると解することは、本件規定の文理に反しないとしました。また、遺言代用信託としての側面を有することを前提に、遺言や死因贈与の撤回自由との関係で公序良俗に反する旨の主張についても、負担付き死因贈与契約に類するものであるとされ、同法58条4項に基づき裁判所が解任できることも指摘したうえで、公序良俗に反するとはいえないとしました。

(イ) 前受託者の義務

さいたま地越谷支判令和4・3・23〔裁判例15〕は、受託者の解任によって信託契約における受託者たる地位を失い、その任務も終了した（信託法56条1項6号）と認定しました。しかし一方で、当該解任および信託契約を終了する意思表示による信託終了により、当該解任された受託者が直ちに清算受託者となり、現務の結了、信託財産に属する債権の取立ておよび信託債権に係る債務の弁済、受益債権に係る債務の弁済および残余財産の給付を行う義務を負う（同法175条・177条）とし、残余財産たる給付の一環として、所有権移転登記および信託登記の各抹消登記手続をする義務を負うとしました。なお、東京高判令和6・2・8〔裁判例21〕も抹消登記手続請求に係る部分は全部理由があると判断しています。

これに対し、東京地判令和2・1・28〔裁判例6〕は、受託者解任により受託者の任務が終了し、新受託者選任により、新受託者が信託法75条1項に基づき信託に関する権利義務を前受託者から承継したものとして、受託者解任による変更を原因とする信託された不動産に係る所有権移転登記手続請求を認容しました。

(ウ) 新受託者

東京地決令和3・3・24〔裁判例11〕は、遺言信託の受託者となるべき者として指定された者が信託の引受けをしなかったとして、信託法6条1項に基づき遺言信託の受託者の選任を裁判所に求めた事案です。裁判所は、一般社団法人信託協会から受託者の候補となりうる者として2社の推薦を受けまし。しかし、1社は、管理型の信託会社であり指図人がいない限り受託者として引き受けることができないとして辞退し、もう1社は当該遺言信

託の内容に合った不動産管理信託として受託することは困難であるとして辞退しました。そこで、遺言者の養女が受託者として選任されました。

(5) 受益債権の具体的権利性（信託財産限定責任負担債務と判決主文）

東京地判令和2・12・24〔裁判例9〕は、「受託者が相当と認める額」を支払う旨の規定について、次項が給付額の減少に制約を設けている点に鑑み、受託者において給付金を支払うか否かについての裁量まで認めたものと解することはできないとしました。

また、さいたま地越谷支判令和4・3・23〔裁判例15〕は、受託者裁量を認めつつ信託目的等から給付の内容とこれが定期的に行われるべきことを導出し、受益債権の具体的権利性を肯定しました。なお、判決主文は責任限定型の留保付き判決とはされませんでした。

しかし、控訴審である東京高判令和6・2・8〔裁判例21〕は、第1審の判断を否定しました。すなわち、受益者に交付すべき具体的金額やその算定方法、交付時期について、これを明示し、または示唆するものは存在せず、信託目的等の規定いずれも抽象的な内容にとどまるものであって受託者が受益者に交付すべき生活費等の具体的金額やその算定方法、交付時期を定めるものであるとは解しがたいことに加えて、信託契約締結後の交付事実不存在、相当額を保管しておくことなども受託者の裁量の範囲内のものとして許されることから、具体的な権利として請求権を有するものとは解しがたいといわざるを得ず、いつ、いくらを支払うかについては、受託者の裁量に基本的に委ねられているものと解するのが相当としました。

3 信託終了時の裁判例

(1) 信託の撤回

(ア) 信託撤回の連絡と殺人事件

千葉地判令和2・10・30〔裁判例7〕は、母親との家族信託契約の締結等を進める中で、母親の言動に振り回されて苛立ちを募らせた末に、殺害に及んだとされた殺人・死体損壊・死体遺棄被告事件です。犯人性肯定にあたり、妻と共に新築住宅を建築する段取りをしつつ、並行して被害者の老人ホームへの入居手続やその費用捻出のための家族信託契約の締結を進めていた

が、被害者が翻意を繰り返すなどしていたこと、被告人は、被害者が家族信託契約の締結にかかわった司法書士から、被害者がその撤回を申し出ているとの連絡を受けたことなどが認められ、このような一連の経緯から、被害者に対し、苛立ちを募らせて殺害したとしても不自然ではなく、被告人が犯人であることと矛盾しないと認定しています。

　　(イ)　信託終了と意思無能力無効・主張権者

　東京地判令和3・11・18〔裁判例13〕は、意思表示をした時に意思能力を欠いたことを原因とする無効は、その趣旨が表意者の保護にある以上、その意思表示をした法律行為の当事者に無効を主張する意思がない場合、当該当事者以外の者から無効を主張することは許されないと解されるとしたうえで、当該事案の委託者は、信託契約終了の意思表示について、無効を主張する意思がないことが明らかであるから、受託者がこれを主張することは許されないとしました。

　　(ウ)　信託法164条3項の別段の定め

　東京地判平成30・10・23〔裁判例4〕は、「受益者は、受託者との合意により、本件信託の内容を変更し、若しくは本件信託を一部解除し、又は本件信託を終了することができる」との規定（本件規定）について、仮に、受益者が、任意の時期にこれを終了させることができるのだとすれば、受託者との合意によって信託を終了することができるとの本件規定は、無意味なものとなるから、信託法164条3項にいう信託行為における「別段の定め」であって、本件信託において、同条1項に優先して適用される規定であるというべきとし、同項に基づく終了を否定しました。

　　(エ)　受託者の任務懈怠と信託契約の債務不履行解除

　東京地判平成30・10・23〔裁判例4〕は、新築計画の推進という委託者の動機が、信託契約の内容とされたとは認められず、これが本件信託契約の目的となっているとはいえないから、同計画の推進を拒絶する受託者につき債務不履行となるという主張は、その前提を欠くとの理由で、信託契約に債務不履行解除の事由があるとの主張を排斥しました。

　(2)　残余財産の権利移転時期

　東京高判平成28・10・19〔裁判例2〕は、残余財産は、信託終了と同時に

物権的に移転するのではなく、清算受託者が、現務結了、債権取立ておよび債務弁済を終えた後の残余財産給付行為（株券交付）を実行した時に初めて移転すると解されるとしつつも、清算手続（残余財産の給付）が早期かつ容易に実行可能であるのに、信託終了を否認したまま清算受託者としての義務を果たそうとしていない者が、自らの残余財産給付義務（株券交付）の不履行の事実を差し置いて、株主たる地位を争うのは、信義則違反であって許されないとしました。

一方で、さいたま地越谷支判令和4・3・23〔裁判例15〕は、民事信託においては、信託を利用する目的は、財産の管理（または承継）であることからすれば、信託が終了すれば、帰属権利者に速やかに信託財産を承継させるとするのが当事者の通常の意思であると解されるから、意思主義（民法176条）に則って、信託契約の終了と同時に帰属権利者にその所有権が移転すると解するのが相当である（一般論としては、帰属権利者に給付すべき財産が特定された時点でその権利が帰属権利者に移転すると解するのが相当であるが、本件信託契約については、給付すべき財産はあらかじめ本件土地に特定されている）としました。

(3) 残余財産の帰属権利者と遺言信託の対象となる信託財産

東京地判令和3・2・2〔裁判例10〕は、まず、遺言信託における残余財産の帰属権利者に関して、残余財産の帰属について直接の規定がない場合について、遺言の付言事項も含めて遺言記載を考慮したうえで遺言者の意図を解釈し、黙示の指定があるものとして信託法182条1項2号の規定による残余財産の帰属を認め、同条2項の規定により遺言者たる委託者の一般承継人に帰属する旨の主張を排斥しました。

一方で、この裁判例は、遺言信託の対象となる信託財産に関して、遺言者死亡前に遺言者の預貯金口座から払戻しがなされた場合について、払戻しについて不当利得または不法行為が成立するとしても、当該請求権は、遺言信託に係る信託財産には含まれないとしました。なお、遺言信託の物上代位性（民法999条1項類推適用）については判断されていません。

（海野千宏）

第2　民事信託の裁判例

　ここでは、民事信託の実務家必読である21件の裁判例と9件の参考裁判例について、事案の概要、争点、裁判所の判断を紹介します（下線は筆者）。関連する設問、参考文献もあわせて掲げていますので参照してください。

〔裁判例1〕
東京地判平成24・6・15（金商1406号47頁・判時2166号73頁）
⇒信託財産である預金債権に対する差押えと、払戻しを受けた債権者に対する不当利得返還請求の主体

▶事案の概要

　X_2ないしX_5は、定期的に4人で旅行に行っていた親しい友人同士であったところ、X_5が、旅行費用の積み立てのため、Y_2（銀行）にX_1（Aの会　代表者　X_5）名義で普通預金口座を開設した。

　その後、同口座に預け入れられたX_2ないしX_5の旅行費用に係る積立金を原資とする預金債権（以下、「本件預金債権」という）について、Y_1（債権回収会社）が、X_5に対する債務名義により本件預金債権を差し押さえて、Y_2から全額を取り立て、払戻しを受けた。

　そこで、上記当事者間において、本件預金債権の帰属主体、信託財産として差押えを免れるか、不当利得返還請求の主体等が問題となった。

▶争点（信託にかかわる部分に限る）

1　本件預金債権のうち、X_2ないしX_4の3名（以下、「X_2ら3名」という）の積立金の性質（信託財産）
2　本件預金債権に対する差押えおよびこれに基づく取立てに応じた支払いによる弁済消滅
3　全額の払戻しを受けた債権者Y_1に対する不当利得返還請求の主体（受託者）

▶裁判所の判断（概要）

1　X_2ないしX_5の4名は、毎月一定額を4名で旅行するための資金として各人の固有財産から分離して確保する（当該目的のためにのみ使用し、他の目的のためには使用しない）こととして、X_5にY_1との間で上記目的のために預金契約を締結して本件口座を開設させ、それぞれ上記一定額を同口座に振り込む方法でX_5に支払い、X_5に前記目的にしたがってこれを管理させ、また上記目的にしたがって使用させることを合意し、これに基づいて、それぞれ毎月一定額を本件口座に振り込んでX_5に支払ってきたこと、X_5は、その管理状況について、不定期ながらX_2ら3名に報告しその確認を得ていたこと、そして、X_2ら3名各人がこのようにして本件口座に振り込んで支払ったことが認められる。

　上記事実を総合すれば、X_2ら3名は、X_5との間で、それぞれ、専らX_2ないしX_5の4名で旅行するための資金として管理し、使用することを目的としてX_5に金員を支払い、同人をして、本件口座を開設させ、上記目的のために同金員を同口座において管理し、または使用させる旨の、X_2ら3名各人を委託者兼受益者、X_5を受託者とする信託契約（旧信託法1条）を締結したものであり、本件差押えの時点で本件口座に現存した金額のうち、X_2ら3名各人が本件口座に振り込んで支払っていた金額は、X_2ら3名の各人を委託者兼受益者、X_5を受託者とする信託財産と認めることができるというべきである。

　確かに、Y_2が指摘するように、X_2ないしX_5の4名による取り決めの性質上、X_2ら3名に緊急の資金需要が生じれば、旅行を不参加として、自己の積立金の返還を求めることが当然に想定されるものの、むしろ委託者兼受益者であるX_2ら3名各人は、いつでも信託を解除することができるのであって（旧信託法57条、新信託法164条）、これが故に信託としての本質に反することになるものとはいえない。

　また、本件口座には、X_5自身の積立金も入金されているところ、これについて、X_5を委託者兼受益者兼受託者とする信託が成立する余地があるか否かはひとまず措くとすれば（本件ではそのような主張及びこれに基づく請求は含まれていない。）、前記認定事実によれば、本件口座は、X_5のその余の一

般財産とは分別して管理されている上、X_2ら3名各人の信託財産たる金銭について、各別に計算を明らかにすることができる状態で管理されていることが認められるのであって、むしろ信託財産としての分別管理の実質は備えているものといってよい（旧信託法28条ただし書、新信託法34条1項2号ロ）。

　Y_2は、本件取り決めは、単なる消費寄託契約又は委任契約に過ぎない旨主張するけれども、なるほどこれらの契約と近似し、または重複する面はあるとしても、本件取り決めが信託契約としての実質を備えていると認められることは前示のとおりであり、同認定を左右するに足りない。

2　Y_1が差押えの上、取り立てた本件預金のうち、X_2ら3名各人を委託者兼受益者、X_5を受託者とする信託財産については、X_5に対する債務名義に基づきこれを差し押さえることは許されないことになる（旧信託法16条、新信託法23条1項）。

　一方、本件預金債権自体は、X_5に帰属すると認めるべきものである以上、Y_2としては、取引上、専らX_5を権利者として扱えば足りるのであり、また信託財産たる預金債権について、的確な公示手段やこれに係るルールが存在しない現状においては、当該預金が信託財産であるか否かや、具体的にいかなる権利関係にあるかは、Y_2としては、（本件預金口座名義等からその可能性をうかがい知ることができる場合はあり得るとしても）通常これを容易かつ的確に知る立場にはないから、特段の事情がない限り、預金債権の差押えやこれに基づく取立てにおいても、X_5を預金債権者として扱えば足りるというべきであり、本件差押え及びこれに基づく取立てに応じて、Y_1に対して支払ったことによって、本件預金債権は弁済により消滅したものと解するのが相当というべきである。

3　そうすると、上記信託の受託者であり信託財産の帰属主体であるX_5は、少なくともY_1が差押えの上、取り立てた本件預金のうちX_2ら3名各人を委託者兼受益者とする信託財産について信託の受託者として損失を被り、Y_1は、これを法律上の原因に基づかずに利得したことになるから、Y_1は、受託者であるX_5にこれを返還すべきこととなる。

　他方、X_2ら3名は、依然としてX_5に対し受益権を有するのであって、本件差押え及び取立てによってこれを害されたものとは認められない。したが

って、X_2ら3名の被告Y_1に対する不当利得返還請求には理由がないことに帰する。

▶悩みどころと落とし穴
・第1編第2章Q4（信託と信託口口座における倒産隔離機能）
・第1編第2章Q6（払戻金の不当利得返還請求の主体）

▶参考文献
・上田純「信託財産とされた預金の差押えと銀行の差押債権者に対する弁済の有効性」金法1974号（2013年）82頁
・堂園昇平「信託とされた預金」金法1972号（2013年）4頁

(海野千宏)

―〔裁判例2〕―

東京高判平成28・10・19（判時2325号41頁）
⇒株式の遺言信託と株式譲渡承認、受益権放棄の効力、残余財産の権利移転時期、遺留分減殺請求の相手方、遺留分減殺の帰趨

▶事案の概要

遺言者Aは、Y株式（譲渡制限株式）（以下、「本件株式」という）の株主であったが、以下の内容（一部抜粋）の自筆証書遺言（以下、「本件遺言」という）を作成した。

> 私の財産のうち株券はFの子供Bにあげる。197,000株です。
> 株券はBが成人するまで弁護士Xが信託管理し株券の権利行使は全部同弁護士が行使する。
> 弁護士Xを遺言執行者に指定する。約束を守ってください。

Aは翌月に死亡したため、Xが遺言執行者に就任し、本件遺言で指定された受託者として本件遺言により設定された遺言信託（以下、「本件遺言信託」という）における信託の引受けも行った（信託法5条・6条参照）。

A死亡時の法定相続人は、Aの長男亡Eの子DおよびAの二男Fの2名である。

Dは、本件遺言により遺留分が侵害されたとして、遺留分減殺請求の通知

を、受遺者であるBらにあてて行うとともに、受遺者らに対する遺留分減殺請求権行使の事実を遺言執行者であるXにあてて通知した。

Xは、Y社に対し、本件遺言信託の受託者たるXへの本件株式の譲渡承認を求めたが、当該議案は、Y社取締役会において否決された。

その後、Bの親権者FおよびGが、Xに対し、本件遺言信託の受益権を放棄する旨の意思表示（以下、「本件受益権放棄」という）をした。Bの親権者は、信託終了時の残余財産の帰属の権利を放棄する旨の意思表示（信託法183条3項）をする意図は有しておらず、本件株式をBに取得させる意図で本件受益権放棄をしたものであった。

そのうえで、B（遺留分侵害者）の特別代理人である弁護士、F（遺留分侵害者）およびD（遺留分権利者）の間で、本件株式をBとDとの間でほぼ均等に株式を取得する内容の合意（以下、「本件遺留分減殺合意」という）をした。

Xは、Y社に対し、Y社で行われた株主総会決議について、株主総会決議不存在確認訴訟および取消訴訟を提起した。当該訴訟で、Xは、本件遺言信託の受託者ないし遺言執行者として本件株式の株主権を行使でき、原告適格を有すると主張した。

▶争点

遺言の解釈、株式の遺言信託と株式譲渡承認、受益権放棄の効力、残余財産の権利移転時期、遺留分減殺請求の相手方、遺留分減殺の帰趨

▶裁判所の判断（概要）

(1) 本件遺言信託の内容及び効力

ア　本件遺言信託は、信託行為（信託法2条2項）たる本件遺言の個々の条項、本件遺言中のそのほかの記載内容全体との関連、前記認定の本件遺言作成当時の事情及び遺言者であるAの置かれていた状況などを総合的に考慮すると、次のAからGまでの内容のものと解するのが相当である。

　A　信託財産　本件株式
　B　信託の目的（信託法2条1項）　Bのための本件株式の保存、管理
　C　受託者　X
　D　受益者　B

E　受益権の主要な内容　Y社から自益権に係る給付（配当等）を受けて、これを受益者に交付する。共益権（議決権・株主提案権・帳簿閲覧権・訴訟提起権など）は受託者が自己の判断により行使する。
　F　信託行為において定める信託の終了事由（信託法163条9号）　Bの成人
　G　信託行為において指定する残余財産の帰属権利者（信託法182条）　B
　イ　本件遺言の内容からすると、本件遺言は、相続開始時に本件株式を本件遺言信託の受託者であるXに取得させ、本件遺言信託終了時に本件株式を残余財産の帰属権利者であるBに取得させることを意図したものと推認される。そして、信託行為において定める信託終了事由（Bの成人）が発生する前に別の信託法一六三条所定の信託終了事由が発生した場合には、当該別の信託終了事由により信託が終了するものと解される。また、本件遺言の内容によれば、本件遺言信託においては、信託終了事由が何であるかにかかわらず、残余財産の帰属権利者はBであると解される。
　ウ　本件株式については、本件遺言中では遺言信託のみが定められたものと解され、遺言信託とは別に遺贈や始期付遺贈が定められたものと解することはできない。本件遺言が、本件株式をBに遺贈した上で、Xとの間で信託契約を締結することをBに指示したものと解することは、遺言信託（信託法3条2号）の定義を超えた解釈であって、困難である。本件遺言信託は、いわゆる議決権信託であるという考え方もあり得るが、その場合であっても、結局のところ、Xを受託者として議決権行使を認めることになり、Bを受益者（配当等相当額を受領する。）兼残余財産帰属権利者とする形（前記AからGまで）に落ち着かざるを得ない。遺言信託において、議決権信託と遺贈を共存させることには無理がある。また、負担付遺贈（民法1002条。Bに遺贈した上で、BにXとの間で前記AからGまでの内容の信託契約を締結すべき義務を負担として課し、民法1027条などの規律を受ける。）を定めたものと解することも、不自然である。始期付遺贈（Bの成人時にBに遺贈する。）は、いわゆる後継ぎ遺贈（無効である。）に類するものであるので、始期付遺贈と解することには無理がある。

(2) 本件遺言信託の目的達成不能による終了（信託法163条1号）

ア　譲渡制限株式であっても、一般承継による株式の移転には、会社の承認は不要である（会社法133条2項、174条参照）。しかしながら、遺贈は一般承継ではないから、遺贈による譲渡制限株式の移転には、会社の承認が必要である。そして、本件のような遺言信託は、株式を遺言者から遺言信託の受託者に移転するものである（信託法3条2号）が、これも一般承継ではないから、遺言信託による譲渡制限株式の移転にも、会社の承認が必要である。

イ　Y社取締役会においてXへの本件株式譲渡承認議案が否決され、その旨が当該取締役会に出席して取締役会議事録に押印したXにその場で通知されたものと解される。そうすると、本件遺言信託は、Xが本件株式の譲渡を受けることができず、信託受託者の役割を果たすことができないため、信託の目的達成不能により終了したものと解される（信託法163条1号）。なお、その後に本件株式の本件遺言によるXへの移転についてY社の承認があったことを認めるに足りる証拠はない。

ウ　仮に本件株式のXへの譲渡についてみなし承認（会社法145条1号）があったとしても、本件遺言信託は、平成23年2月16日のBの親権者による本件受益権放棄があったため、信託の目的達成不能により終了した。受益者全員が受益権を放棄した場合には、信託は目的達成不能により終了する（信託法163条1号）と解されるからである。

エ　Xは、本件受益権放棄はBの親権者らの代理権濫用であるとか、違法な動機達成目的によるなどと主張して、民法93条類推適用又は公序良俗違反により無効と主張する。確かに、本件遺言信託がBの成人まで継続した場合には、本件株式の管理や議決権行使ができるのは、信託終了まではXであり、信託終了後は成人したB本人であって、Bの親権者は本件株式の管理処分に関与することができないのに、受益権放棄により信託を終了させれば、本件株式が残余財産帰属権利者であるB（未成年者）に帰属すると同時に、親権者が本件株式の管理処分に関与できるようになる。親権者の利益を図ったとみる余地が、全くないわけではない。しかしながら、本件遺言信託は、Xへの譲渡承認が得られず頓挫した状態にあり、Dとの間の遺留分紛

争を解決する必要もあったため、本件遺言信託を継続することに合理性を認め難い状態にあったことも事実である。特に、遺言信託に対する遺留分減殺があった場合の法律関係は、受託者の地位が消滅して信託も終了するのか、受託者が管理する信託財産が一部遺留分権利者に移転して残りの信託財産についてだけ信託が継続するのか、受託者が管理する信託財産の範囲は変動せずに受益権と信託終了後の残余財産権利帰属者の地位が一部遺留分権利者に移転するのか、遺留分権利者に移転すべき具体的分量はどのように算定するのかなどが未解明であるなど、極めて難解であって、本件遺言信託を存続させたままでは紛争の解決が困難であった。このような点を考慮して本件全証拠を検討しても、Bの親権者がBの利益を無視して自己又は第三者の利益のみを図っていたことその他の代理権濫用や違法な動機達成目的があったことを基礎付けるような事実を認めるに足りる証拠はなく、Xの主張を採用することはできない。

(3) 本件遺言信託の清算手続（信託法175条以下）

ア　本件遺言信託は、信託の終了により清算手続に入る。清算結了までは本件遺言信託が存続する。信託受託者であるXは、法律の規定により清算受託者となり、信託法177条の定める職務を行うべき義務を負う。清算手続において、清算受託者（X）は、信託行為において指定する残余財産の帰属権利者であるBに対して、残余財産となる本件株式を給付すべき義務を負う。

イ　残余財産の権利移転時期は、信託終了と同時に物権的に移転するのではなく、清算受託者が、現務結了、債権取立及び債務弁済を終えた後の残余財産給付行為（株券交付）を実行した時に初めて移転すると解される。ところで、本件においては、現務の結了は容易で、取り立てるべき債権及び清算受託者以外の者に弁済すべき債務はないものと推定され、清算受託者（X）の信託報酬も発生せず（信託法54条）、Bが自己の財産から容易に弁済できる程度の少額の費用償還請求権（信託法48条）が清算受託者（X）に発生している可能性があるにとどまる。そうすると、Xは、清算手続（残余財産のBへの給付）が早期かつ容易に実行可能であるのに、信託終了を否認したまま清算受託者としての義務を果たそうとしていないことになる。このような

者が、自らの残余財産給付義務（株券交付）の不履行の事実を差し置いて、B（ひいてはD）の株主たる地位を争うのは、信義則違反であって許されない。
(4) 本件遺留分減殺合意の効力
　ア　Dは、廃除を免れ、本件遺言により自己の遺留分を侵害されていたから、遺贈と類似した効果を持つ本件遺言信託に対しても遺留分減殺請求をすることができる地位にあった。遺言信託に対する遺留分減殺請求の意思表示は信託受託者に対して行うべきところ、DのXに対する通知（遺言執行者たるXに宛てた、Bに遺留分減殺請求の意思表示をしたことの通知）は、信託受託者たるXに対する本件遺言信託についての遺留分減殺請求の意思表示と法的に評価することができる。Xが本件遺言信託の受託者でもあること、Bが本件遺言信託の受益者兼残余財産帰属権利者であること、本件遺言信託が経済的には本件株式のBへの遺贈という機能を果たしていること、Bに対しては現実に遺留分減殺の意思表示がされたこと、遺言信託に対する遺留分減殺の法律関係は難解であって減殺請求の相手方の適格等について細密な正確さを要求することは遺留分権利者に無理を強いる結果となることを考慮すると、そのように解するのが相当である。
　イ　本件遺留分減殺合意は、BとDとの間の遺留分紛争を解決する目的で、本件遺言信託の清算手続の実行によりBに帰属することが確実な本件株式について、将来清算受託者から給付を受けた際、更にBからDへその一部を譲渡する旨を定めた合意として有効であると解される。遺留分権利者と遺留分侵害者は遺留分に関する争いを当事者間の合意で解決することができること、遺言信託に対して遺留分減殺がされるとどのような法律関係が生じるのかは定説がなく学者の間でも理解が分かれているという現状の下では当事者間の合意による早期紛争解決を選択すべき合理性があること、遺言執行者は遺留分の紛争に関しては何らの権限も有しないと解されること、本件遺留分減殺合意の時点においては本件株式についての本件遺言信託は終了し、清算受託者たるXによる清算手続が行われるべき段階に入っていたが、Xは何ら清算手続（残余財産の給付を含む。）を実行しようとしていなかったことなどを総合すると、前記のように判断するのが相当である。

(5) 遺言執行者としての株主権の行使

　ア　遺言執行者の権利義務は、遺言の内容により定まる。遺産の中に株式がある場合であっても、遺言執行者の地位にあることだけを根拠にして当該株式の株主権を行使することはできない。

　イ　本件遺言の効力として、本件株式については、信託受託者の権限が重要であり、遺言執行者の権限は派生的な権限しか発生しない。すなわち、本件遺言の文言によれば、本件株式についての遺言執行者の職務として考え得るのは、株券の占有を取得して本件遺言信託の受託者に交付すること、会社（Y社）に対して本件株式の受託者に対する譲渡承認請求をすることくらいである。しかしながら、信託受託者と遺言執行者がいずれもXであるという本件においては、これらの行為はXが信託受託者として自ら実行すれば足り、遺言執行者としての権限を持ち出すまでもない。また、本件遺言の文言によれば、株主権（特に共益権）の行使は、遺言執行者としての権限ではなく、信託受託者としての権限であることが明らかである。

　ウ　民法1015条が遺言執行者を相続人の代理人と定めるのは、遺言の趣旨に沿って行われた遺言執行者の行為の効果を相続人に帰属させるための法技術にとどまる。同条は、遺言執行者に対して一般的に幅広く相続人を代理する権限を認めたものではない。そうすると、同条により遺言執行者には一般的に幅広く相続人を代理する権限があるという解釈を前提に、Xに遺言執行者として本件株式についての株主権行使権限があるとするXの主張は、採用できない。別件訴訟の控訴審判決の判決理由中の判断（Xは遺言執行者としての地位に基づき本件株式の株主としての権限を行使できる。）は、当裁判所の採用するところではない。また、そもそも遺言執行者は遺留分に関する争いについては何らの権限も有しないことや前記説示のような本件における遺言執行者の職務内容を考慮すると、本件受益権放棄や本件遺留分減殺合意は、遺言の執行を妨げる行為には該当しないものというべきである。

▶悩みどころと落とし穴
・第1編第1章Q12（遺留分侵害額請求の相手方）
・第1編第1章Q13（株式の譲渡承認①）

▶参考文献
・片岡雅「遺産である譲渡制限株式を『信託管理』すべきものとする遺言の解釈」金法 2097 号（2018 年）67 頁
・根本雄司「自筆証書遺言の内容を遺言信託と認めた事例」信託フォーラム 11 号（2019 年）143 頁
・矢野貴之「譲渡制限株式を『信託管理』すべきとする自筆証書遺言の解釈」金法 2105 号（2019 年）66 頁
・野々上敬介「信託法研究ノート［第 6 回］遺言の解釈と遺言信託の成立・内容確定」月報司法書士 631 号（2024 年）55 頁

（海野千宏）

〔裁判例 3〕

東京地判平成 30・9・12（金法 2104 号 78 頁）
⇒信託と遺留分

▶事案の概要

本件は、S の長男である X が、二男である Y に対し、S が死亡 13 日前にした信託契約（以下「本件信託」という）が意思無能力または公序良俗違反により無効である等の主張に基づき、本件信託に基づき行われた不動産の所有権移転登記および信託登記の各抹消登記手続等を請求した。

本件信託の内容の一部は以下のとおりである。

1 信託の目的
　S の死亡後も、その財産を受託者が管理・運用することによって、Y およびその直系血族がいわゆる S 家を継ぎ、お墓・仏壇を守っていってほしいとの S の意思を反映した財産管理を継続することにある。S は、祭祀を承継する Y において、その子孫を中心として管理、運用することにより、末永く S 家が繁栄していくことを望む旨
2 目的財産
　①S の居宅と敷地（一部は駐車場として賃貸）、②賃貸物件 2 棟、③売却済み不動産、④倉庫敷地と私道、⑤山林
3 受益者
　当初受益者は S、第二次受益者は X に 6 分の 1、D（S の二女）に 6 分の

1、Yに6分の4の各受益権割合、第三次受益者はYの子とする。
4　受益債権
　信託不動産の売却代金、賃料等、信託不動産より発生する経済的利益を受けること

▶争点（信託にかかわる部分に限る）
1　本件信託は公序良俗に反するか
2　遺留分減殺の対象は信託財産か受益権か
▶裁判所の判断（概要）
1　Sは、本件信託において、S所有の全ての不動産を目的財産とし、信託財産により発生する経済的利益を受益者に受益権割合に従って分配するものとしたが、S所有不動産のうち、④および⑤の各不動産は、これを売却しあるいは賃貸して収益を上げることが現実的に不可能な物件であること、また、①の不動産についても、駐車場部分の賃料収入は同不動産全体の価値に見合わないものであり、①の不動産を売却することも、あるいは全体を賃貸してその価値に見合う収益を上げることもできていないことが認められ、これらは本件信託当時より想定された事態であるといえることからすると、Sは、①、④および⑤の各不動産から得られる経済的利益を分配することを本件信託当時より想定していなかったものと認めるのが相当である。

　加えて、上記認定のとおり、Sが本件信託前に行った死因贈与は、Sの全財産の3分の2をYに、3分の1をDにそれぞれ死因贈与するという、Xの遺留分を侵害する内容のものであったこと、本件信託は、Sの全財産のうちすべての不動産と300万円を目的財産とし、Xに遺留分割合と同じ割合の受益権を与えるにとどまるものであったことからすると、Xが遺留分減殺請求権を行使することが予想されるところ、仮に、Xが遺留分減殺請求権を行使し、本件信託におけるXの受益権割合が増加したとしても、①、④および⑤の各不動産により発生する経済的利益がない限り、Xがその増加した受益権割合に相応する経済的利益を得ることは不可能である。

　そして、本件信託においては、受益者は他の受益者に対して受益権の取得を請求することができるとされているものの、その取得価格は最新の固定資

産税評価額をもって計算した額とするものと定められていることからすると、受益権の取得請求によっても上記各不動産の価値に見合う経済的利益を得ることはできない。そうすると、Sが①、④および⑤の各不動産を本件信託の目的財産に含めたのは、むしろ、外形上、Xに対して遺留分割合に相当する割合の受益権を与えることにより、これらの不動産に対する遺留分減殺請求を回避する目的であったと解さざるを得ない。

したがって、本件信託のうち、経済的利益の分配が想定されない①、④および⑤の各不動産を目的財産に含めた部分は、遺留分制度を潜脱する意図で信託を利用したものであって、公序良俗に反して無効であるというべきである。

2　信託契約による信託財産の移転は、信託目的達成のための形式的な所有権移転にすぎないため、実質的に権利として移転される受益権を対象に遺留分減殺の対象とすべきである。

▶悩みどころと落とし穴
・第1編第1章Q1（信託に必要な意思能力）
・第1編第1章Q10（信託設定と遺留分①）
・第1編第1章Q11（信託設定と遺留分②）
・第1編第1章Q12（遺留分侵害額請求の相手方）

▶参考文献
・馬場敦子「信託が遺留分制度を潜脱する意図で設定されたとして公序良俗違反により一部無効とされた事例」金法2172号（2021年）40頁
・張斯琪「遺留分制度を潜脱する信託の効力と信託に対する遺留分減殺」ジュリ1540号（2020年）95頁

(金森健一)

─〔裁判例4〕─
東京地判平成30・10・23（金法2122号85頁）
⇒委託者兼受益者による信託契約の詐欺取消し、錯誤無効、債務不履行解除、信託目的不達成または委託者兼受益者の合意による信託終了

▶事案の概要

　Xは、ラーメン店の営業を行ってきた自己の所有する土地（以下、「Lの土地」という）の隣地が売りに出されていることを知り、Lの土地と合わせて敷地としたうえ、建物を新築し、自宅兼賃貸物件として有効活用する計画（以下、「L新築計画」という）を立てた。Xは、S信金から、Lの隣地を購入するための資金として、融資を受け、Xの二男Yは、これらの融資に係る借入れの連帯保証人となった。

　Yは、司法書士法人の事務所を訪れ、同法人代表の司法書士から、同人作成に係る「民事信託・家族信託の説明書」と題する書面（以下、「家族信託等説明書」という）を交付されるとともに、家族信託に関する説明を受け、さらに、再び同所で同司法書士と面談して、同人作成に係る「民事信託・家族信託のご提案」と題する書面（以下、「家族信託等提案書」という）を交付されたが、同司法書士に家族信託の手続を委任すると、285万5000円の費用がかかるとの見積りを示されたことから、高額な費用の支出を避けるため、自ら信託の手続を行うことにした。Yは、公証役場を訪れて、東京法務局所属の公証人に対し、信託契約書の作成について相談した。この相談の過程で、公証人は、死因贈与契約と任意後見契約を組み合わせる方法もある旨を説明して、その際の必要書類に関する手書きのメモをYに交付するとともに、信託契約書の雛型を示して信託契約の条項に関する概略を説明しつつ、信託手続に必要な書類に関する手書きのメモをYに交付した。

　その後、Yは、Xに対し、家族信託等説明書および家族信託等提案書を示して、信託を行った場合、X所有の本件各不動産について、所有名義は受託者であるYに移転するが、不動産の賃料等は従前どおりXが受け取ること、およびXの死後、本件各不動産はYの所有となることを説明した。そのうえで、XおよびYは、公証役場を訪れ、公証人と信託契約書の作成に関する打合せをした。その際、公証人は、本件信託契約に係る公正証書の草稿を印刷した書面をXおよびYに示し、その要点の説明を行った。

　以上を経て、XおよびYは、同公証役場を訪れ、公証人から、Xを委託者兼受益者、Yを受託者として、Lの土地を含む不動産を信託財産（以下、「本件各不動産」という）とする信託契約（以下、「本件信託契約」という）の各

条文につき読み聞かされ、各自各条文を閲覧したうえ、公証人作成に係る本件公正証書に署名・押印して、本件信託契約を締結した。

本件信託契約には、要旨、次の約定がある（以下、同契約に基づく信託を「本件信託」という）。

第2条　本件信託は、前条の不動産を本件信託財産として管理及び処分（建物の建築を含む。）を行い、受益者の生活・介護・療養・借入金返済・納税等に必要な資金を給付して受益者の幸福な生活及び福祉を確保すること並びに資産の適正な管理・運用・保全・活用を通じて資産の円満な承継を実現することを目的として信託するものである。

第11条　受益者は、受託者との合意により、本件信託の内容を変更し、若しくは本件信託を一部解除し、又は本件信託を終了することができる。

第12条第2項　この契約条項にない事項は、信託法その他の法令に従うものとする。

第15条　本件信託終了後、残余の信託財産については、受託者に帰属させる。

その後、Xは、①主位的に、本件信託契約は、詐欺によるものであるから取消し、要素の錯誤があるから無効であり、債務不履行があるから解除する旨を主張し、②予備的に、本件信託契約は、信託の目的を達成することができなくなった（信託法163条1号）か、委託者兼受益者であるXの意思による（同法164条1項）などの事由により終了した旨を主張して、Yに対し、本件各不動産につき、所有権移転（持分全部移転）登記手続および信託登記抹消登記手続をすることを求めた。

なお、Xは、亡長男の妻であり自己の養子でもあるDと同居している。

▶争点

1　本件信託契約の締結が詐欺によるものか否か（主位的請求関係）
2　本件信託契約が錯誤無効となるか否か（主位的請求関係）
3　本件信託契約に債務不履行解除の事由があるか否か（主位的請求関係）
4　本件信託契約に終了事由があるか否か（予備的請求関係）

▶裁判所の判断（概要）
1　本件信託契約の締結が詐欺によるものか否か（主位的請求関係）

　本件信託契約の締結前、Yが、Xに対し、Xが高齢であるので信託をしないと融資できないとS信金が述べている旨を告げたとの事実は認められない。

　また、Xは、本件各不動産に係る信託の内容につき繰り返し説明を受けたもので、80歳を過ぎた高齢者とはいえ、その判断能力が低下した様子もみられないから、Xにおいて、本件信託によって、本件各不動産につき自己の所有権ないし共有持分権を自由に行使できなくなるなどの法的効果が生じることを認識していなかったと認めることはできない。

　そうすると、本件信託契約の締結が詐欺によるものであるというXの主張は、前提を欠いており、採用することができない。

2　本件信託契約が錯誤無効となるか否か（主位的請求関係）

　(1)　Xにおいて、本件信託によって、本件各不動産につき自己の所有権ないし共有持分権を自由に行使できなくなるなどの法的効果が生じることを認識していなかったと認めることはできないから、この点に関するXの錯誤無効の主張は、前提を欠く。

　(2)　また、Xは、本件信託契約の締結の際、本件信託がL新築計画を推進するものであると誤信していた旨を主張するが、当該事情は、Xの動機に当たる。

　意思表示における動機の錯誤が法律行為の要素に錯誤があるものとしてその無効を来すためには、当該動機が相手方に表示され、かつ当事者の意思解釈上、それが法律行為の内容とされたものと認められることを要すると解される（最高裁平成26年(受)第1351号同28年1月12日第三小法廷判決・民集70巻1号1頁）。しかるに、本件信託契約2条に本件信託の目的として規定されている内容は、抽象的なものにとどまり、他の規定をみてもL新築計画の具体的な内容に言及するものはないから、L新築計画の推進というXの動機が、本件信託契約の内容とされたとは認められない。

　(3)　以上のとおり、本件信託契約が錯誤無効となるというXの主張は、採用することができない。

3　本件信託契約に債務不履行解除の事由があるか否か（主位的請求関係）

(1)　L新築計画の推進というXの動機が、本件信託契約の内容とされたとは認められず、同計画の推進が本件信託契約の目的となっているとはいえないから、L新築計画の推進を拒絶するYにつき債務不履行となるというXの主張は、前提を欠く。

(2)　また、同一当事者間の債権債務関係がその形式は甲契約及び乙契約といった2個以上の契約から成る場合であっても、それらの目的とするところが　相互に密接に関連付けられていて、社会通念上、甲契約又は乙契約のいずれかが履行されるだけでは契約を締結した目的が全体としては達成されないと認められる場合には、甲契約上の債務の不履行を理由に、その債権者が法定解除権の行使として甲契約と併せて乙契約をも解除することができるものと解される（最高裁平成8年(オ)第1056号同年11月12日第三小法廷判決・民集50巻10号2673頁）。しかるに、上記(1)のとおりL新築計画の推進が契約の目的となっているとはいえない本件信託契約が、S信金による建築資金の融資につきYが借入れの連帯保証人になるという本件当事者間の合意と、その目的において相互に密接に関連付けられているということはできない。

したがって、Yにおいて、Yが借入れの連帯保証人になることを内容とする上記合意の履行を拒んだからといって、それが本件信託契約の解除事由に当たるとはいえない。

(3)　以上のとおり、本件信託契約に債務不履行解除の事由があるというXの主張は、採用することができない。

4　本件信託契約に終了事由があるか否か（予備的請求関係）

(1)　信託法163条1号に基づく終了に関する検討

本件信託契約において、L新築計画の推進が契約の目的となっているとはいえないし、本件信託契約が、S信金による建築資金の融資につきYが借入れの連帯保証人になるという本件当事者間の合意と、その目的において相互に密接に関連付けられているともいえない。更に本件信託契約2条に規定されている内容も考慮すれば、本件信託について、その目的を達成することができなくなった（信託法163条1号）との事情は認められない。

この点に関し、Xは、Yが、Xに送付したY代理人作成に係る書面（以下

「本件連絡書面」という。）において、本件信託の目的を達成することができなくなったことを自認していた旨を主張するが、信託の目的達成の可否は、客観的に判断されるべきもので、本件当事者間における本件訴え提起前の交渉の際、Y代理人がどのように考えていたかという主観的事情に左右されるものではないから、Xの上記主張は採用することができない。

(2) 信託法164条1項に基づく終了に関する検討

ア 信託法164条1項は、「委託者及び受益者は、いつでも、その合意により、信託を終了することができる。」と定めており、本件信託において、委託者及び受益者はいずれもXであるから、本件信託に当該規定が適用されるならば、Xは、任意の時期にこれを終了させることができることになる。

イ しかし、信託法164条3項は、信託行為に別段の定めがあるときは、その定めるところによるとして、同条1項が任意規定である旨を明らかにしている。

本件信託契約11条は、「受益者は、受託者との合意により、本件信託の内容を変更し、若しくは本件信託を一部解除し、又は本件信託を終了することができる。」との規定であるところ、仮に、本件信託の受益者であるXが、任意の時期にこれを終了させることができるのだとすれば、本件信託の受託者であるYとの合意によって本件信託を終了することができるとの上記規定は、無意味なものとなるから、本件信託契約11条は、信託法164条3項にいう信託行為における「別段の定め」であって、本件信託において、同法164条1項に優先して適用される規定であるというべきである。

ウ Xは、本件信託において、本件信託契約11条の規定が適用され、信託法164条1項の規定が適用されないこととなるとしても、Yが、本件連絡書面において、本件信託の終了を自認したことにより、本件信託は、本件当事者間の合意により終了した旨を主張する。

そこで検討するに、本件連絡書面には、「また、本件信託は目的達成不能により終了しているか、X氏からの内容証明郵便による抹消登記請求は委託者受益者合意による信託終了の意思表示と解することができるから、本件信託は終了していると考えています。」との記載があることが認められる。

前記(1)で判示したとおり、本件信託は、客観的にみて目的達成不能により終了したとはいえない上、上記イで判示したとおり、本件信託につき信託法164条1項は適用されず、委託者兼受益者であるXが任意の時期にこれを終了させることができないものである。本件連絡書面に係る前記記載のうち、本件信託が終了していると考えているとする点は、Y代理人の主観的評価を述べたものにすぎず、前記のとおり、その評価の前提を欠くこととなる。そして、本件連絡書面に係る前記記載中のその余の点において、Yが本件信託を終了させる旨の意思を表示したと解することもできない。

そうすると、本件連絡書面がXに送付されたことをもって、本件信託契約11条に基づく本件信託を終了させる旨の合意があったと認めることはできず、Xの前記主張は、採用することができない。

(3) 以上のとおり、本件信託契約について、信託法163条1号に基づく終了事由及び同法164条1項に基づく終了事由はいずれも認められず、同契約11条に基づく終了事由もこれを認めることはできない。

▶悩みどころと落とし穴

・第1編第2章Q14（受託者の解任①）
・第1編第3章Q1（信託契約の有効性）
・第1編第3章Q2（信託の終了①）
・第1編第3章Q4（受託者の任務懈怠と信託契約の債務不履行解除）
・第1編第3章Q6（帰属権利者①）

▶参考文献

・山田健太郎「委託者兼受益者による信託契約の詐欺取消し・錯誤無効等の主張が認められなかった事例の検討」金法2129号（2020年）46頁
・久保淳一「家族間の信託契約の無効、取消し、解除または終了」金法2145号（2020年）63頁
・伊室亜希子「死因処分を含む信託契約の検討」明治学院大学法学研究109号（2020年）125頁
・齋喜隆宏「信託終了をめぐる東京地裁平成30年10月23日判決、東京地裁平成31年1月25日判決、東京地裁令和2年12月24日判決」信託フォーラム16号（2021年）45頁
・片岡雅「委託者の意思による民事信託の変更と終了」金商1636号（2022年）114頁

- 西希代子「信託による財産の承継」別冊ジュリ264号（2023年）126頁
- 金森健一「信託行為の別段の定めに限界はないのか？」駿河台法学34巻1号（2020年）1頁
- 山下純司「撤回不能信託とその規制」家族信託実務ガイド22号（2021年）2頁
- 佐久間毅「死因贈与類似の効果をもつ信託の効力」トラスト未来フォーラム研究叢書『財産の管理、運用および承継と信託に関する研究』（2022年）191頁

(海野千宏)

〔裁判例5〕
東京地判平成31・1・25（LEX/DB25559545）
⇒株式信託契約の成立、錯誤・詐欺、別段の定めと公序良俗違反

▶事案の概要

香港に本店が所在する外国会社（a社）の株主の原告が、原告の実妹で同じく株主の被告（以下、当該被告保有株式を「本件被告株式」という）に対し、原告・被告間の株式管理処分信託契約書をもって締結された株式管理処分信託契約（以下、「本件信託契約書」という）が有効であることの確認を求めた。

b社は、東京証券取引所ジャスダックに上場している会社であり、その発行済株式総数のうち約68％をa社が保有している。a社の株主保有割合は、おおむね、A（原告・被告の父）46％、原告44％、被告10％である。Aは、b社の前身であるb_1株式会社を立ち上げ、退任するまでの間、b社の取締役を務めた。

原告は、Aをb社およびa社の取締役から解任しなければ、その企業価値を毀損するおそれがあると考えるようになり、上記事態を避ける方法について弁護士に相談するなどした。その結果、被告から原告に本件被告株式を信託譲渡し、原告が本件被告株式の議決権を行使し、被告が配当などの利益を収受できるようにすることにより、a社およびb社の企業価値の毀損を防止することができると考えるようになり、また、Aが信託譲渡を翻意させるために執拗に被告に接触することが予想されたことから、同信託譲渡を被告から解除できないようにすることにより、Aの被告に対する接触等に対応する被告の負担を避けられると考えるようになった。

原告は、原告の弁護士が作成した株式管理処分信託契約の内容を説明する

ための「信託契約に関する手控え」と題するメモ(以下、「本件信託契約メモ」という)を見せながら、説明し、原告の弁護士が作成した本件信託契約書と同じ条項が記載された株式管理処分信託契約書への署名を求めた。また、原告は、被告に対し、原告が本件被告株式と原告の保有するａ社の株式について、それらの議決権および株主として有する一切の権利・権限を原告が行使し、その有効期間を2年間(ただし、当事者間で合意した場合には適宜更新する)とすること、別途株式管理処分信託契約が有効に成立している場合には同信託契約が本契約に優先する旨の記載がある株主間契約書についても、署名するよう求めた。被告は、原告から示された同日付け株式管理処分信託契約書および株主間契約書に署名し、各契約書を原告に交付するとともに、本人確認のためにパスポートの撮影を行わせた。

　その後、原告は、弁護士から、ａ社の株主名簿の書換手続を行うためには、日本の公証役場において署名認証を受けた信託契約書を英語で記載された契約書とともに締結し直したほうがよい旨の助言を受けたことから、原告および被告は、銀座公証役場において、東京法務局所属公証人の面前で、本件信託契約書の署名欄にそれぞれ署名・押印したほか、公証人の面前で、被告の住所地を住民票上の住所地とした本件信託契約書と同内容の株式管理処分信託契約書、英文で作成された本件信託契約書と同内容の契約書に署名・押印し、あわせて、原告と被告との間で先立ち締結していた前記信託契約を合意解約する旨の合意解約契約書に署名・押印した。

▶争点(信託にかかわる部分に限る)
1　本件信託契約の成否
2　本件信託契約における錯誤及び詐欺の有無
3　本件信託契約の公序良俗違反該当性

▶裁判所の判断(概要)

　裁判所は、信託契約の内容、意味、目的を理解せずに被告が信託契約書に署名、押印したとして、契約そのものが成立していない旨の被告主張を斥け、原告は、被告との間で信託契約書をもって信託契約を成立させたと認め、信託契約における錯誤、詐欺、公序良俗違反もなく、請求を認容した。

1　本件信託契約の成否
　(1)　本件信託契約を成立させたものと認められる。
　(2)　原告は、被告に対し、本件信託契約と同一内容の条項の記載がある株式管理処分信託契約に係る契約書のほか、その内容を説明するための本件信託契約メモを弁護士に作成準備させ、これを示しながら、被告に原告に対する本件被告株式の信託譲渡をすることを内容とする上記信託契約の内容を説明した上でその署名、押印を求め、被告も同説明を聞いた上で、同契約書に署名、押印していたのであり、本件信託契約メモの記載は、本件被告株式を原告に信託譲渡し、その議決権の行使を原告が行うが、経済的利益については被告に帰属することのほか、同信託契約においては、原告の注意義務が軽減されること、原告が処分をできること、無報酬であること、被告の解任権、解除権が制限され、信託期間が30年であること、原告から配当金の支払がされること、年度ごとに計算書類の作成を要すること、被告が事務遂行費用を負担することといった重要な内容を理解することができる内容であるから、これを一読すれば、同信託契約の仕組みや内容を把握できるものといえる。

　加えて、原告は、本件信託契約の締結前に電話で公証役場において改めて本件信託契約を締結する必要がある旨を説明して持参するものの連絡をすませ、銀座公証役場に向かう車中においても、従前の信託契約と同一内容の本件信託契約を締結し直す旨を説明していたのであり銀座公証役場においても、約30分程度、原告の弁護士から被告に対して一定時間をかけて当日の手続及び契約内容の説明がされたのであり、これらの事実からすれば、被告は、本件信託契約が原告にAをa社及びb社の取締役から解任するための手段を与えるためにされたものであり、原告がそのことをもってa社及びb社の企業価値の毀損を防止できると考えていることや、そのために本件被告株式を信託譲渡し、その議決権を原告にゆだねるものであるほか、その信託期間や被告の解任権、解除権が制限されるほか、原告の責任内容が軽減されているといった契約内容についても認識していたものと認めることができる。

2　本件信託契約における錯誤及び詐欺の有無

(1)　被告は、本件信託契約が、原告にａ社の支配権を確保させ、Ａをｂ社の取締役から解任する目的でされたにもかかわらず、被告がこれらの目的を認識しておらず、Ａがｂ社で不正行為をしており、本件信託契約書を作成しなければｂ社が倒産する旨を述べられたことを信じ、かつ、本件信託契約の仕組み、内容、効果、目的について説明されることなく、認識しないまま本件信託契約の締結の意思表示をしたのであり、要素の錯誤がある旨主張する。

しかし、被告は、本件信託契約が原告にａ社の支配権を与え、Ａをａ社及びｂ社の取締役から解任できる手段を与えるものであることを認識し、また、本件信託契約の内容についても認識した上で、本件信託契約を締結したものと認められ、その動機と表示との間に不一致があるとはいえない。

そうすると、被告が本件信託契約の締結に当たり本件信託契約の目的が締結の動機になっていることを原告に表示したか否かにかかわらず、被告の本件信託契約締結の意思表示に錯誤がある旨の被告の主張は採用できない。

(2)　また、被告は、原告が被告に対して、Ａがｂ社の経営に関して不正な行為を行ったことによりｂ社が深刻な状態であり、本件信託契約書に被告が署名しないとｂ社が倒産する旨虚偽の事実を告げて欺罔し、これを信じた被告に本件信託契約を締結させた旨主張する。

しかし、上記のとおり、被告が本件信託契約の締結時に契約内容やその目的を認識した上で締結に至ったものと認められ、その契約締結に当たり錯誤があったということはできない。また、被告が虚偽の事実をもって欺罔されていたと認めることはできず、他に、被告が虚偽の事実を告げられ欺罔されていたことをうかがわせる事情を認めるに足りる証拠もない。

したがって、原告が被告を欺罔していた旨の被告の主張は採用できない。

3　本件信託契約の公序良俗違反該当性

(1)　被告は、議決権のみを第三者に譲渡する目的が信託法により許容されていないにもかかわらず、そのような目的で本件信託契約が締結されたことが公序良俗に違反する旨主張する。

しかし、自然人である株主間においては、その支配権を特定の株主に帰属

させるべく株式等を譲渡することが禁止されておらず、また、その目的を実現するために信託譲渡による方法を用いることを信託法も制限していないのであって、同目的のみからその信託譲渡が不当であるなどとはいえない。

　(2)　また、被告は、本件信託契約において、①信託期間が長期であり、被告の解任権がないこと、②被告の解除権がないこと、③原告が利益相反行為をすることができること、④原告の議決権行使について被告の指図権がないこと、⑤原告が株式の処分権を有すること、⑥信託の変更（信託法149条3項）が制限されていることが、著しく被告に不利な条項であるとして、本件信託契約が公序良俗違反である旨主張する。

　しかし、被告が問題視する本件信託契約の内容のうち、①のうち解任権の制限、②(解除権の制限)、③(利益相反取引) 及び⑥(信託の変更の制限) については、当事者間で別段の定めをすることを信託法自体が明文で許容しており（信託法29条2項ただし書、31条2項1号、58条3項、149条4項、164条3項）、①のうち信託期間を30年とすること自体は信託法91条の文言からすれば、同法が予定しているものといえ、その期間のみを捉えて不当と評価することもできない。

　そして、本件信託契約の内容のうち④(指図権の不存在) 及び⑤(処分権の付与) についても、信託法においてそのような制限を合意で設けることが禁止されておらず、他に当事者間において、上記制限を内容とする信託契約の締結を制限する根拠となるものも見当たらない。

　このように、被告が問題視する本件信託契約の内容は、いずれも信託法に違反するものではなく、他にそのような条項の存在のみから、本件信託契約が公序良俗に反することをうかがわせる事情を認めるに足りる証拠もない。

　かかる事情からすれば、本件信託契約における上記各条項が存在することのみから同契約全体が公序良俗に違反しているとはいえない。

▶悩みどころと落とし穴
・第1編第3章Q1（信託契約の有効性）

▶参考文献
・齋喜隆宏「信託終了をめぐる東京地裁平成30年10月23日判決、東京地裁平成31年1月25日判決、東京地裁令和2年12月24日判決」信託フォーラム16号

(2021年)45頁
・山下純司「信託と錯誤」中田裕康先生古稀記念『民法学の継承と展開』(2021年)185頁（当該裁判例紹介は203頁以下）

(海野千宏)

─〔裁判例6〕─
東京地判令和2・1・28（2020WLJPCA01288028）
⇒受託者解任権の制限、受託者解任・新受託者選任の意思能力

▶事案の概要

　Aの所有する不動産（以下、あわせて「本件不動産」という）につき、信託を原因として被告（Aの孫）に対する所有権移転登記がされているところ、原告（Aの長女）が、被告はAによって受託者から解任され、原告が新受託者に就任したことにより、被告から信託に関する権利義務を承継したと主張して、被告に対し、所有権に基づき、本件不動産の所有権移転登記手続を求めた。

　Aは、被告との間で、公正証書により、本件不動産について、委託者および受益者をA、受託者を被告として、本件不動産の管理と保全を通じてAの安定した生活と福祉を確保し、あわせて本件不動産を確実に維持することを目的として信託する旨の契約（以下、「本件信託契約」という）を締結し、翌日、本件不動産につき、同信託を原因として、被告を受託者とする所有権移転登記手続がされた。

　本件信託契約には、同契約は、経済事情の変化、天災地変その他のやむを得ない事由により、信託目的の達成が不可能または著しく困難となったときを除き、Aの死亡の時まで解除することができない旨の規定（以下、「本件規定」という）がある。

　その後、Aは、被告に対し、代理人N弁護士名義の解任通知書により、信託法58条1項に基づき被告を本件信託契約の受託者から解任した（以下、「本件解任」という）旨通知した。また、その翌月、Aは、公正証書により、本件信託契約について原告を受託者として選任し（以下、「本件選任」という）、原告は、受託者に就任することを承諾した。

▶争点
1　本件信託契約における受託者の解任権の制限の有無
2　本件解任及び本件選任におけるＡの意思能力の有無
▶裁判所の判断（概要）
1　本件信託契約における受託者の解任権の制限の有無
　被告は、本件信託契約には、信託法58条1項に基づき被告を受託者から解任することを制限する「別段の定め」（同条3項）があると解釈すべきであり、本件規定は、かかる趣旨で定められたものと解される旨主張する。
　しかしながら、本件規定は、その文言上、本件信託契約の解除についての規定であることが明らかであり、同規定によって受託者の解任についても制限されると解すべき合理的理由は認められず、本件全記録によっても、本件信託契約について、委託者兼受益者であるＡが、信託法58条1項に基づき、被告を受託者から解任することを制限する「別段の定め」（同条3項）があると認めるに足りる的確な証拠はなく、被告の上記主張は採用できない。
2　本件解任及び本件選任におけるＡの意思能力の有無
　前記前提事実に加え、Ａは、原告同席の下でＮ弁護士と面談した際、本件不動産に係る信託について、被告を受託者から解任し、原告に任せたい旨述べ、その後、本件信託契約について被告の受託者の地位を解任すること、同契約について新しい受託者を選任し、新受託者との間で信託契約の内容を変更すること及びこれらに付随する一切の件をＮ弁護士に委任する旨の委任状を作成したこと、Ｎ弁護士は、上記委任に基づき、Ａの代理人として、Ａは被告を本件信託契約の受託者から解任（本件解任）した旨通知したこと、Ａが本件信託契約の受託者として原告を選任（本件選任）し、原告はその就任を承諾した旨の公正証書が作成されたこと、Ａは、陳述書及び証人尋問において、本件不動産に係る信託について被告に受託者を辞めてもらいたいと思い、Ｎ弁護士に依頼して被告を受託者から解任する手紙を出してもらい、新受託者として原告を選任した旨陳述及び証言していることが認められる。
　上記認定の本件解任及び本件選任前後の経緯に加え、当時、Ａは93歳と高齢であったものの、何らかの精神的疾患を有していたとか、意思能力の欠如をうかがわせるような行動があったとの事情は何ら主張立証されていない

ことをも考慮すると、本件選任及び本件解任時、Ａが意思能力を欠いていたとは認められない。

　被告は、Ａは、証人尋問において、自身の年齢や居場所、尋問実施日の日付及び曜日を正答できなかったから、その意思能力に疑問がある旨主張するが、Ａの尋問結果によれば、同人は、主尋問及び反対尋問を通じて、代理人弁護士からの質問の意味を理解し、大部分の質問について、自らの記憶に基づき、質問に対応した的確な回答をしていることが認められ、年齢、居場所、尋問実施日の日付及び曜日を正答できなかったことのみをもってＡの意思能力に疑問があるとする被告の主張は採用できない。

　以上のとおり、本件解任及び本件選任時、Ａが意思無能力であったとは認められない。

3　上記１及び２に説示したところによれば、Ａによる本件解任及び本件選任は有効であり、本件解任により被告の受託者の任務が終了し、本件選任により新受託者に就任した原告が、信託法75条１項に基づき、本件不動産の所有権を含む信託に関する権利義務を被告から承継したものである。

　よって、原告の主張は理由があるから認容することとし、主文〔１　被告は、原告に対し、別紙物件目録記載１及び２の各不動産につき、平成30年６月14日受託者解任による変更を原因とする所有権移転登記手続をせよ。〕のとおり判決する。

▶悩みどころと落とし穴
・第１編第２章Q15（受託者の解任②）

（海野千宏）

―〔裁判例７〕―
千葉地判令和２・10・30（2020WLJPCA10306005）
⇒司法書士による信託撤回の連絡、殺人・死体損壊・死体遺棄

▶事案の概要
　被告人が、実母（当時75歳）の頸部を圧迫して殺害し、その死体を鋸等で切断して川等に投棄したとされた殺人、死体損壊、死体遺棄の事案につき、本件に至る経緯は、被告人が、母親との家族信託契約の締結等を進める

中で、母親の言動に振り回されて苛立ちを募らせた末に、殺害に及んだというものであるが、仮に母親に軽度の認知症による影響があったとしても、殺害を正当化できる事情といえず、死体損壊、死体遺棄事件も、殺人事件の発覚を免れるという自己保身のためだけに、被害者の尊厳を踏みにじった非情で残忍な行為であり、相当重い類型に属する事案である等として、被告人に懲役17年を言い渡した。なお、控訴審である東京高判令和6・3・21（LEX/DB25620105）にて、争点のうち死因の点で原判決に事実誤認ありとし、破棄差戻判決となっている。

▶争点（信託にかかわる部分に限る）

　被告人がその犯人であるか

▶裁判所の判断（概要）

1　犯人性について

　被告人は、被害者との関係が悪化した妻が、被害者と同居していた二世帯住宅から出て行った6月以降、妻と共に新築住宅を建築する段取りをしつつ、並行して被害者の老人ホームへの入居手続やその費用捻出のための家族信託契約の締結を進めていたが、被害者が翻意を繰り返すなどしていたこと、そのような状況下で、9月25日夜、被告人は、被害者が家族信託契約の締結に関わった司法書士から、被害者がその撤回を申し出ているとの連絡を受けたことなどが認められる。

　このような一連の経緯から、9月25日頃、妻との同居を切望する被告人が、その段取りを妨げるような言動を繰り返す被害者に対し、苛立ちを募らせて殺害したとしても不自然ではなく、被告人が犯人であることと矛盾しない。

2　量刑の理由

　本件に至る経緯は、被告人が、母親との家族信託契約の締結等を進める中で、母親の言動に振り回されて苛立ちを募らせた末に、殺害に及んだというものであるが、仮に母親に軽度の認知症による影響があったとしても、殺害を正当化できる事情といえないのは当然である。

▶悩みどころと落とし穴

・第1編第1章Q11（信託設定と遺留分②）

（海野千宏）

〔裁判例8〕
札幌地判令和2・10・30（裁判所ウェブサイト）
⇒詐害信託

▶事案の概要

　原告である自治体が有する租税債権に係る債務者Aが、自らが所有する土地を第三者に信託するとともに、受益権を別の第三者に譲渡するなどした行為が詐害行為に該当するかどうかが争われた。本件においては、信託された不動産（ホテル）の受託者である株式会社Dのほか、受益権の譲渡を受けた2名の者（B、C）が被告となっている。

▶争点

1　本件事業所税に係る租税債権の被保全債権適格の有無
2　本件各行為の詐害性の有無
3　Aの詐害意思の有無
4　詐害性についての被告B及び被告Cの善意

▶裁判所の判断（概要）

1　本件事業所税に係る租税債権の被保全債権適格の有無

　(1)　（略）

　(2)　被告らは、①原告の主張する被保全債権は、いずれも平成28年10月4日付けの決定通知をもって、課税要件が確定し、納税義務が生じたものである（地方税法701条の46第1項、同法701条の58第2項）、②しかるに、本件信託契約が締結されたのは平成28年9月8日であり、本件受益者変更及び本件委託者変更がされたのは同月28日であって、いずれも被保全債権の成立前であった、③したがって、本件各行為（本件信託契約、本件受益者変更及び本件委託者変更）は、いずれも詐害行為取消権の対象とはなり得ないなどと主張する。そこで、以下、この点について検討する。

　ア　詐害行為取消権における被保全債権は、原則として、詐害行為よりも前の時点で発生していることを要する。もっとも、詐害行為の時点で未だ発生していない債権であっても、詐害行為の時点で債権の発生の基礎となる事

実や法律関係が存在し、その発生が高度の蓋然性をもって見込まれる場合には、当該債権を被保全債権とすることができるものと解される。

　イ　ところで、法人の事業所税は、当該法人が事業を行っている事業所等があるときに、事業年度末日における当該事業所等の床面積及び事業年度における従業者給与総額に法定の税率を乗じるなどして算出される税額（地方税法701条の32第1項、701条の40第1項）につき、各事業年度終了の日から2か月以内に提出される申告書に基づく申告納付の方法により徴収されるところ（同法701条の45、701条の46第1項）、申告書を提出すべき者が申告書を提出しなかったときは、その調査によって、申告すべき課税標準額及び税額を決定し（同法701条の58第2項）、これらについて過不足があると知ったときは、その調査によってこれを更正する（同条3項）とされている。

　このように、法律上、事業所税に係る租税債権は、法人による一定期間の事業の継続、事業所の存在等の事実が存在し、申告又は決定の手続が履践されたことにより生じるものである。

　ウ　本件についてこれをみるに、上記(1)の各認定事実のとおり、原告の市税担当者らは、本件ホテルで事業を行っているのはＡかもしれないと考え、平成28年7月28日にＡに対する税務調査を行い、同年8月1日にはＡの代理人であるＪに対し、本件ホテルの事業主はＡだと考えている旨伝えていたものである（上記(1)ア、イ）。

　そして、市税担当者らにおいては、税務調査の結果、Ａが平成24年11月1日から本件ホテルにおいて事業を行っているものと判断し、Ａに対し、平成28年9月8日到達の書面でこれを「札幌市として認定」したと伝えて、事業所税の申告納付をするよう促したものである（上記(1)ウ、エ）。さらに、上記認定はその後も維持され、同月16日の決定予告通知においても記載された上（上記(1)オ）、この認定を前提として、同年10月4日、事業所税の決定通知がされるに至っている（上記(1)カ）。

　これらの事実関係によれば、原告は、同年9月8日までに本件ホテルの事業者についての認識をＡに表明し、以後もこの認識を維持していたものであって、同日の時点で、Ａが本件ホテルの事業主体であると認定しており、あとは、申告納付がされた場合にはこれに基づき、これがない場合には

決定により、本件事業所税に係る租税債権を確定させるだけであったものである。そうすると、同日の時点で、本件事業所税に係る租税債権の発生に必要な事実関係が生じていて、申告納付又は決定により租税債権が確定的に生じる高度の蓋然性があったと評価するのが相当であり、その後、本件各行為までの間にこの蓋然性が低減したことをうかがわせる事情も見当たらない。

したがって、仮に被告らの主張するとおり、本件信託契約が締結されたのは平成28年9月8日であり、本件受益者変更及び本件委託者変更がされたのは同月28日であったとしても、これらの各時点では、本件事業所税に係る租税債権が生じる高度の蓋然性があったというべきである。

(3) この点につき被告らは、①平成28年10月4日の決定通知より前の時点では、処分庁である原告において、納税義務者をAではなくHであると判断する可能性も十分にあった、②上記決定通知より前の時点では、Aがどの時点・対象の事業所につき事業所税を支払うべきかすら確定しておらず、給付の内容が未確定であったなどと主張する。

しかし、上記(2)ウにおいて認定判断したとおり、原告はAに対し、平成28年9月6日の決定通知において、Aが平成24年11月1日から本件ホテルにおいて事業を行っているものと認定し、その旨を伝えた上、事業所税の申告納付をするよう促しているのであって、この時点において、原告が納税義務者をAではなくHであると判断する可能性が十分にあったとか、どの時点・対象の事業所につき事業所税を支払うべきかが確定していなかったなどということはできない。

したがって、被告らの上記主張は、いずれも採用することができない。

(4) 以上によれば、本件事業所税に係る租税債権については、本件各行為につき詐害行為取消請求権を行使するための被保全債権とすることができるものというべきである。

2 本件各行為の詐害性の有無

本件土地を被告Dに信託する旨の本件信託契約は、事実上の債務超過状態にあるAの責任財産を減少させるものであり、また本件受益者変更及び本件委託者変更はその資産を更に減少させるものであって、いずれも詐害性があるものというべきである。

3　Aの詐害意思の有無

上記2(1)イのとおり、Aの資産状況はその決算書（甲17）に記載されていたものであって、Aがその内容を認識していたことは明らかである。また、上記1(1)エのとおり、Aは、平成24年以降の事業所税の申告納付をするよう促されるとともに、申告がない場合には税額を決定する処分を行う旨の通知を平成28年9月8日に受領していたものであって、Aが実質的には債務超過の状態にあることを認識していたものというべきである。

したがって、Aは、本件各行為の当時、これらによって債権者を害することを知っていたものと認められる。

4　詐害性についての被告B及び被告Cの善意

(1)　被告らは、本件受益者変更及び本件委託者変更（被告らの主張によれば平成28年9月28日）の当時、被告B及び被告Cは本件各行為の詐害性につき善意であったとし（本件信託契約につき信託法11条1項、本件受益者変更及び本件委託者変更につき民法424条1項ただし書参照）、その根拠として、①被告B及び被告Cは自ら本件土地を購入したものであって、入札の際にAの名義を借りたにすぎない、②本件各行為の時点で、被保全債権たる租税債権が生じる高度の蓋然性も存在していなかったと主張する。

(2)　しかし、これまで認定判断したとおり、上記①及び②についてはいずれも採用することができないのであって、被告B及び被告Cが善意であったとの主張は、その根拠を欠くものといわざるを得ない。

そして、他に、被告B及び被告Cが善意であったことを裏付けるに足りる証拠も見当たらない。

▶悩みどころと落とし穴
・第1編第3章Q1（信託契約の有効性）

（菊永将浩）

〔裁判例9〕

東京地判令和2・12・24（LEX/DB25586980）
⇒信託契約の有効性（公序良俗違反、錯誤・詐欺）

▶事案の概要

　原告の配偶者を委託者（亡A）、原告および配偶者の養子を受託者、委託者を当初受益者（第二次受益者は原告）とする信託契約について、当該信託契約が、①公序良俗に反し無効であること、②詐欺によるものであり取り消されるべきものであること、③要素の錯誤があるから無効であることを主張して、上記信託契約の無効確認および同信託契約に基づいてされた不動産の所有権移転および信託登記の抹消登記手続を求めた。

　なお、委託者は信託契約締結から10か月ほど経過したときに死亡しており、原告はその権利義務等を相続した立場として訴訟を提起したものとなっている。また、信託契約締結時には原告と被告の間には養親子関係があったが、その後、離縁をしている。

▶争点（信託にかかわる部分に限る）

1　本件信託契約が公序良俗に反し無効か否か
2　本件信託契約が詐欺によるものか否か
3　本件信託契約が錯誤により無効となるか否か

▶裁判所の判断（概要）

1　本件信託契約が公序良俗に反し無効か否か

　(1)　原告は、本件信託契約について、①信託財産の余剰収益を全て受益者に渡して自由な使用を許す内容になっておらず、限定された給付のみを行う内容となっていること、②本件信託契約の締結当時、亡Aにおいて、本件各不動産を信託の対象とする必要がなかったこと、③本件信託契約の締結後、亡A及び原告がC建物から得られる収入が減少した上、原告が信託給付金の支払等を受けていないことを理由に、本件信託契約が公序良俗に反して無効である旨を主張する。

　しかし、①信託法は、いわゆる遺言代用信託や後継ぎ遺贈型受益者連続信託を認めており（同法90条、91条）、そのような信託における受益権の内容については、委託者及び受託者が合意した信託行為によって定まるものであるから、信託財産の余剰収益を全て受益者に渡して自由な使用を許す内容になっておらず、限定された給付のみを行う内容となっていることをもって、直ちに当該信託が公序良俗に反するものということはできない。②前記認定

事実のとおり、亡Aは、A家の中で承継すべきと考える自らが所有する財産について、円滑かつ確実に被告に承継させたいと考えて本件信託を行ったものであるから、亡Aにおいて、本件各不動産を信託の対象とする必要があったと認められる。③本件信託契約の締結後、C建物から得られる収入が減少したことは、借換えが行われたことや、信託に報酬が付随することによるものであった上、本件信託においては、受託者の報酬が月額5万円を上限とし、信託監督人の報酬も恣意的な基準で決められたものではなかったのであるから、本件信託が委任者の財産を不当に減少させるものであったとは到底認められない。また、本件信託契約第9条1項が定める「受託者が相当と認める額」を支払う旨の規定については、同条2項が給付額の減少に制約を設けている点に鑑みると、受託者において給付金を支払うか否かについての裁量まで認めたものと解することはできないが、被告の原告に対する給付金の支払状況は、本件信託契約の締結後の事情であって、本件信託契約の締結時の効力に影響するものではない。

　以上のとおり、原告が主張する諸事情をもって、本件信託契約が公序良俗に反するものであるということはできない。

　(2)　前記前提事実及び前記認定事実のとおり、被告は、亡Aの相続に関し、2分の1の割合の法定相続分を有していたところ、亡Aから、この相続分割合を超える遺贈や死因贈与を受けたものではない。また、本件信託契約において、被告は、受益権を取得する者には当たらず、亡Aの死後は、原告のみが受益者になるものとされていたから、受益者である原告は、信託法の規定や本件信託契約の約定に従い、自らの受益権を保全し、行使することが可能である。さらに、被告は、本件信託契約の約定において、亡A及び原告が死亡したとき、残余財産を取得することができることになっているが、本件信託契約の締結当時、亡Aの相続人は、原告及び被告のみであり、亡Aの死亡後に原告が死亡した場合、両名の養子である被告が単独で相続することになっていたことからすれば、本件信託契約の約定は、亡Aの法定の相続関係に沿ったものといえる。

　以上の事情に照らせば、本件信託は、遺留分制度を潜脱する意図で信託制度を利用したものとは認められず、この点でも、本件信託契約が公序良俗に

反するものであるということはできない。

2 本件信託契約が詐欺によるものか否か

(1) 亡Aが生前に契約の取消権を有していた場合、相続の発生に伴って原告及び被告がこれを準共有することとなるが、本件信託契約は、亡A及び被告が当事者となるものであるから、本件信託契約に対する取消権について、被告の持分権は、相続と同時に消滅し（民法520条類推適用）、原告は、単独で当該取消権を行使することができるものというべきである。

(2) そこで検討するに、原告は、本件信託契約の締結当時、亡Aは、瞼が大きく垂れ下がる病気のためほとんど目が見えず、耳も悪く、体調がすぐれない状態にあった旨を主張するが、当該主張事実を認めるに足りる的確な証拠はない。また、既に認定説示したとおり、亡Aが、A家の中で承継すべきと考える自らが所有する財産について、円滑かつ確実に被告に承継させたいと考えて本件信託を行ったもので、本件信託契約の内容が、そのような亡Aの意向に沿ったものとなっていることに鑑みると、本件信託契約の締結の際、被告の亡Aに対する詐欺行為があったものとは到底認められない。この点に関する原告の主張は、いずれも採用することができない。

3 本件信託契約が錯誤により無効となるか否か

前記3(1)で説示したところに照らせば、原告は、単独で本件信託契約の錯誤無効を主張することができるものというべきであるが、同(2)で認定説示したところに照らせば、本件信託契約の締結時において、亡Aに要素の錯誤があったものとは認められず、この点に関する原告の主張は、いずれも採用することができない。

▶悩みどころと落とし穴

・第1編第2章Q18（受益債権と公序良俗違反）
・第1編第2章Q19（受益債権の具体的権利性）
・第1編第3章Q1（信託契約の有効性）

▶参考文献

・齋喜隆宏「信託終了をめぐる東京地裁平成30年10月23日判決、東京地裁平成31年1月25日判決、東京地裁令和2年12月24日判決」信託フォーラム16号（2021年）45頁

(菊永将浩)

─[裁判例10]─
東京地判令和3・2・2（2021WLJPCA02028011）
⇒残余財産の帰属権利者と遺言信託の対象となる信託財産

▶事案の概要

亡Eの子であるX₁およびX₂が、亡Cは、遺言書（以下、「本件遺言書」という）において、長女である亡Bを受益者、二男Yを受託者として、亡Cの有する預貯金および現金のうち4分の1を信託財産とする遺言信託（以下、「本件遺言信託」という）をし、その後亡Bの子である亡E、亡C、亡Bが順次死亡した。

X₁らが本件遺言信託における残余財産等を各2分の1の割合で相続したが、Yが法律上の原因なく取得したとして、不当利得の返還を求めた。

なお、本件遺言書には、以下の内容の条項（要旨）が存在する。

第2条
　3項　預貯金及び現金のうち4分の1を、第4条のとおり、受益者をBとする信託とする。
第4条　本件遺言信託に関する規定
　1項　信託の目的
　　　次の金融資産を信託財産として管理運用を行い、受益者であるBの生活資金の給付を目的とする。
　2項　信託財産（金融資産の信託）
　　　第2条第3項の金額全額を信託財産として管理運用を行う。
　3項　受託者
　　　本信託の当初受託者は、Yとし、Yが死亡し若しくは任意後見監督人が選任され、又は、後見開始若しくは保佐開始の審判がなされた場合の後継共同受託者は、J及びKとする。
　4項　信託の期間　信託財産の消滅若しくはBの死亡まで
　5項　受益者　B

6項　信託監督人　司法書士・行政書士　H
7項　受益者への支払など
　　　受託者は受益者に対し、本遺言効力発生の3か月後から、受益者の水道光熱費、生活費及び医療費等として信託財産から月10万円を、毎月末日限り、受益者が指定する方法により支払い、月5万円を、毎月末日限り、受託者が別に管理する受益者名義の口座に預け入れ、受益者の長期入院時等、まとまった支出の必要がある際に使用するものとする。信託財産の残高が10万円以下になった時点で、受益者名義口座に残高がある場合は、その受益者名義口座で管理する預金を信託財産の管理口座に戻し、月10万円を毎月末日限り、受益者が指定する方法により支払う。
8項　管理に必要な事項（略）
9項　信託終了時の際の帰属権利者
　　　Bの死亡により信託が終了した時は、Bの長女Eに帰属させる。

付言事項
　私が、今回このような遺言を遺したのは、次の理由からです。
　私の一番の希望は、……a社を、これからも存続させ、ますます発展させていってほしいということです。
　そこで、私が所有する不動産はa社の代表取締役であるYに相続させたいと思っています。
　預貯金と現金は、Yに4分の2を、DとBには4分の1ずつを相続させ、Dには住宅ローンの返済のために使ってほしいと思っています。
　（中略）
　Y、D、Bに、私より先に、又は、私と同時に万が一のことがあったときは、私の気持ちを私の孫であるそれぞれの子に引き継いでもらえたらと思っています。

▶争点（信託にかかわる部分に限る）
1　本件遺言信託における残余財産の帰属権利者
2　本件遺言信託の対象となる信託財産の額

▶裁判所の判断（概要）
1　本件遺言信託における残余財産の帰属権利者について
　本件遺言書には、本件遺言信託終了時の残余財産の帰属について、「Ｂの死亡により信託が終了した時は、Ｂの長女Ｅに帰属させる」との規定があるものの、Ｂが死亡する前にＥが死亡した場合の残余財産の帰属については直接の規定がない。
　しかしながら、亡Ｃは、本件遺言書において、その有する預貯金及び現金のうち４分の２をＹに相続させる一方、亡Ｂ及びＤに対しては、亡Ｃの有する預貯金及び現金を各４分の１ずつ相続させることに代えて、当該財産を信託財産として、亡Ｂ及びＤを受益者とする信託を設定したことが認められ、本件遺言書の付言事項に、「預貯金と現金は、Ｙに４分の２を、ＤとＢには４分の１ずつを相続させ」との記載や、「Ｙ、Ｄ、Ｂに、私より先に、又は、私と同時に万が一のことがあったときは、私の気持ちを私の孫であるそれぞれの子に引き継いでもらえたらと思っています」との記載があることをも考慮すると、亡Ｃは、亡Ｂの死亡により本件遺言信託が終了した際に、亡Ｃの一般承継人が残余財産の帰属権利者となることは意図していなかったと解され、亡Ｂが死亡する前に亡Ｅが死亡した場合には、亡Ｅの子であり、亡Ｃのひ孫である原告らに残余財産を帰属させる旨の黙示の指定があるものと認められる。
　したがって、本件遺言信託における残余財産は、信託法182条１項２号の規定により、X_1らに帰属することとなり、同条２項の規定により、亡Ｃの一般承継人に帰属する旨のＹの主張は採用できない（本件遺言信託に係る請求を一部認容）。
2　本件遺言信託の対象となる信託財産の額について
　本件遺言書において定められた本件遺言信託に係る信託財産は、亡Ｃの保有する預貯金及び現金のうち４分の１であるから、相続開始時に現存していなかった現金（そのうち４分の１）は、信託財産に属するものとは認められない。
　この点、Ｙは、亡Ｃの死亡前１年間に、亡Ｃ名義の預貯金口座から払い戻したことが認められ、上記払戻しについて、Ｙが亡Ｃから個別的又は包

括的な承諾を得ていたのかどうか必ずしも明らかではない。

したがって、上記払戻しの全部又は一部について、Yに亡Cに対する不法行為又は不当利得が成立する可能性を否定できないが、仮に、亡CがYに対して不当利得又は不法行為に基づく支払請求権を有していたとしても、当該請求権は、本件遺言により被告が取得することとなり（第1条5項）、本件遺言信託に係る信託財産には含まれないから、上記の認定を左右しない。

▶悩みどころと落とし穴
・第1編第3章Q8（帰属権利者③）
▶参考文献
・岩藤美智子「信託法研究ノート［第10回］遺言信託の対象財産と信託終了時の残余財産の帰属主体」月報司法書士635号（2025年）32頁

（海野千宏）

───〔裁判例11〕───
東京地決令和3・3・24（2021WLJPCA03246014）
⇒受託者の指定

▶事案の概要

Cがした遺言公正証書による遺言（以下、「本件公正証書遺言」という）の遺言執行者である申立人Xが、本件公正証書遺言の方法によってされた遺言信託（以下、「本件遺言信託」という）の受託者となるべき者として指定された者が信託の引受けをしなかったとして、本件遺言信託の受託者の選任を求めた。

利害関係参加人Y（Cの子）は、①本件遺言信託の受託者となるべき者として指定されたXが信託の引受けをしていた、②Eは本件遺言信託の受託者として相当でないなどと主張した。

▶争点（信託にかかわる部分に限る）

1　信託法6条1項「受託者となるべき者として指定された者が信託の引受けを」しないに当たるか
2　委託者の養子である者を本件遺言信託の新受託者に選任することの適

否

▶裁判所の判断（概要）

1　遺言信託における裁判所による受託者の選任の要件（信託法6条1項）の具備について

「本件遺言信託は、Cがした本件公正証書遺言によって信託がされたものであり、本件公正証書遺言にはX及びHを受託者となるべき者に指定する旨の定めがあるところ、X及びHが本件遺言信託につき信託の引受けをしなかったのであり、本件公正証書遺言の遺言執行者であるXが、利害関係人として本件申立てをしたというのである。

したがって、本件申立ては、信託法6条1項の要件を具備しているものと認められる。」

「これに対し、Yは、①本件公正証書遺言の作成に関与し、その内容を熟知しており、信託の引受けを了承したものであり、②本件遺言信託の効力発生後、令和2年6月19日付け通知書面のとおり、本件信託不動産の信託登記を行おうとしたり、本件信託不動産の管理を行ったりしていたから、Xが本件遺言信託につき信託の引受けをしたなどと主張する。

しかし、①の点については、遺言信託（信託法3条2号に掲げる方法によってされる信託）は、当該遺言の効力の発生によってその効力を生ずるものであり（同法4条2項）、遺言によって受託者となるべき者として指定された者として指定された者が信託の引受けをするか否かは、その者の意思に委ねられているから、Xが、本件公正証書遺言の作成に関与し、その内容を熟知していたとしても、そのことから直ちに本件遺言信託につき信託の引受けをしたと推認することはできない。

②の点については、確かに、Xは、令和2年6月19日付け通知書面において、⟨ア⟩所有権の移転及び信託登記の手続をしているところである旨、⟨イ⟩Cの居宅内の遺品整理及びハウスクリーニングを実施し、7月を目途に空室の募集をする旨、⟨ウ⟩すべての手続、支払清算が完了次第、信託財産からの収入も含め、残った金融資産をYに支払うことになる旨を記載したことが認められる。他方、Xは、⟨エ⟩Cとの間で、Cの死亡後における事務として、Cの相続人への相続財産の引渡し等の事務を受任していたほか、⟨オ⟩本件公正

証書遺言の遺言執行者に指定され、遅くとも同年6月19日までに就職を承諾して、⟨カ⟩本件信託建物中のCの居室部分（103号室）のハウスクリーニング、遺品の整理等を行ったことが認められる。これらの事情を総合すれば、令和2年6月19日付け通知書面中の⟨ア⟩〜⟨ウ⟩の記載は、Xが、基本的には、Cとの間で受任した死後の事務として又は本件公正証書遺言の遺言執行者（その権利義務につき民法1012条1項を参照）として行った上記⟨オ⟩の行為又は今後行おうとした行為を述べたものにとどまる（したがって、信託の登記、本件信託不動産の1部屋の賃貸人の募集等といった本来は本件遺言信託の受託者が行うべき事項については、Xが上記死後の事務として又は遺言執行者として行い得るものと誤解して記載した可能性を否定することができない。）というべきであり、令和2年6月19日付け通知書面に『信託登記』及び『信託財産からの収入』などの記載部分があること等をもって、Xが本件遺言信託につき信託の引受けをして受託者としての行為をしたものと断ずることはできない。

したがって、Yの主張する事情をもって、Xが本件遺言信託につき信託の引受けをしたと認めることはできず、Yの上記主張は採用することができない。」

2　本件遺言信託の受託者にEを選任することの適否について

「①本件遺言信託は、信託事務として、本件信託不動産を賃貸物件として管理した上、これを時価により換価処分することが予定されていること、②本件信託建物は、7部屋中5部屋が賃貸されており、上記①の換価処分の際には上記賃貸を終了させてその賃借人から明渡しを受ける必要があること、③E（昭和27年生）は、Cの養女であり、ジュエリーデザイナー等を個人事業として営んでいたが、不動産を売却した経験はないことが認められる。他方、④本件の手続においては、本件遺言信託につき信託の引受けを希望する信託業法上の免許を有する第三者の受託者候補者を得られなかったこと、⑤一般に、不動産の管理及び売却については、不動産業者や弁護士等の専門家の協力を得るなどして適切に対応することも可能であること、⑥Eは、受託者に選任された場合は、信託報酬を辞退し、本件信託不動産の管理及び売却をする際には、X代理人弁護士等の専門家に相談したり、協力をお願いする

旨を述べていること、⑦Eが受託者となった場合には、Yと協議の上、Eが、従前とは異なる不動産管理会社に本件信託不動産の管理を委託することやX代理人弁護士との間の顧問契約の締結等により弁護士の法的アドバイスの提供を受けることが想定されていること、⑧上記①・②の点に関しては、現に、X代理人弁護士において、Y以外の受益者らとの間で、本件信託不動産の賃貸及び売却の方法について信託の変更をするための意見聴取が行われていることも認められる。

　以上の事情を総合考慮すれば、Yの主張するところを十分考慮しても、Eを本件遺言信託の受託者に選任するのが相当である。」

▶悩みどころと落とし穴
・第1編第2章Q16（新受託者の選任）

▶参考文献
・上田裕介＝清水晃「裁判所による受託者の選任」信託フォーラム17号（2022年）146頁

(金森健一)

──〔裁判例12〕──
東京地判令和3・9・17（金商1640号40頁・家判35号134頁）
⇒代理、信託融資、情報提供義務・リスク説明義務違反

▶事案の概要
　Xは、高齢である自身の認知症や死亡等に備える手段として、民事信託（家族信託）を利用することを考え司法書士Yとの間で、①自らを委託者兼受益者とし、二男Aを受託者とする信託契約に係る契約書の案文の作成、②当該契約に係る公正証書の作成手続の補助、③信託財産に属する不動産に係る信託の登記の申請手続の代理、信託財産に属する金銭を預け入れる受託者名義の預金口座の開設の支援等をYに委任する内容の契約（以下、「本件第1委任契約」という）を締結した。しかし、信託口口座の開設に必要な信託契約書が作成されず、Yが利用可能な金融機関での信託口口座の開設を受けられず、あらためて弁護士に依頼して信託契約書を作成し直すなどした。
　Xは、Yに対し、Yは、債務不履行責任または不法行為に基づく損害賠償

として、本件第1委任契約に関する報酬、信託登記の抹消登記費用、あらためて締結した信託契約に係る公正証書作成費用等および弁護士費用相当額等の支払いを求めた。

▶争点
1　債務不履行の成否
2　不法行為の成否
3　損害の有無及びその額

▶裁判所の判断（概要）
1　「YがXらに対して交付した本件見積書及び本件提案書の記載からは、Yが、本件第1委任契約上、Xに対し、信託財産に属する金銭を預け入れる受託者たるA名義の預金口座の開設が可能となるように、信託契約書案文の作成、当該契約に係る公正証書の作成手続の補助等を行う債務を負うものとは考えられるものの、[1] 本件提案書に、受託者たるAにおいて開設することが想定される旨記載された『預金管理用の口座（信託口）』は、信託口口座（狭義）を指すか否か明らかではなく、信託口口座（広義）を指すと解する余地もあるし、また、[2] 本件提案書に、受託者たるAにおいて、本件自宅ビルの修繕工事のため、融資を受けることが想定される旨の記載がされている点についても、XとAとの間で締結される信託契約において、Aに本件自宅ビルの修繕工事の権限及び当該工事のために金融機関から融資を受ける権限を付与することが想定される旨を示したものにすぎず、Yが、前記ア①〜③〔筆者注：当事者間で争いのない債務の内容とされたもの〕の債務を履行するに当たり、受託者たるAにおいて、信託事務の処理として、信託財産に抵当権を設定して、金融機関から融資を受ける（信託内融資を受ける）際に支障が生じないように、一定の措置を講ずることを提案したものではないと解する余地もあり、[3] 本件見積書においても、Yが、受託者たるAによる信託口口座（狭義）の開設をサポートする旨や当該措置を講ずる旨は具体的に記載されていない。そして、本件第1委任契約の締結に先立ち、AからYに対し本件自宅ビルについては、数年後に大規模修繕があることが想定され、仮に修繕のための借入れを行う場合には、X所有の土地に抵当権を設定して融資を受けることになると考えている旨が複数回伝えられ

ているものの、これに応じて、Yが、Xらに対し、当該措置を講ずることや、受託者たるAにおいて信託口口座（狭義）を開設できるような措置を講ずることを約したことを裏付ける客観的かつ的確な証拠はない。」

「Yは、①本件第1信託契約に係る契約書の案文の作成、②本件第1信託契約公正証書の作成手続の補助、③本件第1信託登記に係る申請手続の代理及び本件Ⅰ預金口座（ただし、これは、信託口口座（広義）にすぎないものであって、信託口口座（狭義）ではない。）の開設の支援を行っているからYは、本件第1委任契約上の債務を全て履行したものということができる。したがって、本件第1委任契約に関し、Yの債務不履行は認めることができない。」

2 「本件第1委任契約でYが委任を受けた、①信託契約書案文の作成、②当該契約に係る公正証書の作成手続の補助、③信託財産に属する不動産に係る信託の登記の申請手続の代理、信託財産に属する金銭を預け入れる受託者名義の預金口座の開設の支援等の業務については司法書士法その他の法令において、司法書士の権限職務等として明定されているわけではない。」

「しかし、日司連がシンポジウムや会員研修等の実施、その会報誌への民事信託に関する特集の掲載等を継続的に行っていること、司法書士有志らによって設立された民事信託推進センターが、『民事信託士』と称する資格を創設し、信用金庫等の関係者を招いて、『信託口』口座信託内融資等に関するシンポジウムを開催するなどの活動を継続的に行い、その構成員が、民事信託、家族信託等の相談、支援等に取り組む様子が新聞で紹介されていること、R信託銀行における、信託口口座（狭義）の開設申込みに占める司法書士の関与の割合は、7割前後に及ぶことといった諸事情に鑑みれば、平成30年当時司法書士に対して、民事信託に関する相応の専門性を有し、司法書士に対する相談者各自の民事信託の利用目的等に具体的に即した効果的な民事信託の活用方法等に関する情報を十分有するとの認識を持つ者も少なからずいたものと考えられる。そうすると、司法書士は、報酬を得て民事信託の支援等の業務（前記①～③の業務を含む。）を受任する旨の委任契約を締結するに先立ち、当該業務を委任することを検討している者の民事信託の利用目的、民事信託に関する知識や経験の有無及び程度等の諸事情次第では、当

該者に対し、信義則に基づき、当該業務に関し、必要な情報収集調査等を行い、十分かつ適切な情報を提供すべき義務を負うことがあるものと解される。」

「Xを委託者兼受益者とし、Aを受託者とする信託契約を締結したならば、X自らについては、金融機関から、信託財産となった財産を引き当てとして融資を受けることが事実上不可能となる一方、委託者（ママ）たるAについても、通常の融資とは異なる厳しい審査のために信託内融資を受けられないというリスクがありその結果、仮に、Xが、信託契約を締結することなく、自ら、金融機関から融資を受けようとするときであれば、融資可能な資産等の状況であったとしても、当該資産が信託契約に基づき信託財産に属することとなったときには、信託契約の締結の事実以外の諸条件に変化がなくとも、自ら又は受託者による融資を受けられなくなる危険性があることとなる。信託契約の締結は、同年当時このように、融資可能性の喪失という大きなリスクを伴うものであったというべきである。」

「当時信託契約の締結をした上、相当額を支出して当該契約に係る公正証書の作成等をしても、信託口口座（狭義）を開設できない可能性があるというリスクが存したというべきである。」

「金融機関の信託内融資、信託口口座（狭義）等に関する対応状況や、信託契約を締結しても信託内融資及び信託口口座（狭義）の開設を受けられないというリスクが存するという実情は、公刊物等により把握可能なものである上、司法書士であるYは、日司連、民事信託推進センター等により実施されたシンポジウム、研修等に参加すること等により、このような対応状況や実情に関する詳細な情報を入手することが可能であった。一方、Xは、不動産賃貸業等を営んでいるものの、弁護士、司法書士、行政書士等の資格を有しておらず、民事信託の知識も乏しく、信託契約を締結した経験もなかった。」

「司法書士であるYは、報酬を得て民事信託の支援等の業務……を受任する旨の本件第1委任契約を締結するに先立ち、Xに対し、信義則に基づき、金融機関の信託内融資信託口口座（狭義）等に関する対応状況等の情報収集、調査等を行った上で、その結果に関する情報を提供するとともに、信託契約

を締結しても信託内融資及び信託口口座（狭義）の開設を受けられないというリスクが存することを説明すべき義務を負っていたというべきである。そして、Yは、Xに対し、前記の情報収集、調査等の結果に関する情報提供をせず、また、信託契約を締結しても信託内融資及び信託口口座（狭義）の開設を受けられないというリスクが存することを説明しなかった。したがって、YのXに対する前記のとおりの情報提供義務及びリスク説明義務の違反は、不法行為を構成する。」

3　本件第1委任契約に関して支出した費用（Yに振込送金した報酬等、その振込送金に係る手数料、信託口口座の開設のための適格性審査手数料）、本件第1信託登記の抹消登記のための登録免許税等及び弁護士報酬、訴え提起に係る弁護士費用の各相当額をYの不法行為と相当因果関係のある損害の額と認めた。

▶悩みどころと落とし穴
・第1編第1章Q2（代理人方式による信託契約公正証書の可否）

▶参考文献
・稲田龍樹ほか「座談会　東京地裁平成30年9月12日判決を通して見る信託への専門家の関与の在り方」信託フォーラム16号（2021年）33頁
・山田希「民事信託の利用に必要な事務処理を目的とした委任契約に基づく債務不履行責任および信義則上の説明義務違反を理由とする不法行為責任」銀行法務21第892号（2022年）26頁

（金森健一）

―〔裁判例13〕――
東京地判令和3・11・18（LLI/DBL07631585・2021WLJPCA11188007）
⇒委託者兼受益者の意思表示による信託契約の終了、意思表示の有効性・意思能力、意思無能力無効の主張権者

▶事案の概要
　原告が子の被告（長女）に対し、複数の不動産（以下、「本件各不動産」という）について、信託を原因として被告に登記名義が移転されたが、委託者兼受益者である原告の意思表示（以下、「本件意思表示」という）により信託契約は終了したとして、本件各不動産の所有権移転または持分全部移転およ

び信託登記の各抹消登記手続を求めた。

まず、F弁護士による協力の下、信託契約公正証書（以下、「本件公正証書」という）のほか、原告を委任者、被告を受任者とする委任契約および任意後見契約公正証書が作成され、司法書士を介し、本件各不動産について所有権移転および信託登記がなされた。

しかし、登記名義が原告から被告に移転されたことについて、原告の長男Bが不満を述べ、登記名義を戻すように求めたため、原告、被告およびF弁護士は、打合せを行い、本件公正証書の記載内容が原告の意思に沿うことが確認された。

もっとも、原告と被告との間でトラブルが生じ、原告を債権者、E弁護士を債権者代理人とした被告に対する本件各不動産の処分禁止仮処分の申立て（東京家庭裁判所令和2年(ヨ)第397号）が東京地方裁判所に提起され、その処分禁止仮処分（以下、「別件仮処分」という）が発令された。その後、E弁護士は、原告の代理人として、被告に対し、内容証明郵便をもって、本件信託契約を終了させるとの意思表示をした。

被告は、東京家庭裁判所に原告を成年被後見人とする後見開始の審判の申立て（東京家庭裁判所令和2年(家)第81581号）をした。家庭裁判所調査官による原告およびBの面接調査の際、原告は、後見開始の審判について、もし財産管理等を任せるのであれば、弁護士ではなくBに任せたいと述べた。

その後、後見開始の審判事件に関する鑑定人H医師による原告に対する問診・検査が行われ、原告の認知能力は年齢相当であり、身辺動作は自立し、支援を受けなくとも契約等の意味・内容を自ら理解し、判断することができると判断された。

▶争点
1　本件訴え提起の適法性
2　本件意思表示の有効性（意思能力）
▶裁判所の判断（概要）
1　本件訴え提起の適法性
　訴訟委任状の作成日の時点で、原告が重度の認知症により訴訟委任の趣旨を理解することが困難な状況であったとはいえず、原告の訴訟代理人らに対

する訴訟委任は有効であると認められ、本件訴えの提起は適法である。
2　本件意思表示の有効性について

被告は、原告は、その認知症が急速に進んでいたため、意思能力を欠いており、E弁護士に対する本件信託契約の終了に関する代理権の授与、ひいては本件意思表示は無効であると主張する。

しかしながら、意思表示をした時に意思能力を欠いたことを原因とする無効は、その趣旨が表意者の保護にある以上、その意思表示をした法律行為の当事者に無効を主張する意思がない場合、当該当事者以外の者から無効を主張することは許されないと解される。そして、原告は、E弁護士に対する代理権の授与に関して無効を主張する意思がないことが明らかであるから、被告がこれを主張することは許されないというべきである。なお、別件仮処分の申立ては、本件公正証書の記載内容が原告の意思に沿うことが確認された原告、被告及びF弁護士の打合せから2か月程度しか経過していないが、他方で、原告と被告との間のトラブルからも1か月程度しか経過していないのであり、原告がE弁護士に本件信託契約の終了に関する代理権を授与することについては、その当否は別として必ずしも了解困難であるとまではいえない。

したがって、原告からE弁護士に対する本件信託契約の終了に関する代理権の授与、ひいては本件意思表示は有効であり、本件信託契約は、本件意思表示が被告に到達した日をもって終了したことになる。

以上の次第で、原告の被告に対する本件信託契約の終了に基づき、本件各不動産について、所有権移転又は原告持分全部移転及び信託登記の各抹消登記手続を求める請求は理由がある。

▶悩みどころと落とし穴
・第1編第3章Q5（信託終了権行使に係る意思無能力無効の主張権者）

(海野千宏)

───〔裁判例14〕───
東京高判令和4・3・17（判自492号14頁）
⇒民事信託によって財産を承継させるために請求する除籍謄本等

▶事案の概要

　司法書士である原告（被控訴人）が、委任者Ｂの任意財産管理人（特定事務受任者）として、委任者の財産を遺言または民事信託により、いとこであるＡの一家に承継させるために請求した、委任者のいとこを筆頭者とする除籍謄本等の交付請求（本件請求）に係る不交付決定は違法であるとして、その取消しを求める（行政事件訴訟法3条2項）とともに、本件請求に係る除籍謄本の交付の義務づけを求めた（同条6項2号）。

　第1審（横浜地判令和3・6・9（判自492号23頁））では請求書に除籍謄本の記載事項の確認を必要とする具体的な理由の記載がないとはいえず、委任者が、いとこまたはその親族に対して遺贈または民事信託によって財産を承継させるにあたって、その住所地を特定するために、除籍に記載された本籍地（転籍地）を利用することは、社会通念上、一般的に期待され、または許容されているなどとし、請求を認容した。

▶争点（信託にかかわる部分に限る）

1　本件請求につき、自己の権利を行使し又は自己の義務を履行するために戸籍の記載事項を確認する必要がある場合に当たるか、また、権利又は義務の発生原因及び内容並びに当該権利を行使し、又は当該義務を履行するために戸籍の記載事項の確認を必要とする理由を明らかにしてされた請求であるか否か

2　本件請求につき、戸籍の記載事項を利用する正当な理由がある場合に当たるか、また、戸籍の記載事項の利用の目的及び方法並びにその利用を必要とする事由を明らかにしてされた請求であるか否か

▶裁判所の判断（概要）

　控訴審は、前記交付請求は戸籍法12条の2が準用する同法10条の2第1項にいう、自己の権利を行使し又は自己の義務を履行する場合に当たらず、また、戸籍の記載事項の確認を必要とする理由を明らかにしてされた請求ともいえないとし、不交付決定は適法であり、原判決は失当であるとして、原判決を取り消した上、訴えのうち義務付け訴訟を却下し、被控訴人のその余の請求を棄却した。その概要は、以下のとおりである。

1　戸籍法12条の2が準用する同法10条の2第1項1号は、「自己の権利

を行使し、又は自己の義務を履行するために戸籍の記載事項を確認する必要がある場合」に当たるとして戸籍謄本等の交付を請求する者は「権利又は義務の発生原因及び内容」等を明らかにして請求しなければならない旨を定めているところ、その文言によれば、同号の規定は、当該請求者の権利又は義務の「発生原因及び内容」が請求時に確定していることを前提としていることが明らかである。

　本件請求は、Bの財産を遺言又は民事信託によりいとこであるAの一家に承継させるためにされたものと認められるところ、本件請求がされた時点において、Bがその財産をAの一家に承継させるための遺言は作成されておらず、かつ、そのための信託契約も締結されていなかったことが認められる。当時、BのA又はその一家に対する権利又は義務の発生原因及び内容が確定していたことは認められないから、その余の点について検討するまでもなく、本件請求は、自己の権利を行使し又は自己の義務を履行するために戸籍の記載事項を確認する必要がある場合に当たらないものというべきである。

2　戸籍法10条の2第1項1号が「自己の権利を行使し、又は自己の義務を履行するために戸籍の記載事項を確認する必要がある場合」と、同項2号が「国又は地方公共団体の機関に提出する必要がある場合」とそれぞれ定めた上で、同項3号が「前2号に掲げる場合のほか、戸籍の記載事項を利用する正当な理由がある場合」と規定していることからすると、同項3号にいう「戸籍の記載事項を利用する正当な理由がある場合」とは、同項1号ないし2号に準ずるような場合、すなわち、社会通念上当該他人の戸籍の記載事項を利用してある行為をすることが一般的に期待され、又は許容されている場合をいうものと解するのが相当である。

　ある者の現在の本籍地及び住所を知らない第三者が当該住所を探索するためにその者の除籍謄本の記載事項である転籍地を利用するということは、原則として、社会通念上当該他人の戸籍の記載事項を利用する方法として一般的に期待され又は許容されている場合には当たらないと解するのが相当である。

　もっとも、第三者が戸籍謄本等の交付の請求をする理由は様々であり、戸

籍謄本等以外の公的資料が全く取得できない場合や当該公的資料を取得するために戸籍の記載を追うしか方法がないような場合には、第三者請求に戸籍の記載事項を利用する正当な理由が認められることがあり得るが、その場合には、戸籍謄本等以外の資料が取得できない事情等について請求書に具体的に記載されている必要があると解される。

　以上を基に検討するに、被控訴人は、Bの任意財産管理人として、Bの財産をそのいとこであるAの一家に承継させるべく、遺言書の作成又は信託契約の締結をしようとしたが、「Aの一家」の特定のために必要となるAの現住所をBが知らなかったことから、「Aの一家」の現住所を調査するため、Bが知っている過去のある時期のAの本籍地（横浜市C区内）を基に、Aの戸籍又は除籍の謄本及び戸籍の附票全員の写し（ただし除籍の時は附票は不要）の請求をしたこと、Aは上記本籍地から転籍しており、本件請求は除籍謄本の交付を求めるものとなったこと、BはAの現在の本籍地を知らなかったことがそれぞれ認められる。

　そうすると、本件請求は、Aの現在の本籍地を知らないBの任意財産管理人である被控訴人が、Aの現住所を探索するため、その転籍地を知る方法としてAの除籍謄本の交付を請求したものであって、原則として、社会通念上当該他人の戸籍の記載事項を利用する方法として一般的に期待され又は許容されている場合には当たらず、「戸籍の記載事項を利用する正当な理由がある場合」（戸籍法10条の2第1項3号）という要件を満たさないものというべきである。

　また、仮に、本件が、受遺者である「Aの一家」を特定するために戸籍謄本等以外の公的資料が全く取得できない場合や当該公的資料を取得するために戸籍の記載を追うしか方法がないような場合に当たるとしても、本件請求書には、このような場合に当たることが全く記載されておらず（本件請求書の「戸籍法第10条第1項又は住基法第12条第1項に基づく請求の代理請求」欄には、「任意財産管理人（特定事務受任者）」「B」「いとこ、Bに相続人がいないため、いとこであるAの一家に財産を承継させるため」と記載され、戸籍法10条の2第1項1号の事由についての欄のうち「権利又は義務の発生原因及び内容」欄には「特定事務受任による財産管理承継処分業務のため」と、「権利の行使又は義務

の履行のために戸籍・住民票等の記載事項の確認を必要とする理由」欄には「財産承継のため予備事項を含む遺言・民事信託作成」と記載されている。これに対し、同項2号ないし3号の事由についての欄には、何も記載されていない。)、また、被控訴人は、窓口サービス課の職員から除籍の記載事項を確認する理由について尋ねられた際にも何ら説明をしなかったのであるから(原告は、上記職員へ架電し、推定相続人と受遺者で交付できる証明書が異なることに納得できない、添付の書類で戸籍の交付ができないのであれば不交付通知をしてほしい旨述べた。同職員が重ねて除籍の記載事項を確認する理由について尋ねたが、原告は回答せず、同職員から世帯全員について交付を求める理由を尋ねられた際も、「だったら不交付を出してください。」などと言って尋ねられた内容について何ら説明をしなかった)、本件請求は、戸籍の記載事項の利用の目的及び方法並びにその利用を必要とする事由を明らかにしてされたものとは認められない。

(海野千宏)

〔裁判例15〕

さいたま地越谷支判令和4・3・23(2022WLJPCA03236011)
⇒受託者の解任と信託終了、受益債権の給付、帳簿等の謄写等請求

▶事案の概要

　本件は、二つの信託契約について争いとなっている(以下、それぞれ「本件信託契約1」「本件信託契約2」という)。

　原告が、被告(原告の妹)に対し、原告が被告との間で、②の信託対象財産である建物の底地(以下、「本件土地」という)を信託財産とし、原告を委託者兼受益者、被告を受託者として信託契約を締結し、本件土地について、本件信託契約1に基づき、信託を原因とする原告から被告に対する所有権移転登記および信託登記がなされていたところ、その後、委託者兼受益者である原告が、被告を受託者から解任したうえ、本件信託契約1を終了した旨主張して、本件所有権移転登記および本件信託登記の各抹消登記手続を求めた。

　また、原告および被告の亡母A(平成29年10月26日死亡)(以下、「A」という)は、被告との間で、平成29年6月15日、Aが所有する別紙第2物件目録記載の土地および建物(以下、便宜上「本件信託不動産」という)を信託

財産の一部とし、Aを委託者、被告を受託者、Aおよび原告を共同受益者（第一次受益者）として信託契約を締結していたところ、①被告が共同住宅の賃料を収受しながらこれを原告に渡さない旨主張して、平成30年7月1日から令和3年1月31日までの31か月分の賃料合計の2分の1相当額472万7500円の支払いを求めるとともに、②原告に、本件信託不動産について作成された財産目録、貸借対照表、損益計算書、預金通帳、税務申告書および会計帳簿の謄写をさせるよう求めた。

▶争点（主なもの）
1 本件信託1は終了したか
2 本件信託2において、原告は、被告に対し、賃料収入から経費を除いた利益の2分の1相当額の支払請求権を有するか
3 本件信託2において、原告は、被告に対し、財産目録、貸借対照表、預金通帳、税務申告書類、会計帳簿の謄写を求めることができるか

▶裁判所の判断（概要）
1 争点1（本件信託1は終了したか）について
　(1) 本件信託契約1の終了について
　　ア 信託契約の委託者及び受益者は、いつでも、その合意により、受託者を解任することができ（法58条1項）、また、信託を終了することができる（法164条1項）ところ、原告は、本件信託契約1の委託者兼受益者である（前記第2の3(2)ア）から、単独で、被告を受託者から解任し、本件信託契約1を終了することができると解される。したがって、被告は、本件解任によって本件信託契約1における受託者たる地位を失い、その任務も終了したものであり（法56条1項6号）、本件解除によって本件信託契約1も終了したものである（なお、本件解除については、「信託契約を解除します。」との文言が用いられているが、これは、本件信託契約1を終了する意思表示と解するのが相当である。）。
　　イ 被告は、委託者及び受益者による受託者の解任によっても、直ちに信託は終了せず、原則として新受託者が選任され、新受託者が就任しない状態が1年間継続したときに、法163条3号により信託が終了するにすぎない旨主張する。

しかし、法163条は、法164条による委託者及び受益者の合意による場合以外の信託の終了事由を定めるものであり、本件信託契約1は、法164条1項により終了したものであって法163条が適用されることはないから、被告の上記の主張は、失当である。
2　争点2（本件信託2において、原告は、被告に対し、賃料収入から経費を除いた利益の2分の1相当額の支払い請求権を有するか）について
　(1)　原告の受益（受益債権）の内容について
　ア　受託者は、信託目的に従って信託財産の管理処分をする義務を負い、信託の本旨（すなわち、信託行為の定めの背後にある委託者の意図）に従い、信託事務を処理しなければならない（法29条1項）のであり、本件信託契約2においても、「信託の目的は、次条記載の財産（本件信託不動産及び金融資産）を信託財産として管理運用及び処分等を行い、第5条記載の受益者（A及び原告）に対し財産の給付を行い、受益者の幸福な生活と福祉を確保すること及び委託者（A）及び委託者の祖先の祭祀を目的とする。」とされ（2条）、受託者は、信託金融資産から公租公課、保険料、修繕費その他の必要経費を支払い又は控除した上、受託者が相当と認める額の生活費等を受益者に交付し、受益者の施設利用費、病気療養費等を銀行振り込み等の方法で支払うとされている（7条）ことからすれば、原告の受益権は、本件信託不動産の賃料収入から生活費の支給を受け、原告が入所・通所をする施設の利用費、病気療養費等の支払を受けるものであると解される。
　そうすると、原告に対する給付は、その内容、時期等については受託者である被告に裁量が認められることを前提としつつも、原告の日々の生活を支えるに足りるものでなければならず、したがって、（まとまった金員を給付するのでない限り、）頻度については、定期的に行うことが想定されていると解される（実務上、婚姻費用分担金や養育費が毎月支払うこととされているのは、これらの金員が権利者及び権利者が監護養育をする子の日々の生活を支える機能を果たすべきことを反映したものということができる。）。
　また、本件信託契約2における信託財産の管理については、必ずしも被告の投資・投機的判断を要するものではなく、賃貸借契約を管理して確実な賃料回収を図り、空室が出れば賃借人を確保し、修繕等を適切に行うことが

中核となるものと推認され、しかるときは、被告が原告に対し定期的に給付を行う基礎的条件は整っているということができる。

　なお、本件信託契約2においては、250万円の金融資産も信託財産（信託金融財産）とされ、本件信託不動産からの収益は、金融信託財産として管理するとされている（3条(1)及び(2)）ところ、以下では、当事者の主張立証活動を含む本件訴訟の経過に鑑みて本件信託不動産からの収益（賃料収入）を念頭に検討することとする。

　イ　そこで、次に、原告に対し給付をすべき時期についてみるに、一般に、賃貸物件については、賃料は月極めで支払うこととされるが、時として空室や要修理箇所が発生したり、賃料の支払が滞ったりすることもあり、将来に備えて資金を蓄えておく必要もあることに鑑みると、毎月又はこれに準じた頻度で給付を行うことは困難である。一方、一年分の確定申告が終了した後は、申告に係る年の収支が明らかになり、給付可能な金額が明らかになるとともに、翌年の収支見込みもある程度立てることが可能になると推認されるから、確定申告終了後しばらくの期間が経過した後は、被告は、原告に対し、賃料収入のうちから所定の額を給付すべき義務を負うというべきである。

　そして、原告の請求のうち平成30年分（ただし、同年7月以降の分）から令和2年分までは確定申告の終了後1年以上が経過しているから、被告は、原告に対し、これらの年分の給付をすべき時期は既に到来したものと認めるのが相当である。

　一方、原告は、令和3年1月分の給付も請求しているが、口頭弁論終結時点（令和3年12月15日）においては、同年は未だ終わっておらず、同年分の収支が判明していたとは認められない（したがって、経費としていくらの控除がされることとなるかも明らかになっていたとは認められない。）から、被告が原告に対し令和3年1月分の給付をすべき時期が到来していたとは認められず、他にこの認定判断を左右するべき事情は見当たらない。

　3　争点3（本件信託2において、原告は、被告に対し、財産目録、貸借対照表、預金通帳、税務申告書類、会計帳簿の謄写を求めることができるか）について

(1) 法の規律について
ア　受託者が作成・保存をすべき書類等
(ｱ)前記第2の2(1)オ及び(3)イのとおり、受託者は、信託事務に関する計算並びに信託財産に属する財産及び信託財産責任負担債務の状況を明らかにするため、法務省令で定めるところにより、信託財産に係る帳簿その他の書類又は電磁的記録、すなわち、信託帳簿を作成しなければならない（法37条1項、信託計算規則4条1項）。

(ｲ)　また、前記第2の2(1)オ、(2)及び(3)イのとおり、受託者は、毎年1回、一定の時期に、法務省令で定めるところにより、貸借対照表、損益計算書その他の法務省令で定める書類又は電磁的記録、すなわち、財産状況開示資料を作成しなければならない（法37条2項、信託法施行規則2条4号イ、信託計算規則4条3項）。

なお、信託計算規則4条4号の規定振りにも鑑みると、管理型信託においては財産目録に相当する帳簿書類も財産状況開示資料に当たると解される。

(ｳ)　さらに、前記第2の2(1)オのとおり、受託者は、信託財産に属する財産の処分に係る契約書その他の信託事務の処理に関する書類又は電磁的記録を作成し、又は取得した場合には、その作成又は取得の日から十年間、これを保存しなければならない（法37条5項前段）。

これらの信託事務処理書類については、信託財産に係る公租公課の納付等も信託事務処理の一環であるということができるから、受託者が信託財産について行う税務処理に係る書類、例えば、確定申告書（申告後はその控え）も信託事務処理書類に含まれると解される。

イ　受益者の閲覧謄写請求権
前記第2の2(1)カのとおり、受益者は、受託者に対し、理由を明らかにして、信託帳簿及び信託事務処理書類の閲覧謄写を請求することができる（法38条1項）。

なお、法38条1項は、財産状況開示資料を閲覧謄写請求の対象に挙げていないが、受益者は、信託財産の利害関係人であるから、法38条6項に基づき、利害関係人として、財産状況開示資料の閲覧謄写を求めることができ

ると解される。

(2) 本件信託契約2における定め

本件信託契約2においても、被告は、信託開始後速やかに、信託財産目録を作成して受益者に交付し（9条(4)）、信託財産に関する支出を記録し、帳簿を作成し、受益者から報告を求められたときは速やかに報告すべきこととされている（同条(5)）。

(3) 原告の本件請求について

ア 原告は、謄写の対象として、本件信託契約2に関し、別紙信託目録2記載の信託財産（本件信託不動産）について作成された①財産目録、②貸借対照表、③損益計算書、④預金通帳、⑤税務申告書及び⑥会計帳簿を挙げるところ、①から③までは財産状況開示資料に当たる（前記(1)ア(イ)）。

また、④は、証拠（乙19の1から4まで、証人G、被告本人）及び弁論の全趣旨によれば、被告は、本件信託契約2締結に際して「信託口Y」名義の株式会社ⅰ銀行（口座開設当初の商号は株式会社i_1銀行）（ｊ支店扱い）の普通預金口座を開設してこれをａハイツの賃貸借契約の管理口座とし、その通帳に入出金の状況を記録してきたものと認められる。そうすると、別紙信託目録2記載の信託財産について作成された預金通帳は、信託帳簿に相当する書類であるということができる（一部は、A名義のｆ銀行の普通預金口座（ｇ支店扱い）の通帳に記帳されている（乙19の4）が、信託帳簿は、一の書面その他の資料として作成することを要せず、他の目的で作成された書類又は電磁的記録をもって信託帳簿とすることができるとされている（信託計算規則4条2項）ことからすると、上記通帳も信託帳簿に相当する書類であるということができる。）。

さらに、⑤は、信託事務処理書類に当たる（前記(1)ア(ウ)）。

そして、⑥は、限定責任信託の受託者に作成義務が課されている（法22条2項）が、一般の信託の受託者には作成義務は課されていない。もっとも、信託帳簿は、一般に公正妥当と認められる会計の基準その他の会計の慣行および信託行為の趣旨を斟酌して作成されるべきものであり（信託計算規則3条、4条6項）、会計の実務で作成されている仕訳帳、総勘定元帳等金銭の収支や物品の出し入れに関する帳簿組織が想定される一方、信託帳簿は、一の書面その他の資料として作成することを要せず、他の目的で作成された書類

又は電磁的記録をもって信託帳簿とすることができるとされている(信託計算規則4条2項)ことに鑑みると、受託者が信託帳簿とする以外の目的によって作成した会計帳簿や受託者以外の者によって作成された会計帳簿も、それが信託帳簿としての実質を有する限り、信託帳簿に当たるということができると解される。

　イ　なお、受益者は、謄写請求権を行使する場合において、対象帳簿書類の範囲を特定する必要があるか否かについて議論があるところ、この点については、受託者の負担、判決の既判力及び執行力の担保等を踏まえて検討する必要があるところ、法38条は、文言上、受益者に請求対象の明確な特定まで要求していないこと、信託帳簿や信託事務処理書類は、広範囲にわたる可能性があること(上述したとおり、信託帳簿は、一の書面その他の資料として作成することを要せず、他の目的で作成された書類又は電磁的記録をもって信託帳簿とすることができるとされている(信託計算規則4条2項)ことも考慮する必要がある。)、したがってまた、受益者に対して厳格に対象書類の特定を要求すると、受益者が謄写請求権を行使することが事実上難しくなる可能性があること、受益者は、受託者が信託帳簿、財産状況開示資料及び信託事務処理書類としてどのような名称、形式及び内容の書類を作成しているかは受託者から教示を受けない限り分からないことが多いこと(しかして、受益者が信託帳簿等の閲覧謄写請求権を行使するのは、受託者が任意にそれらの閲覧謄写に応じない場合であるとうかがわれ、受益者側において対象書類を特定することは困難である。)、他方、受託者は、受益者から求められれば、信託事務の処理の状況並びに信託財産に属する財産及び信託財産責任負担債務の状況について報告すべき義務を負っており(法36条)、受託者は、かかる報告の前提としてどのような書類を受益者に示すべきものであるかをあらかじめ想定することができることに鑑みると、実体法の解釈としては、受益者は、信託帳簿及び信託事務処理書類については、請求理由を明らかにすれば(法38条1項柱書後段)、請求対象の特定を要せず、財産状況開示資料については請求理由を明らかにすることも求められていない(法38条6項)反面として、受託者が請求理由を通じて閲覧謄写請求に応じるべき帳簿書類の範囲を判断することは予定されていないとして、特定を要しないとする見解も成り立ち得

ると考えられる。

　もっとも、訴訟上の請求としては、審理判断の対象を特定することが求められることに徴すると、謄写請求をする受益者としては、信託事務及び信託財産を特定した上、当該信託事務に関する計算並びに当該信託財産に属する財産及び信託財産責任負担債務の状況が記載されている蓋然性のある書類を挙げる必要があり、そのようにすれば一応謄写請求の対象を特定したものということができると考える（そのような特定がされれば、受託者は、不存在、保存期間の経過、請求についての理由の有無、拒否事由（法38条2項）の有無の判断等に関し、防御権を行使することにも支障はないということができる。）。

　そして、原告の本件謄写請求については、その対象とする書類について、本件信託契約2に係る「別紙信託目録2記載の信託財産」について作成されたものとの限定が付されており、かつ、いずれも信託帳簿、財産状況開示資料又は信託事務処理書類に当たることは前記アのとおりであって、かつ、原告は、本件信託契約2の締結後に作成された分全部の謄写を求める趣旨であることが請求の趣旨自体から読み取ることができるから、請求として特定に欠けるところはないというべきである。

　　ウ　請求の理由について

　受益者が受託者に対し信託帳簿及び信託事務処理書類の謄写を求めるには、請求の理由を明らかにする必要がある（法38条1項柱書後段）が、原告が挙げる諸点（前記第2の5(4)ア）は、これまで原告が被告からこれらの書類の開示や信託事務の処理の状況等について報告を受けたとは認められないことに鑑みると、請求の理由として欠けるところはなく、また、請求に理由のないとはいえず、他にこの判断を妨げる事情は見当たらない。

　　エ　以上を総ずれば、原告の本件謄写請求は理由がある。

▶悩みどころと落とし穴
・第1編第1章Q14（株式の譲渡承認②）
・第1編第2章Q15（受託者の解任②）
・第1編第2章Q19（受益債権の具体的権利性）
・第1編第2章Q20（受益債権と受託者の責任限定）
・第2編　　　Q43（帰属権利者等への権利の移転時期）

▶参考文献
・橋谷聡一「福祉型信託において受託者の裁量が問題となった事例」信託フォーラム 19 号（2023 年）129 頁

(菊永将浩)

〔裁判例 16〕
大阪高判令和 4・5・27（判タ 1508 号 54 頁）
⇒信託契約の要素と分別管理義務

▶事案の概要

控訴人（原審原告）らが、破産手続開始決定前の株式会社 a（以下、「破産会社」という）との間で、両替機管理運営委託契約を締結し、両替準備資金を交付していたところ、前記契約が信託契約であるから、両替準備資金により両替機内に装填されていた両替金（邦貨）および外貨は信託財産であり、破産財団に帰属するものではなく、破産法 62 条の取戻権の対象となると主張して、破産会社の破産管財人である被控訴人に対し、金員の支払い等を求めた。

▶争点（信託にかかわる部分に限る）
1 本件保管金の信託財産性について

▶裁判所の判断（概要）
1 争点 1（本件信託契約が公序良俗に反し無効か否か）について
(1) 信託契約の性質等について

信託契約の性質等については、原判決「事実及び理由」中の第 4 の 1（6 頁 20 行目から 7 頁 19 行目まで）記載のとおりであるから、これを引用する。
「第 4 争点に対する判断
1 本件の争点は、原告らと被告との間に信託契約が締結されたか否かであり、本件各契約が信託契約に当たるか否かであるから、以下検討する。
信託とは、受託者が一定の目的（専らその者の利益を図る目的を除く。）に従って、財産の管理又は処分及びその他の当該目的の達成のために必要な行為をすることをいい、委託者が信託する目的を定めて財産を受託者に移転し、受託者は、その財産を信託財産として信託目的に従い受益者のために管理又

は処分等を行うという財産管理制度である。信託契約とは、契約締結の方法による信託をいう（信託法1条、2条1項、同3項、3条1号）。

信託契約における受託者は、信託財産について、受託者自身の固有財産及び他の信託の信託財産に属する財産を分別して管理することが求められ（信託法34条）、受託者が破産手続開始決定を受けた場合であっても、信託財産はその破産財団に属しない（信託法25条1項。倒産隔離効）。これに対し、消費寄託（民法666条）や一般的な委任契約において受任者が使途を定められて受領する前払費用（民法649条）は、金員の交付を受けた者に同金員が属することになったとしても、同金員について信託契約における分別管理義務や倒産隔離効は設けられていない。

信託契約の上記性質からすれば、単に受任事務に関して契約が交わされ、受任者が受領する金員の使途及び目的が合意されているのみをもって信託契約が成立すると解することは相当ではない。信託契約の要素が、受託者の固有財産と信託財産との分別管理義務を設定し、信託財産を受益者のために確保、保全する点にあり、受託者の分別管理義務はその基本的債務であることに照らせば、信託契約の成立には、契約当事者間に分別管理義務の設定について明示的な合意があるか、少なくとも受託者が託された財産を確保する上で必要な特定性及び独立性をもった管理、保管を行う義務を負うことを基礎づける事実について当事者間に合意があるなど、同義務の設定されることが契約上予定されていることを要するものと解される。（最高裁平成14年1月17日第一小法廷判決・民集56巻1号20頁、大阪高裁平成20年9月24日判決・判例タイムズ1290号284頁各参照）」。

(2) 本件各契約の信託契約該当性について

ア 原判決の引用

本件各契約の信託契約該当性に対する判断は、当審における控訴人らの補充主張を踏まえて、後記イのとおり原判決を補正するほかは、原判決「事実及び理由」中の第4の3（10頁24行目から13頁1行目まで）記載のとおりであるから、これを引用する。

イ 原判決の補正

(ｱ) 11頁19行目「(1)」の次に「及び(5)」を加える。

(イ) 12頁6行目「事故が発生しても」の次に「、付した保険で認められた範囲で補償義務が生じるのみで、これに加えて」を加える。

(ウ) 12頁23行目末尾の次に改行の上、次のとおり加える。

「(3)ア　この点、控訴人らは、当審において、本件各契約上の破産会社の受託業務は、N社に再受託され、その運搬中や本件各両替機内で管理中の本件金員について、特定性・独立性を維持したまま、運搬、装填及び回収が行われていたことに照らすと、本件各契約上、控訴人らが準備する両替準備資金が、一旦、破産会社名義の振込用口座に入金されたことをもって、分別管理性が失われたと評価すべきでないと主張する。

しかしながら、控訴人らが本件各契約に基づき両替準備資金を送金した破産会社の振込用口座は、控訴人らのための専用口座ではなく、本件各契約以外の破産会社の業務や中古パチンコ販売業の支払などに用いられていた口座であって（認定事実(3)）、本件各契約上、入金された両替準備資金を分別管理する義務があることを定めた条項はなく、実態としても、入金された両替準備資金が振込用口座の破産会社の他の資金と分別管理されていた事実は認められない。

したがって、両替準備資金は、振込用口座に入金されていた他の金員と混然一体となって、破産会社の資金として利用することができる状態になっていたのであり、その後、破産会社が、振込用口座から当該両替金を支出し、再受託者であるN社名義の指定口座に入金したとしても、破産会社からN社に対し破産会社の財産の移転がされたにすぎないから、これにより控訴人らと破産会社との間で信託契約が成立したということはできない。

また、仮に本件業務内容条項により控訴人らと破産会社との法律関係が破産会社と再受託者らとの法律関係と一致することになる旨の控訴人らの主位的主張における立場を前提とした場合でも、破産会社とN社との再受託契約において、N社は、破産会社から預託された両替準備資金から支出した両替金を受取カセットや払出カセットに収納し、又はこれらのカセットから両替金を回収すべきことや、本件金員に係る邦貨や外貨の金種、数量等を仕分け・集計すべきこと等が定められていたことは認められるが、これらの定めは、両替機管理契約に基づくN社の債務の履行方法を定めたものではあっ

ても、破産会社とＮ社との間の契約を信託契約であると解する根拠としては不十分である。契約書中に信託財産として分別管理すべき旨を定めた明示的な条項が存在しないことも併せ考えると、破産会社とＮ社との間において、信託契約を締結する意思があったと直ちに認めることはできない。

　イ　控訴人らは、当審において、本件金員について、両替機内の邦貨及び外貨の回収時の内訳等は再受託者の提供するシステムにより（甲６から11まで）、両替機中の金銭（邦貨、外貨）の内訳等は破産会社から控訴人らに対し交付されていた日次集計表（甲16の１から甲17の２まで）により、それぞれ明確化されていたから、信託法34条１項２号ロの定める金銭の分別管理の方法である「その計算を明らかにする方法」が満たされている旨主張する。

　しかしながら、同号ロの規定が信託財産である金銭の分別管理について「その計算を明らかにする方法」で足りるとする趣旨は、信託財産と固有財産とが混蔵保管されている場合であっても、同法37条１項及び４項の規定に基づき信託財産に係る帳簿が作成保存されている限り、受託者個人の債権者との関係において信託財産の確保を図ることが可能だからである。本件において、破産会社が控訴人らを受益者とする同条１項の信託財産に係る帳簿を作成していたことを認めるに足りる主張立証はないから、同項２号ロの要件が満たされていたとは直ちに認めることはできない。また、この点を措くとしても、本件各契約上、破産会社が控訴人らから送金を受けた両替準備資金を分別管理すべき旨の明示的な定めはなく、分別管理義務が設定されることが契約上予定されていたと認めることもできないから、本件各契約の締結により信託契約が成立したと認めることはできない。信託法34条１項２号ロは、信託契約の成立が認められる場合において、信託法上、受託者に要求される分別管理義務の内容を示したものにすぎず、当該内容を満たすような分別管理がされておれば、当然に信託契約であると認めるべきことを定めた規定ではない。認定事実(5)のとおり、控訴人らからの両替準備資金の送金内容、本件各両替機内の本件金員の内訳や回収した現金の内容が計数上把握することができるようになっていたことは、信託財産ではなくても、本件各両替機の運営業務のためにこのような仕組みを設けることは十分あり得ることや、前記のとおり、本件において、破産会社が同法37条１項の信託財

産に係る帳簿を作成していたことを認めるに足る証拠がないことを併せ考慮すると、当事者間において、本件各両替機内の本件金員を破産会社の固有財産とは区別して委託者である控訴人らの信託財産として分別管理する意思があったことを認めるに足るものではない。

したがって、控訴人らの前記各主張はいずれも採用することができない。」

▶悩みどころと落とし穴
・第1編第3章Q1（信託契約の有効性）

▶参考文献
・團潤子「黙示の信託契約の成立が否定され、破産管財人に対する取戻権の主張が認められなかった事例」信託フォーラム19号（2023年）136頁

(菊永将浩)

〔裁判例17〕
東京地判令和4・9・8（2022WLJPCA09088022）
⇒信託契約か贈与か、信託契約の要素

▶事案の概要

亡X_1の養子である原告X_2および原告X_3が、第二種社会福祉事業を目的とする被告Y_1法人に対し、主位的に、亡X_1と被告Y_1法人との間で締結された本件施設契約が、目的信託の禁止により無効であるなどとして、不当利得に基づき、同契約により出捐した金員の返還を求め、予備的に、同契約が有効である場合は、同契約は贈与ではなく信託契約であるとして、その旨の確認を求めるとともに、主位的に、亡X_1の兄である亡Bおよび弟である亡Cがした各公正証書遺言（以下、「本件各遺言」という）が、遺言能力の不存在等により無効であるとして、本件各遺言に基づきされた各共有持分移転登記の抹消登記手続等を求め、予備的に、本件各遺言が有効である場合は、本件各遺言が遺言信託であるとして、その旨の確認を求めるほか、被告Y_1法人の理事長である被告Y_2、理事である被告Y_4および監事である被告Y_3（被告ら）に対し、同人らが、共謀の上、亡X_1を欺罔して本件施設契約を締結させたなどとして、信託法40条に基づく受託者の損失てん補等を求めた。

▶争点（信託にかかわる部分に限る）
1　本件施設契約の法的性質
2　本件各遺言は遺言信託といえるか
3　信託法に基づく損失てん補責任

▶裁判所の判断（概要）
1　本件施設契約の法的性質
　(1)　本件施設契約の文言
　「寄贈契約」、「寄付」など、社会通念上、贈与であることを示すと考えられる文言が使用されていることが認められる一方で、信託契約であることを明示又は示唆する文言は見当たらない。
　亡X_1は、公益信託X_1記念精神障害者福祉基金として信託銀行に金銭を公益信託し、本件施設契約の4年前に発刊された「△△」にも信託銀行担当者からの御礼の文章が寄稿されたというのであるから、信託制度の存在及び概要を理解していたと解される。
　そうであるにもかかわらず、亡X_1も、本件施設契約を締結する際に、本件施設契約が信託契約であるとは考えていなかったと認められる。
　本件施設契約には、弁護士である被告Y_4や、税理士も関与していた以上、本件施設契約を信託契約として締結する意図であれば、その旨を明らかにした文言を選択したり、その旨の租税申告をすることは容易であったと認められるが、契約書にそのような文言は見当たらないし、租税申告についても本件施設契約が贈与契約であることを前提とした手続がとられている。
　以上によれば、亡X_1及び被告Y_1法人は、本件施設契約を信託契約として締結する意思は有しておらず、本件a施設契約を贈与契約として締結する意思を有していたことが明らかである。
　(2)　本件施設契約の内容等
　もっとも、契約文言上、信託という文言が用いられていなかったり、当事者が信託契約であるという認識を有していない場合であっても、契約内容から信託契約の成立を認定する余地はあるので、次いで、本件施設契約が信託契約の要素を有しているか検討する。

ア　一定の目的に従った財産の管理等

　本件施設契約は、亡X_1が被告Y_1法人に金銭を寄贈するに際し、当該金銭を高齢者住宅の建築に使うことを定めて目的外使用を禁止し、また、被告Y_1法人は高齢者住宅の建築及び運営につき報告義務及び善管注意義務を負うことを定めている。そのため、信託契約の要素である、財産の譲渡を行い、財産の譲渡を受けた者が一定の目的に従い財産の管理又は処分等をするという合意があるといえるかが問題になる。

　財産の譲渡を受けた者が当該財産につき一定の目的に従い管理又は処分等をすることを約束する合意は、信託契約のみならず、負担付贈与契約であってもしばしばみられる。そのため、上記合意があるからといって直ちに信託契約が締結されたと認めるのではなく、契約文言に加えて、契約締結前後の事情からうかがわれる当事者の合理的意思等を総合的に考慮し、契約の法性決定をしなければならない。

　イ　財産の分別

　信託法34条は、信託契約において、受託者は、信託財産に属する財産と受託者の固有財産や他の信託の信託財産とを、同条1項各号所定の方法により分別して管理することを要すると定める。

　この分別管理の要件は、信託法2条1項の定める信託の定義に含まれておらず、受託者の義務及び第三者に対する対抗要件であって、信託契約の成立要件ではないと解されるが、信託の重要な意義は、信託財産が受託者個人の債務の引当てにならないことであり、譲渡された財産を、譲渡を受けた者の固有財産と分別して管理することが予定されているか否かは、当該契約が信託契約に該当するか否かの重要な判断要素になるというべきである。

　これを本件についてみるに、本件施設契約の文言上、被告Y_1法人に対し、譲渡された財産を被告Y_1法人の固有財産と分別して管理することを義務付けた規定はなく、実際にも、a施設建物について被告Y_1法人を権利者とする通常の所有権保存登記がされており、不動産登記法97条所定の信託の登記はされていない。もちろん、被告Y_1法人は社会福祉法人である以上、その経理処理において、収益事業と福祉事業を分けていたものと考えられるが、本件施設契約により信託された財産とそれ以外の財産を分別して管理し

ていたことを認めるに足りる的確な証拠はない。
　これに対し、原告らは、a施設建物には明認方法として銘版が設置されている旨主張するが、そもそも、不動産については、公示方法は明認方法ではなく登記であることに加え、銘版の記載内容や、亡X_1は、亡X_1らの社会福祉に対する功績を後世に残すことを強く希望していたことを考慮すれば、上記銘版は、寄贈者である亡X_1らに対して感謝する又は亡X_1らの功績を永く記念するという趣旨のものであると認めるのが相当である。そして、他に上記銘版がa施設建物は被告Y_1法人の固有財産と区別された信託財産であるということを明示したものであると認めるに足りる的確な証拠はない。
　よって、本件施設契約により譲渡された財産が分別管理されていたということはできない。
　　ウ　無効事由を考慮した当事者の合理的意思解釈
　原告らの主張によれば、本件施設契約が信託契約であるとすれば、受益者の定めのない目的信託であって法令で規定する公益信託の要件を満たしていないから無効であるということになる。
　亡X_1及び被告Y_1法人は、当時、本件施設契約を無効とすることは全く望んでいなかったものであり、当事者の合理的意思解釈として、本件施設契約をあえて無効事由のある信託契約と解釈することは相当ではない。
　　エ　善管注意義務等
　前記ア説示のとおり、本件施設契約において、被告Y_1法人は高齢者住宅の建築及び運営につき報告義務及び善管注意義務を負うことが規定されている。
　しかしながら、上記イ、ウ説示によれば、このことをもって本件施設契約を信託契約と解することは困難であり、本件施設契約を負担付贈与契約であると解釈した上で、受贈者である被告Y_1法人が負担を履行する義務を負うこと及び履行状況について報告する義務を負うことを定めたものと解するのが当事者の合理的意思に沿うものである。
　　オ　亡X_1が後見人であることの意味
　原告らは、亡X_1は亡B及び亡Cの後見人であるから、被後見人の財産を終局的に第三者に譲渡し処分することは許されないと主張する。

しかしながら、後見人は被後見人の財産を譲渡し処分することが一切許されないというものではなく、被後見人の意思に反さずかつ被後見人の生活に支障が生じない範囲においては、後見人の裁量により被後見人の財産を譲渡し処分することも許される余地がある。これを本件についてみるに、前記前提事実(1)エ及び前記認定事実(3)ウによれば、亡B及び亡Cは多額の資産を有しており本件施設契約に基づく贈与が履行されてもその生活に何ら支障を来たすものではなかった。また、本件施設契約の内容は、高齢者住宅の建設という福祉目的であること、亡B及び亡Cには財産を承継させるべき配偶者や子がないこと、亡B及び亡Cは自身も長期間にわたり福祉施設に世話になっているものであり、自らの財産を社会福祉に役立てることについて否定する意思を有していたとは考え難いことなどの事情を考慮すれば、社会通念上、是認できるものである。そして、本件施設契約が後見人である亡X_1の利益を図り被後見人である亡B及び亡Cに損失を与えるような利益相反を生じさせるものでないことも明らかである。

そうすると、本件施設契約は、亡B及び亡Cの財産を譲渡し処分するものであるとしても、後見人である亡X_1の裁量の範囲に含まれるものとして許されるというべきであるから、このことをもって上記アないしエの説示を覆し本件施設契約を信託契約であると解する根拠とはなし得ない。

(3) 小括

以上によれば、本件施設契約は、信託契約ではないと認めるのが相当であり、負担付贈与契約であると解するのが相当である。

2 遺言信託といえるか

B第1遺言の内容は、要旨次のとおりである。

①亡Bは、遺言執行者に対する費用を支払った残りの一切の財産について、地域社会の福祉に貢献するため、亡X_1が指定する施設・法人に遺贈する。②亡X_1が指定しなかった財産については、亡Bの相続人に法定相続分に従って相続させる。③遺言執行者は、被告Y_4とする。

C第1遺言の内容は、要旨次のとおりである。

①亡Cは、遺言執行者に対する費用を支払った残りの一切の財産について、地域社会の福祉に貢献するため、亡X_1が指定する施設・法人に遺贈す

る。②亡X_1が指定しなかった財産については、亡Cの相続人に法定相続分に従って相続させる。③遺言執行者は、被告Y_4とする。

B第1遺言及びC第1遺言の内容に照らせば、上記各遺言は遺贈であり、遺言信託に当たらない。したがって、(遺言信託である場合、次の事由により終了したか)について判断するまでもなく、上記各遺言が遺言信託として無効であるということはできない。

3　信託法に基づく請求

本件施設契約は信託契約ではないから、本件施設契約が信託契約であることを前提とする、信託法に基づく請求はその前提を欠くものであって採用することができない。

（海野千宏）

〔裁判例18〕

東京地判令和4・10・14（2022WLJPCA10148026）
⇒信託契約と意思能力、任意後見契約等における善管注意義務

▶事案の概要

Y_1は、弁護士であり、Y_2は、コンサルティング業務等を目的とする一般社団法人である。XおよびY_1は、Xを委任者、Y_1を受任者とする委任契約および任意後見契約（以下、「本件委任契約」という）を締結していたところ、その後、Xを委託者・受益者、Y_1を受託者、自宅土地建物（以下、「本件各不動産」という）を信託財産として、信託契約を締結した（以下、この際の契約を「本件信託契約」といい、この際の契約書を「本件信託契約書」という）。Y_1は、Y_2に対し、本件各不動産を売却した。

▶争点

1　本件信託契約の存否
2　本件信託契約の有効性
3　XがY_1に対し、本件各不動産の売却権限を授与したかどうか
4　Y_1が本件各不動産の処分行為等につき、債務不履行又は不法行為責任を負うか

▶裁判所の判断（概要）
1　本件信託契約の存否について
　Y₁がC司法書士と共に、b老人ホームを訪問し、その際、Xが何らかの書面に記載していた事実を認めることができるのであるから、本件信託契約書のX署名部分については、Xが署名したものと認めることができる。
　そうすると、本件信託契約は、その有効性は措くとして、存在したものというべきである。
2　本件信託契約の有効性について
　ア　意思能力を欠く者の法律行為は、無効であるところ、ある法律行為をした者がその法律行為をする意思能力を有していたかどうかについては、その者の認知能力、判断能力の状況、法律行為の内容等を総合的に勘案して判断するのが相当である。
　イ　Xの認知能力、判断能力の状況について
　信託契約締結当時、緩徐進行性の認知症であったXの判断能力は、語彙が限定され、日常の会話や意思疎通が困難な程度まで低下していたことを認めることができる。
　ウ　本件信託契約の内容について
　不動産をどのように管理、運用及び処分するか（Y₁との間で信託契約を締結することを含む。）については、その形式的な意味内容のみならず、その意味するところを的確に理解し、その当否について判断するためには、相当程度の判断能力が必要であったものというべきである。
　エ　本件信託契約の経緯について
　本件信託契約が締結されたのは、Xが要望したものではなく、Y₁において、Xの意思能力の衰退を懸念し、不動産売買に支障を来す可能性があることから、まず本件各不動産等の所有権をY₁名義に移転し、じっくり時間をかけて売却しようと考えたからであったことを認めることができる。
　そうすると、本件において、XがY₁に対し、積極的に本件各不動産を信託する旨の意思を有していた事実を認めることができず、本件委任契約においては、Xの事理弁識能力が不十分な状況になった場合には、任意後見の開始及び任意後見監督人選任の請求が予定され、当該請求の後であっても、本

件各不動産を管理、運用及び処分する方法があったことからすれば、本件信託契約を締結した経緯については、もっぱらY_1において、自らの裁量で自由に本件各不動産の売却を進めることが目的だったものと認めることができ、Xにおいて本件信託契約を締結することの合理性については、乏しいといわざるを得ない。

　オ　小括

　前記イからエまでによれば、本件信託契約の締結につき、その経緯、当時のXの認知能力、判断能力に照らすと、相当程度の判断能力が必要である本件信託契約の意味や内容につき、仮に、弁護士及び司法書士からの説明があったとしても、これを正確に理解し、判断することができたものと認めることはできない。

　したがって、本件信託契約については、Xの意思能力を欠くものとして無効であるものというべきである。

3　XがY_1に対し、本件各不動産の売却権限を授与したかどうか

　本件各不動産の売却権限を授与していたものと認めることはできない。

4　Y_1が本件各不動産の処分行為等につき、債務不履行又は不法行為責任を負うかどうか

　Y_1は、Xとの間において、本件委任契約を締結しており、本件委任契約上、Xが精神上の障害により事理を弁識する能力が不十分な状況になった場合には、任意後見契約による後見事務を行うこと予定され、家庭裁判所に対し、任意後見監督人の選任を請求する旨定められていた。そうすると、本件委任契約上、Y_1においては、Xの精神上の障害の程度を把握し、Xの事理弁識能力が不十分な状況になった場合には、家庭裁判所に対する任意後見監督人の選任を含む必要な対応を執るべき善管注意義務を負っていたことを認めることができる。

　Y_1は、Xの友人に対して、「転居、入所の意思確認はできません」、「Xさんの認識能力は相当低下しており」及び「不動産を売却するには、成年後見を正式に開始しなければならないと思われ」る旨の電子メールを送信していることからすれば、Xの事理弁識能力が不十分であり、不動産売却の前提としては、後見手続の開始が必要であることを認識していたものと認めること

ができる。

　Y_1においては、不動産売却については後見手続が必要と認識していたにもかかわらず、任意後見監督人の選任等の必要な手続を執らずに、本件信託契約を締結し、Y_2法人に本件各不動産を売却した点において、本件信託（ママ）契約上の善管注意義務違反を認めることができる。

　Xが本件訴訟手続を遂行するにつき、必要な費用である弁護士費用相当額である30万円の限度で上記債務不履行と相当因果関係のある損害を認めることができる。

　よって、Y_1は、本件各不動産の処分行為等につき、本件委任契約の債務不履行に基づく損害賠償として、Xに対して30万円を支払うべき義務を負う。

▶悩みどころと落とし穴
・第1編第1章Q1（信託に必要な意思能力）

▶参考文献
・根岸謙「信託財産の追加時における委託者の意思内容及び意思能力の有無が問題となった事例」信託フォーラム22号（2024年）73頁

（海野千宏）

─〔裁判例19〕─
東京地判令和5・3・17（2023WLJPCA03178001）
⇒信託法58条3項所定の「別段の定め」該当性、負担付き死因贈与契約に類する信託契約・受益債権の給付と公序良俗違反

▶事案の概要
　XとYは、Xを委託者兼受益者、Yを受託者とする信託契約（以下、「本件信託契約」という）を締結し、これに基づき信託不動産（以下、「本件物件」という）についてYへの所有権移転および信託登記がされた。

　本件信託契約には、X（受益者）は、Y（受託者）との合意により、本件信託契約の内容を変更し、もしくは本件信託契約を一部解除し、または本件信託契約を終了させることができる旨の定め（本信託契約11条）（以下、「本件規定」という）がある。

Xは、Yに対し、上記所有権移転登記および信託登記の抹消登記手続を求める訴訟（東京地判平成30・10・23〔裁判例4〕）（以下、「別件訴訟」という）を提起したところ、東京地方裁判所は請求棄却判決をした（確定）。
　その後、さいたま地方裁判所越谷支部は、令和元年8月5日、株式会社T管理（以下、「T管理」という）の申立てにより、同社のXに対する自宅（本件物件とは別の建物）の建築工事請負契約に基づく実費および諸経費請求権を請求債権とし、XのYに対する本件信託契約に基づく本件物件に係る信託受益権を仮差押債権とする仮差押決定をした。Yは、Xが経済的に破綻することを避けるため、Xを連帯保証人として、S信金から借り入れたうえで、XがS信金から借り入れたことによる債務を一括して返済するとともに、T管理の上記請求債権を一括して返済した。
　また、Yは、Xが上記とは別にS信金から借り入れたことによるXの債務について、S信金との間で、免責的債務引受契約ならびに本件物件に設定されていた根抵当権の債務者をYに変更する旨の合意を締結するなどした。その後、Yは、本件信託契約に基づき、Xの生活費として、Xに対し、毎月15万円を支払っている。
　Xは、X訴訟代理人作成の書面をもって、送達後2週間以内に、本件信託契約に基づき、信託財産目録および信託財産に関する帳簿等を開示すること、未精算の賃料がある場合には直ちに全額をXに支払うこと、今後、信託財産からの賃料収入からローン返済等必要経費を控除した残額の全額をXに毎月支払うことを求めた。しかし、Yが回答をしなかったため、Xは、X訴訟代理人作成の書面をもって、信託法58条1項に基づき、Yを本件信託契約上の受託者から解任する旨の意思表示をした（以下、「本件解任」という）。また、XとDは、同日、Dが本件信託契約上の受託者に就任する旨の合意をした。
　Dは、本件信託契約上の受託者に就任したことにより、信託法75条1項に基づき、信託に関する権利義務をYから承継したと主張して、Yに対し、所有権に基づき、本件物件について受託者解任を原因とするDへの所有権移転登記手続を求めるとともに、不当利得返還請求権に基づき、Yが保有する本件物件から生じた流動資産および本件物件に係る賃料収入から経費、ロー

ン返済額およびYからXに対する毎月15万円の送金額を控除した差額の支払いを求めている。

　また、Xは、仮に本件信託契約の規定によって信託法58条1項の任意解任権が制限されるのであれば、当該契約は公序良俗に反し、全体として無効であると主張して、Yに対し、所有権に基づき、本件物件についてされたYへの所有権移転および信託登記の抹消登記手続を求めるとともに、不当利得返還請求権に基づき、Dの請求と同じ金員の支払いを求めている。

▶争点
1　本件解任の有効性（信託法58条3項所定の「別段の定め」該当性）
2　本件信託契約の有効性（負担付き死因贈与契約に類する信託契約・受益債権の給付と公序良俗違反）

▶裁判所の判断（概要）
1　争点1（本件解任の有効性）について
　(1)　信託法上、委託者及び受益者は、いつでも、その合意により、受託者を解任することができるものの（58条1項）、信託契約等における「別段の定め」によってその任意解任権を制限することが許容されている（同条3項）。同様に、委託者及び受益者は、いつでも、その合意により、信託を終了することができるものの（同法164条1項）、信託契約等における「別段の定め」によってその信託終了権限を制限することが許容されている（同条3項）。

　ここで、本件規定は、委託者兼受益者であるXが、受託者であるYとの合意により、本件信託契約を終了させることができる旨を定めるところ、これは、委託者兼受益者であるXが、受託者であるYの同意を得ずに、信託を終了することができないものと定めることで、Xの信託終了権限を制限したものであり、信託法164条3項所定の「別段の定め」に該当する。

　これに対し、本件規定は、委託者兼受益者であるXが、受託者であるYとの合意により、受託者を解任することができる旨を明記していない。しかし、委託者兼受益者であるXが受託者であるYを任意に解任することができると解すると、Yが信託の終了に同意しない場合、Xは、任意にYを解任した上で、自らの意向に従う者を新受託者に選任し、その者との合意によ

って、信託を終了することができることとなる。これでは、Xの信託終了権限を制限した本件規定が、実質的に無意味なものとなる。

　(2)　また、本件信託契約は、その内容に照らすと、負担付死因贈与契約に類するものである。すなわち、原告の死亡により本件信託契約が終了すると、残余の信託財産の権利はYに帰属する一方、それまで、Yは、賃貸物件である本件物件の管理（建物の建築や修繕等を含む。）や処分、本件物件から生ずる賃料その他の収益の管理（必要経費等の支出やXに対する生活費等の給付等を含む。）、信託財産目録及び信託財産に関する帳簿等の作成・保管や信託事務に関するXへの書面による報告等、様々な信託事務を処理しなければならない。そして、本件信託契約上、信託事務の処理に係る信託報酬の定めはないから、Yは、無報酬で上記信託事務を処理しなければならない（信託法54条1項参照）。

　本件信託契約においてXの任意解任権が留保されていると解した場合、たとえYが適切に信託事務を処理していても、Xの一存で何らの合理的な理由もなく受託者を解任され、それまでの事務処理への対価を得ることもできない事態が生じ得ることとなる。しかし、XとYが、そのような不公平な事態が生じ得ることを許容して本件信託契約を締結したとは考え難い。そして、そのような事態を防止することが、Xの信託終了権限を制限する本件規定が置かれた趣旨であると考えられる。

　(3)　以上によれば、Xの信託終了権限を制限する本件規定は、当然にその任意解任権をも制限するものであり、XとYの合意が要求される「本件信託契約を終了させること」とは、Yを解任してXとYとの間の信託契約を終了させることを含むものと解するのが、契約当事者間の合理的な意思に沿うといえる。

　そうすると、本件規定は、信託法58条3項所定の「別段の定め」にも該当するものと認められるから、Xが、同条1項に基づき、Yの同意なくした本件解任は無効である。

　(4)　これに対し、Dは、本件規定は、信託法149条4項及び164条3項の「別段の定め」として、各項所定の信託の変更権限と終了権限のみを制限したものである旨の主張をする。

しかし、そのような解釈が、本件規定を置いたXとYの合理的な意思に反することは、既に説示したとおりである。また、信託法上、受託者の解任によって当然に信託が終了するものではないが（同法163条参照）、委託者兼受益者であるXと受託者であるYが本件信託契約を締結した後、XがYを解任した場合には、委託者兼受益者と受託者という両者の契約関係は事実上終了するといえる。したがって、XがYを解任することも本件規定所定の「本件信託契約を終了させること」に含まれると解することは、同規定の文理に反しない。

2　争点2（本件信託契約の有効性）について

(1)　まず、Xは、本件信託契約が遺言代用信託としての側面を有することを前提に、任意解任権を制限する本件規定は、遺言者がいつでも遺言の全部又は一部を撤回することができると規定した民法1022条や、遺言者は、その遺言を撤回する権利を放棄することができないと規定した民法1026条、並びに、死因贈与に関しても、贈与者の最終意思の尊重という観点から、遺言の取消しに関する民法1022条がその方式に関する部分を除いて準用されるとする判例法理（最高裁昭和46年(オ)第1166号同47年5月25日第一小法廷判決・民集26巻4号805頁）の趣旨を没却するものであり、本件信託契約は全体として公序良俗に反する旨の主張をする。

　確かに本件信託契約は負担付死因贈与契約に類するものであるが（上記1(2)参照）、判例上、いかなる事情の下においても贈与者が自由に死因贈与契約を取り消すことができると解されているわけではない（最高裁昭和56年(オ)第487号同57年4月30日第二小法廷判決・民集36巻4号763頁、最高裁昭和57年(オ)第194号同58年1月24日第二小法廷判決・民集37巻1号21頁参照）。

　上記1(2)で説示したとおり、Yは、本件信託契約に基づき、賃貸物件である本件物件の管理（建物の建築や修繕等を含む。）や処分、本件物件から生ずる賃料その他の収益の管理（必要経費等の支出やXに対する生活費等の給付等を含む。）、信託財産目録及び信託財産に関する帳簿等の作成・保管や信託事務に関するXへの書面による報告等、様々な信託事務を無報酬で処理しなければならず、受託者を解任された場合にも信託報酬を得ることができない。このような事情の下において、Yが適切に信託事務を処理しているか否

か等にかかわらず、Xがいつでも、何らの合理的理由もなくYを解任することができるとすることは、かえって当事者間の衡平を欠く。

他方で、Yが、Xに対して生活費等を随時給付するという信託事務（本件信託契約9条2項）を怠るなど、Xの幸福な生活及び福祉を確保するという本件信託契約の目的に反する行為をしたときや、XのYに対する信頼を破壊する行為をしたときは、「受託者がその任務に違反して信託財産に著しい損害を与えたことその他重要な事由があるときは、裁判所は、委託者又は受益者の申立てにより、受託者を解任することができる」と定めた信託法58条4項に基づき、裁判所は、Xの申立てにより、Yを解任することができるものと解され、これによってXの利益の保護は図られる。

以上の事情を総合すると、本件信託契約が、Xの任意解任権を制限する本件規定を置いているからといって、公序良俗に反するとはいえない。

(2) 次に、Xは、Yが、DやDの生活費等としては到底足りない僅か月額15万円のみを支払い、Xらを過酷な状況に置いているにもかかわらず、本件規定によって、Yを任意に解任できないものとする本件信託契約は、全体として公序良俗に反する旨の主張をする。

しかし、前記前提事実及び証拠によっても、月額15万円の支払によりXが過酷な状況に置かれているとは認めるに足りないし、仮にYがXに対して生活費等を随時給付するという信託事務を怠っているとすれば、裁判所は、信託法58条4項に基づくXの申立てにより、Yを解任することができるものと解されるから（上記(1)参照）、本件信託契約が、Xの任意解任権を制限する本件規定を置いているからといって、公序良俗に反するとはいえない。

3　結論

以上によれば、原告らの請求はいずれも理由がないから棄却することとして、主文のとおり判決する（請求棄却）。

▶悩みどころと落とし穴
・第1編第2章Q14（受託者の解任①）
・第1編第2章Q15（受託者の解任②）
・第1編第2章Q19（受益債権の具体的権利性）
・第1編第2章Q21（受益債権の差押え）

- 第1編第3章Q3（信託の終了②）
▶参考文献
- 佐久間毅「信託法研究ノート［第1回］委託者兼受益者の受託者解任権の制限」月報司法書士626号（2024年）51頁

(海野千宏)

―〔裁判例20〕――
横浜地判令和5・12・15（2023WLJPCA12156001）
⇒追加信託における信託財産の特定と信託設定意思の有無および意思能力

▶事案の概要

　亡X_1（以下、「亡X_1」という）が、弟である被告に対し、亡X_1が令和2年5月28日に亡夫から相続した土地および建物について、亡X_1と被告との間の平成19年9月30日付け信託契約書に基づいてされた令和2年10月19日付け所有権移転および信託の登記について、主位的に所有権に基づき上記所有権移転および信託の登記に係る手続が無効であると主張して錯誤を理由に、予備的に信託契約の委託者兼受益者である亡X_1が同信託契約書に係る契約を解除したことから解除を理由に、亡X_1の被告に対する同日付け所有権移転および信託の登記の抹消登記手続を求めたところ、亡X_1が令和3年4月17日に死亡したことにより、亡X_1の遺言執行者である原告が訴訟を承継した事案である。

　亡A（亡X_1の夫）は、昭和53年2月23日、別紙物件目録記載1の土地（以下、「本件土地」という）について売買により所有権を取得し（同年5月16日付け所有権移転登記）、昭和54年3月17日、別紙物件目録記載2の建物（以下、「本件建物」という）を新築した（以下、本件土地および本件建物をあわせて「本件土地建物」という）。

　亡X_1と被告は、平成19年9月30日、委託者兼受益者を亡X_1とし、受託者を被告とする、同日付け信託契約書（以下、「本件信託契約書」といい、本件信託契約書に係る契約を「本件信託契約」という）を作成した。本件信託契約書の内容は、①亡X_1が被告に対し、亡X_1の全財産を信託財産として託し、管理処分権限を付与する、②亡X_1が認知症ないしそれに準ずる事理弁

識能力しかない状態に至ったときは、被告は、亡X_1名義の財産について、預貯金の解約等により被告に財産を移転する権限を有する、③亡X_1の配偶者の死亡等により、亡X_1が相続人となったときは、被告は、亡X_1に代わって、遺産分割協議を行うことができ、取得する遺産の管理処分権を有するというものである。

　亡X_1は、平成22年3月30日、平成22年第92号横浜地方法務局所属公証人作成の遺言公正証書(以下、「本件遺言公正証書」という)により公正証書遺言をした。本件遺言公正証書は、亡X_1が相続開始時に亡Aから本件土地建物を相続により取得していた場合には、亡Aの姪であるCに遺贈することなどを内容とするものである。

　亡X_1は、平成24年頃から入退院を繰り返すようになり、平成27年頃から家庭生活の一部が不自由となり、亡Aおよび亡X_1は、平成29年2月、施設に入所した。

　亡Aは、令和2年5月28日、死亡した。

　亡X_1は、令和2年7月21日、アルツハイマー型認知症により、「たまに一言二言発語はあるものの、意思疎通はできない。食欲、便意など生理的要求を伝えられず、全介助で暮らしている」という所見により、後見相当の診断を受けた。

　横浜家庭裁判所は、令和2年9月23日、亡X_1について、後見開始の審判および弁護士Fを成年後見人に選任する審判をした。

　本件土地建物について、令和2年9月29日、同年5月28日付け相続を原因とする亡X_1に対する所有権移転登記が、令和2年10月19日、同年5月28日付け信託を原因とする被告に対する所有権移転登記および信託登記の各信託登記(以下、各登記をあわせて「本件各登記」という)がなされた。

　成年後見人F(以下、「F後見人」という)は、令和2年12月28日、訴えを提起し、訴状をもって本件信託契約を解除する旨の意思表示をした。

▶争点
1　追加信託において、将来的に相続により取得する財産に対する信託設定意思
2　追加信託時の意思能力

▶裁判所の判断（概要）
1　被告は、本件信託契約は、本人が相続により取得した本件土地建物について、相続の開始を条件として、改めて本人の意思表示を要することなく自動的に信託に供する内容であった旨の主張をする。

被告の主張に沿うものとして、本件信託契約書には、本人の配偶者の死亡等により、本人が相続人となったときは、被告は、本人に代わって、遺産分割協議をおこなうことができ、取得する遺産の管理処分権を有する旨の記載がある。

しかし、被告指摘の上記記載には信託する旨の文言がないこと、本件信託契約書が作成されて以降、被告が信託業務を具体的に行っていたとは認められないこと、本人は平成22年3月30日〔筆者注：信託契約書作成後〕には、財産を被告に信託していることと整合的とはいえない内容の本件遺言公正証書を作成していることを考慮すると、本人が将来的に相続により取得する財産について、別途の意思表示を要することなく信託する旨の意思を有していたとは認め難い。

したがって、本件信託契約書には、被告主張の内容が記載されているものとは認められないので、上記被告の主張は採用できない。
2　本件各登記の登記申請書には、本人の押印のある登記原因証明情報があるので、念のため検討する。

上記情報の作成日付は、令和2年10月19日であって、本人の後見開始の審判確定後と認められるので、本人の意思無能力下で作成されたことが推認されるところ、この推認を否定する事情は認められない。

したがって、上記証明情報は、本人の意思に基づかないものと認められる。
3　以上により、本件各登記は無効である。

▶悩みどころと落とし穴
・第1編第1章Q1（信託に必要な意思能力）

▶参考文献
・根岸謙「信託財産の追加時における委託者の意思内容及び意思能力の有無が問題となった事例」信託フォーラム22号（2024年）69頁

（根本雄司）

> **〔裁判例21〕**
> 東京高判令和6・2・8（2024WLJPCA02086001）
> ⇒受託者の解任と信託終了、受益債権の給付、帳簿等の謄写等請求

▶事案の概要

　原審（さいたま地越谷支判令和4・3・23〔裁判例15〕）が、①本件信託契約1が終了したことを理由として所有権移転登記および信託登記の抹消登記手続をすること、②本件信託契約2に基づき約250万円の支払いをすることを認めたことについて、控訴人が敗訴部分を不服として控訴した（裁判所は、被控訴人の請求のうち、抹消登記請求に係る部分は全部および謄写請求に係る部分は預金通帳（本件信託不動産に関する入出金が記録されたもの）の謄写を求める限度で理由があるが、その余の謄写請求および金銭請求に係る部分は理由がないと判断したことから、ここでは争点2のみを取り上げる）。

▶争点（主なもの）

1　本件信託1は終了したか
2　本件信託2において、原告は、被告に対し、賃料収入から経費を除いた利益の2分の1相当額の支払請求権を有するか
3　本件信託2において、原告は、被告に対し、財産目録、貸借対照表、預金通帳、税務申告書類、会計帳簿の謄写を求めることができるか

▶裁判所の判断（概要）

「本件信託公正証書では、第7条において、受託者による金銭の支出について、次のとおり定められている。

『受託者は、信託金融資産から公租公課、保険料、修繕費その他の必要経費を支払い又は控除した上、受託者が相当と認める額の生活費等を受益者に交付し、受益者の施設利用費、病気療養費等を銀行振り込み等の方法で支払う。また、受益者の希望に沿った必要な費用、祭祀に係る費用を支払う。』

（なお、本件信託公正証書において、上記「信託金融資産」とは、信託財産である現金250万円を意味するものとされているが（3条1項2号）、本件信託公正証書に記載された本件信託契約2の契約内容に鑑み、本件信託不動産からの賃料等の収益（本件信託公正証書3条1項1号にいう『金融信託財産』）も上記「信託金融

資産」に含まれるものと解するのが相当である。）

　本件信託公正証書第7条は、受託者が受益者に対し、信託金融資産から受益者の生活費等を交付すべきことを定めるものであるが、生活費等の具体的金額やその算定方法は明らかにされておらず、生活費等の交付時期も明示されていない。また、本件信託公正証書におけるその他の条項をみても、受託者が受益者に交付すべき生活費等の具体的金額やその算定方法、交付時期について、これを明示し、又は示唆するものは存在しない（なお、本件信託公正証書の第2条には、本信託の目的が、本件信託不動産及び現金250万円を信託財産として管理運用及び処分等を行い、受益者に対し必要な財産の給付等を行い、受益者の幸福な生活と福祉を確保すること等であることが記載され、第5条には、委託者の被控訴人に対する扶養の範囲で、被控訴人に受益権を与える旨が記載されているが、いずれも抽象的な内容にとどまるものであって、これらの規定をもって、受託者が受益者に交付すべき生活費等の具体的金額やその算定方法、交付時期を定めるものであるとは解し難い。）

　これに加えて、①本件信託契約2の締結後、受託者である控訴人が受益者である被控訴人に対し、被控訴人の生活費等として、本件信託不動産の賃料収入の一部を定期的に交付していた事実は認められないこと、②本件信託公正証書第7条にいう『必要経費』には、公租公課、保険料、管理費等の定期的に支出されるもののほか、修繕費等の不定期に支出されるものも含まれているところ、本件信託不動産のうち、aハイツ及びI賃貸建物は賃貸物件であることや、被控訴人は精神障害を有し入院歴及び施設入所歴があること（弁論の全趣旨）からすると、受託者において、一定期間（例えば、1か月、1年間等）の賃料収入から当該期間に支出した経費を控除した残額の2分の1を、当該期間経過後直ちに、受益者である被控訴人に対して支払うのではなく、将来における上記建物の修繕費等や被控訴人の入院費用及び施設入所費用等の支出に備えて、賃料収入のうち相当額を保管しておくことなども、受託者の裁量の範囲内のものとして許されると考えられることなどを併せ考慮すると、被控訴人の指摘する本件信託契約2の目的や、本件公正証書遺言における付言事項を考慮するとしても、本件信託契約2に基づく具体的な権利として、被控訴人が控訴人に対し、本件信託不動産に係る一定期間に

生じた賃料収入から経費を控除した金額の2分の1の請求権を有するものとは解し難いといわざるを得ない。本件信託不動産の賃料収入から、被控訴人の生活費等として、いつ、幾らを支払うかについては、受託者である控訴人の裁量に基本的に委ねられているものと解するのが相当であり、被控訴人の上記主張を採用することはできない。」

「したがって、被控訴人の金銭請求は、その余の点について判断するまでもなく、理由がない。」

▶悩みどころと落とし穴
・第1編第1章 Q 11（信託設定と遺留分②）
・第1編第2章 Q 7（信託事務処理書類の範囲）
・第1編第2章 Q 15（受託者の解任②）
・第1編第2章 Q 19（受益債権の具体的権利性）
・第2編　　　Q 43（帰属権利者等への権利の移転時期）

▶参考文献
・志田博文「受託者の裁量をめぐる裁判例」信託フォーラム22号（2024年）53頁

（菊永将浩）

〔参考裁判例1〕
東京高判令和2・1・22（金商1592号8頁・判時2470号84頁）
⇒株主総会における取締役選任議案への賛成の意思表示、株主間合意があった株式についての株式信託契約

▶事案の概要と裁判所の判断（概要）
　第1審原告 X_1 の父であり、第1審原告 X_2 の祖父であるA、第1審被告の父であるBおよびCの3名は、いずれも、昭和47年2月24日当時、本件会社の株主であった。A、BおよびCの3名は、本件会社の株主間合意として、文書で「取締役は、A、B及びC氏（その指名された者を含む。）を互選する」という取締役選任合意（以下、「昭和47年合意」という）をした。その後、第1審原告らはAから本件会社発行の株式を相続等により承継し、第1審被告はBから本件会社発行の株式の信託譲渡を受けた。

第1審原告らは、昭和47年合意上の取締役候補者としてのAの地位を承継した第1審原告X_1を本件会社の取締役に選任するように議決権を行使する義務を第1審被告が負っていると主張して、第1審被告に対し、昭和47年合意に基づき、本件会社が今後開催する第1審原告X_1を取締役に選任する議案が提出された株主総会において、同議案に賛成する旨の意思表示をすることを求めた。

　裁判所は、株式信託契約に関しては、「B、F及び第1審被告の間で、大要、委託者兼受益者Bがその保有する本件会社発行株式79株を受託者第1審被告に信託譲渡し、株式の自益権により受託者が得たものは受益者に交付し、株式の共益権は受託者が行使し、Bが死亡した場合は受益者の地位はFが取得するという内容の株式信託契約が締結された。この結果、B家側の株式は、そのほとんどが第1審被告により行使されるようになった」と認定した。

　なお、株主間契約については、「その内容、方針、意図から法的効力を発生させる意思が明確に認定できる株主間契約については、契約に沿った議決権行使の履行を強制する内容の裁判（判決・仮処分命令）をすることが可能であり、契約に沿わない議決権行使により成立した株主総会決議について、定款違反があった場合に準じて、株主総会決議取消の判決をすることも可能であると考えられる。ただし、後者の株主総会決議取消判決ができるのは、株主間契約の当事者ではない株主に予想外の影響を及ぼすことを避けるために、発行済株式の全部を株主間契約の当事者が保有している場合に限られる」と判断した。

（海野千宏）

─〔参考裁判例2〕─
名古屋地判令和3・12・3（LEX/DB25595679）
⇒信託不動産に係る競売事件についての第三者異議の訴えの原告適格等

▶事案の概要と裁判所の判断（概要）
　被告が本件各不動産に設定を受けた根抵当権に基づき、それぞれ申し立てた2件の担保不動産競売手続開始決定について、国である原告が、被告に

対し、申告所得税等の滞納者が本件各不動産の所有権を有する第三者であると主張して、国税通則法42条が準用する民法423条1項本文（平成29年改正前のもの）に基づき、原告の滞納者に対する租税債権を保全するため、本件滞納者に代位して、本件各不動産の所有権に基づく権利の行使として各担保不動産競売開始決定による本件各不動産に対する差押えの排除を求める第三者異議の訴えを提起した。

　裁判所は、本件滞納者が、被告に対して本件各競売事件について第三者異議の訴えを提起する原告適格を有するかについて、「本件滞納者とCは、平成19年3月31日、本件滞納者を委託者兼受益者、Cを受託者として、本件各不動産を管理及び処分する旨の本件信託を締結し、本件信託を原因として、本件各不動産につき同年4月18日、信託登記手続及び本件滞納者からCへの所有権移転登記手続をしたこと、本件滞納者は、平成24年4月25日、Cが本件信託の受託者を辞任したことから、同日、本件信託の受託者を被告とし、同月27日、受託者辞任による変更を原因として、本件各不動産についてCから被告へ所有権移転登記手続を行ったこと、平成30年7月30日、旧信託法〔筆者注：平成18年改正前の〕58条に基づく本件信託解除決定がされ、同決定が令和元年5月7日に確定したことが認められる。

　これらの事実経過によれば、本件滞納者は、本件信託解除決定が確定したことにより、旧信託法61条に基づき、本件各不動産の所有権を取得するに至ったものと認められるから、本件各競売事件における競売の目的物である本件各不動産について、『所有権その他目的物の譲渡又は引渡しを妨げる権利を有する第三者』に該当するものといえる。したがって、本件滞納者は、被告に対して、本件各競売事件について第三者異議の訴えを提起する原告適格を有するものと認められる」とし、「本件滞納者は、被告に対して、本件各競売事件について第三者異議の訴えを提起する原告適格を有するものと認められる」と判断した。

（海野千宏）

> 〔参考裁判例3〕
> 東京地判令和4・6・2（LLI/DBL07732255）
> ⇒信託法違反・通謀虚偽表示による信託契約の無効等

▶事案の概要と裁判所の判断（概要）

　本件土地の所有者である原告が、本件土地上にある本件建物の所有者は被告であると主張して、所有権に基づく妨害排除請求権に基づき、本件建物を収去しての本件土地の明渡し等を求めた。

　被告は、株式会社Eとの間で、被告を委託者、Eを受託者、本件建物を信託財産として、本件信託契約を締結していたため、本件建物の所有権は被告からEに移転していたか、本件信託契約は信託法10条（訴訟信託の禁止）・9条（脱法信託の禁止）・11条（詐害信託の取消し）違反または通謀虚偽表示により無効か等が争点となった。

　裁判所は、①本件信託契約の締結時点からEに実体がなく、②契約締結後に本件信託契約が履行された実体もないうえ（信託法37条1項2項の書類または電磁的記録を作成しておらず）、③被告には虚偽の信託契約を締結する十分な動機があったことからすれば、被告およびEは、被告が地代支払いや本件建物の明渡しといった法的義務を免れるため、本件建物の登記名義を形式的にEに移転することを計画し、その手段として本件信託契約を締結したものと推認され、この推認を妨げるに足りる事情は認められないから、本件信託契約は、通謀虚偽表示により無効となるというべきであると判断し、したがって、本件建物の所有権は被告からEに移転しておらず、当該所有権に由来する責任は被告が負うべきであるとした。

（海野千宏）

> 〔参考裁判例4〕
> 京都地判令和4・7・1（2022WLJPCA07016007）
> ⇒信託財産を担保にした収益物件の購入資金の融資の可否

▶事案の概要と裁判所の判断（概要）

　原告が、被告に土地を売ったが、被告から残代金の支払いがなかったから

売買契約を解除したと主張し、原被告間の売買契約が融資特約により当然解除されたかが争点となった。

裁判所は、「被告は、その母親との間で締結した信託契約に基づく受託者としての信託財産の活用を考えており、不動産を購入する場合は、その信託財産を担保にして融資を受けることを検討していたことから、被告は、S銀行に対し、7月下旬頃までに、家族信託に関する資料を持参したほか、D氏を通じて、本件土地上に建設予定の建物の設計図面等を提出して、融資の申込みを行った。

また、被告は、K信用金庫からの融資についても確認すべく、7月27日、K信用金庫を訪れて、信託財産を担保にした融資を相談したところ、同金庫は、7月30日、被告に対し、信託財産を担保にした収益物件の購入資金の融資支援は取り扱っていないと回答した」として、信託財産を担保にした収益物件の購入資金の融資の可否に係る経緯を認定した。

(海野千宏)

〔参考裁判例5〕
甲府家都留支審令和5・6・26(判時2598号36頁・判タ1524号98頁)
⇒後見開始の審判申立て

▶事案の概要と裁判所の判断(概要)

本人が弁護士Fとの任意後見契約を解除し、長男Eと任意後見契約および本人の自宅を含む財産につき信託契約を締結したところ、長女からの後見開始の審判申立てがなされた。

裁判所は、Eとの任意後見契約が登記されているため、後見開始の審判をすることが「本人の利益のため特に必要がある」(任意後見契約に関する法律10条1項)と認められるかについて、「本人がEとの任意後見契約を締結した時点で、本人の理解力・判断力は相当程度減退していたことが推認できる」としたうえで、「本人は、本人の利益保護に資する内容となっていたFとの委任契約等を解除して、Eとの任意後見契約を締結するという不合理な意思決定をしており、この事情も上記推認を補強するものといえる」とし、結論としては、「本人の利益のため特に必要がある」と認め、後見開始の審

判となった。

　なお、抗告審（東京高判令和 5・11・24（判時 2598 号 32 頁・判タ 1524 号 94 頁））は、本人が、原審において鑑定を受けることを強く拒否し、家庭裁判所調査官による調査面接では鑑定に応じる旨述べたものの結局鑑定には応じなかったことや、抗告審においても鑑定に応じる意向を示さず、差戻しではなく原審判を取り消して本件申立てを却下するよう強く求めていることに鑑みると、本件を原審に差し戻しても本人について鑑定を実施することは困難であるとして、原審判を取り消し、本件申立てを却下した。

（海野千宏）

〔参考裁判例 6〕
千葉地佐倉支判令和 5・7・19（金商 1703 号 18 頁）
⇒従業員持株会と信託に関する株主総会決議の不存在または取消しの主張についての当事者適格等

▶事案の概要と裁判所の判断（概要）

　従業員持株会と信託に関し、株主総会決議の不存在または取消しを主張することについての当事者適格等が争点となった事案について、裁判所は、「原告は、被告の従業員から株式を『取得』すなわちその包括的権利を譲り受けつつ、株主権から派生して生じる議決権等の行使については、譲渡人である被告の従業員の指示に従うべきとされていることが推認される。また、原告と被告の従業員との間における株式をめぐる法律関係については、これを信託と解するのが相当である。

　その結果として、原告は、被告の従業員から取得した株式について、委託者である被告の従業員の指示に従いつつ、株主権を行使することが可能であることとなる。

　また、原告が委託者である被告の従業員の指示に反する株主権の行使をした場合の効果については、権利行使の相手方が、当該権利行使の当時、それが信託財産のためにされたものであることを知り、かつ、当該権利行使が受託者の権限に属しないことを知り又は知らなかったことにつき重大な過失があった場合でない限り（信託法 27 条 1 項）、その効力は否定されることはな

く、別途、原告又はその理事長が、委託者である被告の従業員に対し、信託契約違反を理由とする責任を負うにとどまるというべきである」とし、受託者が委託者の指示に反する株主権の行使をした場合の効果について、原則として否定されない旨判断した。

(海野千宏)

―〔参考裁判例7〕―
横浜地判令和5・9・22（2023WLJPCA09226002）
⇒信託契約と相続分譲渡動機不存在

▶事案の概要と裁判所の判断（概要）

　Aの長男である原告が、Aの妻である被告Y_1から、Aの相続に係る被告Y_1の相続分（全体の2分の1）の譲渡を受けた（相続分譲渡契約）（以下、「本件契約」という）と主張して、被告らに対し、被告Y_1がAの相続につき相続分を有しないことの確認を求めるとともに、原告がAの相続につき8分の5の相続分を有することの確認を求めた。

　本件契約の錯誤取消し等が争点となり、抗弁として、「当時、被告Y_1は、署名するに当たり、原告から、『Cさんも承諾済みだから大丈夫だよ。』と伝えられた。被告Y_1は、実子であるC……に自己の財産を信託する旨の信託契約を締結し、今後も実子に面倒を見てもらいたいと思っていた。被告Y_1は、その当時、高齢で認知能力の低下が始まっていたもので、このような高齢者にとって頼りにしている実子の承諾があるか否かは、被告Y_1にとっても、社会通念上も、意思表示をするに当たって重要な要素であり、この点の錯誤は要素の錯誤である」と主張された。

　裁判所は、「被告Y_1は、令和3年5月19日、Cとの間で、Cを受託者として、信託財産となる自己の財産を管理させる旨の信託契約を締結し」、「被告Y_1は、本件調停について、被告Y_1訴訟代理人らを手続代理人（又は復代理人）として委任しており、同年5月19日には、実子であるCにその財産の管理を信託した。このような経緯からすれば、被告Y_1には、Aの相続に係る自己の相続分を、C又は被告Y_1訴訟代理人らに相談することなく、その評価額よりも大幅に低廉な額で譲渡する動機は、およそなかったというべ

きであ」り、「そうすると、本件契約書の内容に照らしても、被告 Y_1 は、本件契約当時、本件契約の譲渡の対象を認識しておらず、A を被相続人とする相続に係る自己の相続分を原告に譲渡する意思を有していなかったものと認められ、これは、意思表示に対応する意思を欠く錯誤（民法 95 条 1 項 1 号）である」としたうえで、「本件契約は、被告 Y_1 による錯誤取消（民法 95 条 1 項本文）により、初めから無効であったとみなされ（民法 121 条）、A を被相続人とする相続に係る被告 Y_1 の相続分は、原告に移転していない」とし、先立つ信託契約締結の事実が、後日の相続分譲渡契約動機不存在の認定根拠とし、錯誤を認定した。

(海野千宏)

〔参考裁判例 8〕
東京地判令和 5・12・13（LEX/DB25613212）
⇒信託契約の成立

▶事案の概要と裁判所の判断（概要）

信託契約の成立が主張されたものの、裁判所は、「本件信託契約の具体的な内容やその成立の経緯は必ずしも明らかでない上、原告は、その供述するところによっても、高齢になった原告母から依頼されて本件口座を管理し、原告母の生活費や医療費等の支払を行っていたに過ぎないというのであって、これにより信託契約（信託法 3 条 1 号）が成立したとも直ちに評価し難く、その他、本件信託契約が成立した事実を認めるに足りる的確な証拠はない」とし、本件信託契約は不成立とした。

(海野千宏)

〔参考裁判例 9〕
東京地判令和 5・12・21（LX/DB25598472）
⇒非名義株主の不法行為に基づく損害賠償請求権

▶事案の概要と裁判所の判断（概要）

名義株主との契約関係が信託である場合に、非名義株主（振替株式である株式を証券取引所において取得する際、振替口座簿上の増加記録を自己の名義で

は取得せず、委託したカストディアン（サブ・カストディアンやノミニー等を含む）の名義で取得した者）が不法行為に基づく損害賠償請求権を有するかについて言及された事案について、裁判所は、「社債等振替法は、振替口座簿上の名義人（加入者）がその口座に記録された振替株式についての権利を適法に有するものと推定し、振替口座簿の増加記録を受けていない場合、株式譲渡の効力は発生しないことを定めているから、市場で購入された振替株式である被告株式の法的な所有者（金商法上の『所有者』の意。株主権を有する者）は、名義株主であって、その背後にいる実質的な投資家である非名義株主原告ではないというべきであり、それにもかかわらず本件において非名義株主原告を被告株式の法的な所有者とすべき特段の事情は認められない。すなわち、本件において、振替株式である被告株式の譲渡人から当該株式を購入取得したのは、名義株主であって、非名義株主原告ではないというべきである。

　したがって、振替株式の価値の毀損が生じたことによって直接的に損害を被るのはあくまでその所有者である（株主権を有する）名義株主である。非名義株主原告と名義株主との契約関係が信託であれば……、被告に対して損害賠償請求権を行使し得る権利者が受託者である名義株主であることは明らかである（信託の受益者である非名義株主原告は、信託スキームの内部関係において名義株主に対する請求をすることができるにすぎない。）」と判断した（満井美江「振替株式の非名義人を含む海外機関投資家等による有価証券報告書等の虚偽記載を原因とする損害賠償請求」国士舘大学比較法制研究47号167頁）。

（海野千宏）

第3　民事信託の登記先例

　ここでは、資料として、信託登記に関する先例・通達、「登記研究」誌の質疑応答またはカウンター相談に掲載された内容の要旨を掲載します。正確な内容に関しては、原典にあたっていただきたくお願いします。また、旧法令に基づくものも掲載しています。

▶昭和30・12・23民甲第2725号（信託財産の差押登記について）
　信託財産について受託者に対する国税滞納処分による差押登記は受理できない。

▶昭和31・12・18民甲第2836号（信託財産に対する差押登記について）
　信託財産に対する固定資産税の滞納処分のため、その財産に対する差押登記は、当該租税債務の発生期及び発生原因を表示した差押調書がある場合に限り、信託事務処理につき生じる権利と解し、受理して差しつかえない。この場合、差押登記の嘱託書にも、登記原因として、当該信託財産の滞納処分による差押であることを明らかにした上で、当該差押登記の嘱託を受理して差しつかえない。

▶昭和33・4・11民甲第765号（共有持分について信託登記がなされている場合の他の共有持分全部の放棄による登記手続）
　甲乙共有の土地の甲持分につき丙を受託者とする持分移転登記及び信託登記がなされている場合において、乙が共有持分を放棄したときは、受託者丙のため「乙の持分放棄による持分移転の登記」を乙、丙が共同して申請し、その登記の申請と同一書面で受託者丙から信託の登記を申請すべきである。

▶昭和34・9・15民甲第2068号（信託による所有権移転の仮登記及び信託の仮登記について）

　裁判所の仮処分決定に基づき、所有権移転の仮登記及び信託の仮登記が嘱託されたが、不動産ごとに所有権移転の仮登記の登記義務者が異なるにも関わらず同一の登記嘱託書により登記が嘱託され、かつ、信託原簿の添付がない場合は、受理すべきではない。

▶昭和37・2・8民甲第271号（信託登記の取扱いについて）

　信託登記を完了している不動産に対し、受託者及び委託者の双方より、「信託財産委付による信託終了」を登記原因とする信託抹消登記のみの申請がなされた場合は、却下する。

▶昭和41・5・16民甲第1179号（信託の登記ある不動産についての抵当権設定登記申請の受理について）

　「信託財産の運用及び処分方法は受託者に於て自由に定め実行し得るものとする。」との信託条項のある場合、第三者の債務を担保するため、受託者を設定者とする抵当権設定登記の申請があった場合、委託者及び受益者の承諾があった場合でも、受理することができない。

▶昭和41・10・31民甲第2970号（信託登記について）

　売買を原因として乙が甲から所有権取得の登記をしている土地について、丙を委託者とし、乙を受託者とする信託財産の処分により得た信託財産であるとして、後日、乙からの信託登記の申請があった場合、受理して差し支えない。

▶昭和41・12・13民甲第3615号（信託財産を受託者の固有財産とする変更登記及び信託登記の抹消登記）

1. 信託財産を委付により受託者の固有財産としたために信託が終了した場合の所有権の変更の登記については、所有権移転と同様の登録免許税を課税すべきである。

2. 信託財産を委付により受託者の固有財産としたために信託が終了した場合の変更登記及び信託登記抹消登記については、信託登記後になされている第三者の所有権移転請求権仮登記等の権利者などが利害関係人になることはなく、その承諾書を要しない。
3. 上記2.の場合に、所有権移転請求権の本登記をする場合の登記義務者は、受託者であった者である。

▶昭和43・4・12民甲第664号（信託財産の所有権移転登記の取扱いについて）
1. 本信託の期間は5ヶ年とする旨の信託条項が登記されている場合において、信託期間の満了後であっても、信託期間終了前の日付でなされた売買による所有権移転登記の申請があった場合は、受理される。
2. 信託の条項として、「本信託は委託者が〇〇市内に家屋を建築するための資金を得るため且委託者が現在第三者より負担する金銭債務を返済するための資金を得るために受託者をして信託財産を売却せしめんとするもの」等の登記がなされている場合、贈与その他の無償行為を原因として所有権移転登記の申請があったときは、却下して差しつかえない。

▶昭和44・8・16民甲第1629号（信託の登記ある不動産を目的とする抵当権設定登記申請の受否について）
　信託原簿記載の信託条項に「信託財産の運用及び処分方法は受託者において自由に実行し得るものとする」旨の信託の登記ある不動産について、「受託者は受益者の債権者に対する債務全額を担保するため受託者所有の不動産につき債権者のために抵当権を設定することとし、直ちに債権者に対し右抵当権設定登記手続をする」旨の和解調書を添付して抵当権設定登記申請があった場合、これを受理してさしつかえない。

▶昭和59・3・2民三第1131号（信託登記において権利能力のない自治会名義で受益者となることの可否について）
　権利能力のない社団である自治会が所有し、その自治会の代表者個人名義

で登記されている不動産について、当該自治会を受益者とする信託がされた場合に、権利能力のない自治会を受益者として信託の登記をすることができない。

▶昭和60・1・24二不登一第55号（信託財産が不動産である特定贈与信託における登記上の取扱いについて）

受益者の死亡に伴い、信託受益権は受益者の相続財産となる。この場合の受益者の変更登記は、信託原簿の記載事項の変更の登記として受託者が単独で申請する。

▶昭和61・4・30民三第2777号（信託による所有権移転の登記のある不動産に対する破産登記等の嘱託の受理の可否について）

信託による所有権移転の登記がある不動産について信託の登記後の日付をもって委託者に対して破産宣告がなされている場合には、破産の登記は受理すべきではない。また、信託の登記前に発生した被保全権利につき委託者に対して仮差押命令がなされている場合の仮差押の登記の嘱託は受理できない。

▶平成20・10・28民二第2861号（信託の仮登記がされた一般の先取特権保存の仮登記と共同担保の関係にある別の不動産についてされた一般の先取特権保存の仮登記について、追加で、仮登記の移転の仮登記及び信託の仮登記をする場合の登録免許税について）

同一の債権を担保するために、数個の不動産上に先取特権、質権又は抵当権（以下、「抵当権等」という。）が設定された後に、当該抵当権等が信託された。この場合、一の不動産について抵当権の移転及び信託の登記をした後、他の不動産についても追加で抵当権の移転及び信託の登記を申請した場合、その申請が最初の申請以外のものであることを証する書面を添付してその抵当権等の信託の登記を申請する場合に限り、信託の登記の登録免許税は不動産1個につき1500円である。

▶平成 22・11・24 民二第 2949 号（弁護士法第 23 条の 2 に基づく照会（質権の実行による信託受益権の移転に伴う受益者の変更の登記手続）について）

　流質特約に基づく信託受益権の任意売却及び代物弁済の事案について、受益者変更登記をする際に、登記原因証明情報として質権設定契約書、質権実行通知書等が提供されている場合には、別途、旧受益者が承諾していることを証する書面及び旧受益者の印鑑証明書等の提供は要しない。

▶平成 30・12・18 民二第 759 号（複数の委託者のうちの一部の者を受託者とする信託の登記について）

　委託者を甲及び乙、受託者を乙、受益者を甲及び乙、信託財産を甲及び乙が共有する不動産とし、当該不動産の全体を一体として管理又は処分等をすべき旨の信託契約がなされた。この場合、直ちに自己信託に該当するのではなく、契約による信託であると解することができる。従って、甲及び乙を所有権の登記名義人とする当該不動産について当該信託を登記原因とし、共有者全員持分全部移転及び信託を登記の目的とする登記の申請がされた場合、当該申請に基づく登記をすることができる。

▶令和 6・1・10 民二第 16 号（信託財産を受託者の固有財産とする旨の登記の可否について）

　下記事例において、委託者兼受益者 A が死亡したため、受託者 B から、受益者を B とする旨の B 作成の報告的登記原因証明情報が提供された上で、受益者の変更登記の申請がされるとともに、登記権利者を受託者 B、登記義務者を受益者 B とする不動産登記法第 104 条の 2 第 2 項の不動産に関する権利が信託財産に属する財産から固有財産に属する財産となった旨の登記の申請がされたところ、信託目録の記録から B が受益者とみなされることが明らかであるため、当該受益者の変更登記の申請は受理することができ、また、当該受益者の変更登記によって登記記録上の受託者及び受益者がいずれも B となることから、信託財産を受託者の固有財産とする旨の登記の申請についても受理することができる。登録免許税については、登録免許税法

第7条第2項が適用される。

記

　信託財産は不動産のみであり、以下のとおり、登記名義人を受託者Bとする所有権の登記がされている。
　　委託者　A
　　受託者　B（BはAの相続人の一人である。）
　　受益者　A
　信託目録に次の記録がある。
　　ア　委託者Aが死亡した場合には、信託が終了する。
　　イ　委託者の死亡により信託が終了した場合の清算受託者及び残余財産帰属権利者は、信託終了時点における受託者とし、その者に給付引渡すものとする。

▶登記研究406号「質疑応答」（取締役会の議事録の添付の要否について）
　信託による所有権移転の登記を申請するにあたり、委託会社の代表取締役と受託会社の代表取締役が同一人物である場合は、取締役会の承認を証する書面の添付を要する。

▶登記研究429号「質疑応答」（信託の登記の受益者）
　信託の登記において、法人格なき社団を受益者とする登記申請は、受理できない。

▶登記研究483号「質疑応答」（所有権移転登記の登記原因等の更正の可否）
　信託を原因として委託者甲から受託者乙に所有権移転登記が経由されている不動産につき、錯誤を原因として、「信託」を「売買」と、「受託者」を「所有者」とする更正登記は受理されない。

▶登記研究483号「質疑応答」（信託登記の抹消回復について）
　委託者甲から受託者乙に所有権移転の登記及び信託の登記がなされている不動産を、受託者乙から第三者丙に信託財産の処分による所有権移転の登記

及び信託登記の抹消がされた後、乙から丙への所有権移転の登記を「錯誤」を原因として抹消する場合は、丙への所有権移転登記に伴って抹消された信託登記について、所有権移転の抹消登記と同時に申請することはできない。所有権移転登記の抹消登記とは別に、委託者及び受託者が共同し、錯誤を原因として信託登記の抹消の回復の登記を申請するのが相当である。

▶登記研究508号「質疑応答」(信託財産の所有権移転登記と信託条項)
　信託財産について所有権移転登記の申請をする場合、信託条項に「受託者は受益者の承諾を得て管理処分をする」と記載されている場合には、受益者の承諾書を添付すべきである。

▶登記研究508号「質疑応答」(信託による所有権移転請求権の仮登記及び信託の仮登記)
　「信託」を原因とする所有権移転仮登記及び信託の仮登記は可能であるが、「信託」を原因とする所有権移転請求権仮登記及び信託の仮登記はすることができない。

▶登記研究511号「質疑応答」(信託による所有権移転登記及び所有権移転登記を錯誤により抹消する登記の登録免許税)
　錯誤を原因として、信託による所有権移転登記及び信託登記をそれぞれ抹消する場合の登録免許税は、双方合わせて不動産1個につき1000円である。

▶登記研究607号「質疑応答」(信託受益権を譲渡担保に付した場合の信託原簿の記載の変更の申請手続について)
　受益者が、受益権を譲渡担保契約に基づいて担保権者に移転した場合、受託者は、申請書に譲渡担保証書及びこれに押印した旧受益者の印鑑証明書を添付して、信託原簿の受益者の変更登記を申請することができる。

▶登記研究 623 号「質疑応答」(信託不動産の担保権実行による売却の登記における登記義務者について)
　信託不動産の担保権の実行による売却の登記の登記義務者は信託における受託者である。また、信託の登記は、「競売による売却」を原因として抹消される。

▶登記研究 627 号「質疑応答」(信託の登記がされている不動産の所有権移転登記の登録免許税について)
　受託者から委託者への売買を原因とする所有権移転登記には、登録免許税法第 7 条第 1 項第 2 号の適用がない。

▶登記研究 696 号「質疑応答」(共同受託者のうちの一社に会社分割があった場合の合有名義人の変更の登記の登記原因について)
　抵当権者である共同受託者のうちの一社に会社分割があり、吸収分割承継会社が共同受託者となった場合の合有名義人の変更の登記の登記原因は「会社分割」とすべきである。

▶登記研究 724 号「質疑応答」(信託の終了による所有権移転登記に係る登録免許税について)
　A 及び B を委託者兼受益者、C 信託銀行を受託者として信託を原因とする所有権移転の登記及び信託の登記がされた後、B の受益権が D へと移転し、その旨の信託目録の記録の変更がされている場合において、信託の登記の抹消とともにする信託財産引継を原因とする C 信託銀行から A 及び D への所有権移転の登記には、A の持分について登録免許税法 7 条 1 項 2 号の規定が適用される。

▶登記研究 743 号「質疑応答」(信託の受託者である信託銀行が、信託行為として、当該信託財産である不動産を担保として自行から金銭の借入れを行う場合の抵当権の設定の登記の可否及びその場合の債務者の表示について)
　信託行為において、受託者が自己からの金銭の借入及び当該借入にかかる

信託財産に対する抵当権の設定を行うことを許容する定めがある場合には、受託者である信託銀行を債務者兼担保権設定者とし、かつ、当該信託銀行を抵当権者とする抵当権の設定の登記を申請することができる。なお、この場合の債務者の表示については、債務者と債権者が同じ者となり公示上紛らわしいことから、「債務者　何市何町何番地　何信託銀行（平成何年信託目録第何号受託者）」との振り合いにより表示する。

▶登記研究 749 号「質疑応答」（共有持分を目的とする信託がされている二筆の土地について、共有物分割をすることの可否）

　甲不動産と乙不動産がいずれも AB の共有に属し、A 持分につき C を受託者とする持分の移転及び信託の登記がされたとき、C は、信託行為の定めに反しない限り、共有物の分割をすることができる。共有物分割の結果、甲土地が C の単独所有となった場合、甲土地については、共有物分割を原因とする B 持分全部移転の登記及び、信託財産の処分による信託を原因とする信託の登記を申請する。また、乙土地が B の単独所有となった場合、共有物分割を原因とする C 持分全部移転の登記及び、信託財産の処分を登記原因とする信託の抹消の登記を申請する。

▶登記研究 751 号「質疑応答」（不動産信託の受益権を信託した場合の受益者の変更の登記の登記原因について）

　不動産信託の受益権を信託した場合にする、当該不動産信託の受益者の変更登記の原因は、「年月日受益権信託」である。

▶登記研究 764 号「質疑応答」（信託の登記がある不動産が滅失した場合の信託目録の処理について）

　信託目録の電子化の指定がされた登記所において、信託の登記がある不動産が滅失した場合、不動産の表題部に抹消の記録を行うことで足り、電子化された信託目録に特段の処理は要しない。

▶登記研究766号「質疑応答」(所有権信託 (A信託) の受託者が受託者として所有する土地に対し、同じく自己が受託者となっている別の信託 (B信託) のために地上権を設定し、当該地上権をB信託の信託財産に帰属させることの可否)

　Xを委託者兼受益者、Yを受託者、甲土地を信託財産とする信託 (A信託) 及び、Xを委託者兼受益者、Yを受託者、金銭を信託財産とする信託 (B信託) が設定されている場合、A信託の受託者であるYが、B信託の受託者であるYのために甲土地に地上権を設定し、当該地上権をB信託に帰属させることはできない。

▶登記研究785号「質疑応答」(工場財団の信託の登記の可否について)

　工場財団は信託の対象とすることはできないから、その登記をすることはできない。なお、工場財団に設定された抵当権の信託及びその登記は可能である。

▶登記研究832号「質疑応答」(信託目録の委託者の変更の登記について)

　改正前の信託法の下において、信託目録の条項として、「委託者の地位は、本契約に定める受益権の譲渡に併せて受益権の譲受人に移転する。」旨の定めが登記されている場合において、当該信託を信託行為の定めにより現在の信託法の適用を受ける信託とした場合には、AからB、BからC、CからDへの受益権の譲渡に基づき受益者の変更の登記がされていたとしても、中間の委託者の変更の登記を省略して、当初委託者から現在の委託者への委託者の変更の登記を申請することはできない。

▶登記研究879号「質疑応答」(信託財産と固有財産を拠出することにより不動産を購入した場合の登記)

　受託者甲が、信託財産と固有財産から取得費用を折半して不動産を購入した場合、

　　登記の目的　所有権移転及び受託者甲持分2分の1は信託財産の処分による信託

```
原　　　因　令和〇〇年〇〇月〇〇日売買
所　有　者　〇〇市〇〇町〇〇番地　持分2分の1　甲
受　託　者　〇〇市〇〇町〇〇番地　甲（受託者持分2分の1）
```
の振り合いにより記録する。登記識別情報は、甲に対して1通のみ交付する。

▶登記研究604号「カウンター相談」（信託登記以前に設定された抵当権の追加設定登記の可否）

　甲、乙不動産には、いずれも、Aを受益者とするAからBへの信託による所有権移転の登記が経由されている。また、甲不動産上には、信託契約締結以前から、Aを債務者、Cを抵当権者とする抵当権の設定登記が経由されている。

　甲、乙不動産の信託原簿には、いずれも、以下の記載がある。

「1　受益者のためにする金銭の借入及び同借入に伴う受託者、若しくはその指定する第三者をして債務者とし、担保権の設定等（抵当権設定登記、根抵当権設定登記、所有権移転登記）の手続をする件。

2　受託者は右のほか、本信託物件に関し、受益者のために後記の登記等の設定手続をする件、及びその対価の受領に関する件。
①賃借権設定登記、②地上権設定登記、③質権設定登記」

　この場合、甲不動産上に設定された抵当権の追加担保として、乙不動産上に抵当権を設定する登記の申請は、受理されない。

▶登記研究650号「カウンター相談」（金銭債権信託に随伴して受託者に移転した抵当権の抹消について）

　住宅ローン貸付会社（委託者）が、複数の不動産について有する抵当権付き貸金債権を信託銀行（受託者）に信託し、それに随伴して複数の抵当権が受託者に移転している場合に、その債権のうちの1つが弁済によって消滅した場合、抵当権について弁済を原因とする抵当権の登記の抹消登記を申請することができ、かつ、同一の申請情報によって、信託登記の抹消登記の申請をすることができる。

▶登記研究 659 号「カウンター相談」(金銭債権信託に随伴して受託者に移転した抵当権の抹消について)

　金銭債権信託に随伴して信託銀行(受託者)に移転した抵当権の登記について、解除を原因とする抵当権の抹消の申請は、信託原簿に受託者が当該抵当権を解除することができる旨が記載されていない限り、抵当権移転及び信託登記を、信託の解除を原因として抹消した上で行うべきである。

◎キーワード索引◎

〔数字〕
2割加算　268
3000万円控除　265

〔あ行〕
空き家　265
遺言　5
意思能力　2
意思無能力無効の主張権者　152
遺贈　265
委託者兼受益者の成年後見人による
　信託の変更・終了　28
委託者の権利と代理権目録　17
委託者の死亡　155
委託者の変更　228
遺留分　32
遺留分侵害額請求の相手方　38
遺留分制度の潜脱　34

〔か行〕
合筆登記　218
合併登記　218
株主間契約　48
帰属権利者　174, 240, 272
帰属権利者等への権利の移転時期
　230
帰属権利者の定め　155
共有不動産の信託　188
居住用不動産の新築　201
切り捨て　256

区分所有法　56, 59
契約の相対効の原則　48
権利能力なき社団　178
権利放棄　272
行為能力　2
後見制度支援信託　164
後見制度支援預貯金　164
公序良俗違反　34, 113
公正証書　5, 8, 11
更正の登記の添付情報の作成名義人
　226

〔さ行〕
最終決済　232
裁判所による受託者の選任　108
債務控除　269
債務引受　62
残余財産の帰属割合　160
詐欺による信託の取消し　142
錯誤による信託の取消し　142
差押禁止債権　127
残余財産が帰属権利者に帰属するメ
　カニズム　42
次順位の受益者の指定　174
執行停止と保証金　79
実質所得者課税　255
借地権の信託　54
借地上の建物の信託　189
住所の変更　222
受益権と代理権目録　17

受益権に対する差押え　127
受益権の行使と任意後見監督人　21
受益権の質権の設定　180
受益権の持分割合　179
受益債権　122
受益債権の具体的権利性　115
受益債権の定め　113
受益者代理人　132, 139
受益者代理人の権限　136
受益者代理人の就任　181
受益者の権利　132
受益者の指定に関する条件　176
受益者の死亡　155
受益者の承諾や指図　192
受益者の変更　223, 224
受益者不存在　253
受益者連続型信託　260, 268
受益者を定める方法　176
受託者解任後の信託の清算　105
受託者個人口座　72
受託者と任意後見受任者の兼任　14
受託者による後見開始の審判申立て　24
受託者の解任　102, 105
受託者の権限　111
受託者の裁量　115
受託者の処分行為　190
受託者の対外的責任　66
受託者の任務懈怠　150
受託者の任務終了事由　100
受託者の変更　229
受託者の変更時における承継の法的性質　42
取得費加算の特例　265
小規模宅地等の特例　249
消極財産の信託　62
譲渡制限株式の譲渡承認　40, 42
所有権登記名義人の肩書や持分　173
親族後見人　24
信託監督人の権限と職務　129
信託給付　113
信託口口座　8, 11, 72, 79, 111
信託口口座から払戻しを受けた債権者に対する不当利得返還請求権者　82
信託契約の債務不履行解除　150
信託契約の無効主張　142
信託行為　2
信託財産限定責任負担債務　122
信託財産と固有財産からの資金の拠出　203, 204
信託財産に属する不動産に対する差押登記　172
信託財産や受益者に対する求償　66
信託事務処理書類　85
信託終了　269, 272
信託内借入れに関する信託法上の定めと実務　69
信託に関する受益者別調書　258
信託の計算書　258
信託の終了　145, 148, 155
信託の終了と遺産分割　158
信託の終了後の再開　162

信託の登記の留保　187
信託費用の償還　95
信託不動産の第三者への贈与　195
信託不動産の抵当権の設定　198
信託法23条と執行実務　76
信託法58条3項の別段の定め
　　102
信託法164条3項の別段の定め
　　145, 148
信託報酬　98, 263
信託報酬の算定方法　98
信託報酬の支払時期　98
信託目的達成不能終了　40
信託目録に記録すべき事項　168
信託目録に記録すべき事項の遺漏
　　194
信託目録に記録すべき情報の作成
　　171
信託目録の役割　169
清算受託者の権限　162
責任限定型の留保付き判決　122
責任限定の抗弁　122
相続　265
相続財産　164
贈与税　246
損失　256

〔た行〕
第三者異議訴訟に準ずる訴え　79
代理人方式　5
単独受益者権　132
地位移転条項　228

追加信託　11, 88
抵当権と受託者の交代　210
抵当権と信託の終了　216
抵当権の設定　206, 208
同一生計　263
倒産隔離機能　79, 136
登録免許税の軽減　201
登録免許税法7条2項の適用　234,
　　236, 237, 238, 239, 240, 242

〔な行〕
任意後見　14, 17
認知判断能力　2
根抵当権と受託者の交代　212, 214
根抵当権の設定　206, 208
農地の信託　186

〔は行〕
複数の委託者　252
複数の帰属権利者　242
複数の受益者　139, 184, 252
複数の信託不動産の関連性　182
複層化信託　260
扶助信託　127
不動産所得　256
不動産の追加信託　183
扶養義務の範囲内の受益権　246
分筆登記　220
変更の登記の添付情報の作成名義人
　　226
法人課税信託　253

〔ま行〕
マンション管理規約　56, 59
滅失登記　221
黙示の指定　164
持分の第三者への一部売却　202

〔や行〕
役員の資格要件（居住要件）　56
屋号口座　72

有価証券の信託　51
有効期限　8
養子縁組　268
容認条項　91, 93

〔ら行〕
利益相反　14, 21, 91, 93
ローン付き建物の信託　62

◎執筆者紹介◎

海野千宏（うみの・ちひろ）

弁護士（みなと綜合法律事務所）／民事信託士／中央大学法学部客員講師／一般社団法人民事信託推進センター業務執行理事／信託法学会会員

主な著書・論文
- 『よくわかる民事信託――基礎知識と実務のポイント』（ビジネス教育出版社・2019年）（共著）
- 「賃貸用マンションの信託に係る諸問題――区分所有法等の適用を踏まえて」信託フォーラム14号（2020年）
- 『民事信託の適正活用の考え方と実務――リスクマネジメント・倫理・登記・税務』（民事法研究会・2022年）（共著）
- 『マンションにおける高齢居住者支援のための民事信託活用手引き』（日本加除出版・2023年）（共著）

金森健一（かなもり・けんいち）

弁護士（金森民事信託法律事務所）／駿河台大学法学部特任准教授／高齢者向け管理型信託会社にて信託会社設立業務専従者・法務コンプライアンス部長・副社長執行役員を歴任

主な著書・論文
- 『民事信託の別段の定め　実務の理論と条項例』（日本加除出版・2022年）
- 「（連載）ここからはじめる！　民事信託実務入門」信託フォーラム16号～（2021年～）
- 「『民事信託』実務の諸問題(1)～(13)」駿河台法学（2019年～）（継続中）

菊永将浩（きくなが・まさひろ）

弁護士（弁護士法人菊永総合法律事務所）／民事信託士／日弁連信託センター幹事／信託法学会会員

執筆者紹介

主な著書・論文
- 『事例でわかる家族信託契約書作成の実務』（日本法令・2020年）（共著）
- 『パッとわかる信託用語・法令コンパクトブック』（第一法規・2020年）（共著）
- 『事例でわかる家族信託契約の変更・終了の実務』（日本法令・2022年）（共著）

根本雄司（ねもと・ゆうじ）

弁護士（弁護士法人港大さん橋法律事務所）／武蔵野大学法学部特任准教授／日弁連信託センター副センター長／法制審議会民法（成年後見等関係）部会幹事

主な著書・論文
- 『必読　任意後見契約×ライフプランノート作成・活用マニュアル──終活に関心があるすべての方々へ』（新日本法規・2023年）（共著）
- 『ストーリーとQ&Aでわかる実践ホームロイヤー』（日本加除出版・2023年）（共著）
- 「高齢者における信託実務の実態」年金と経済42巻1号（2023年）
- 「任意後見監督人の実務の実情」実践成年後見106号（2023年）

谷口　毅（たにぐち・つよし）

司法書士（司法書士つばさ法務事務所）／行政書士／日本司法書士会連合会民事信託等財産管理業務対策部副委員長

主な著書・論文
- 『有効活用事例にみる民事信託の実務指針──スキーム立案・登記・税務』（民事法研究会・2016年）（共著）
- 『任意後見と民事信託を中心とした財産管理業務対応の手引き──各制度の横断的なポイント整理とケース・スタディ』（日本加除出版・2023年）
- 「司法書士による福祉型信託の実践」登記情報742号（2023年）
- 「先生！　その書類作ってもらえますか？──法律関係文書作成が気になる人のために」月報司法書士627号（2024年）（共著）

鈴木　淳（すずき・じゅん）

税理士（辻・本郷税理士法人）／信託活用含めた円滑な資産承継・相続対策の相談対応、オーナー企業の事業承継、税務調査対応など資産税業務を中心に従事

主な著書・論文
- 「家族信託における税理士の使いどき——事業の承継を円滑に行うために利用する」税経通信1054号（2019年）
- 『税理士が見つけた！　本当は怖い相続の失敗事例64〔2訂版〕』（東峰書房・2021年）（共著）
- 『民事信託の適正活用の考え方と実務——リスクマネジメント・倫理・登記・税務』（民事法研究会・2022年）（共著）
- 「税務面で考える個人の外債投資」税と経営2213号（2024年）

事例で学ぶ民事信託の悩みどころと落とし穴

2025年5月11日　第1刷発行

著　　者	海野千宏・金森健一・菊永将浩・	
	根本雄司・谷口　毅・鈴木　淳	
発　　行	株式会社民事法研究会	
印　　刷	中央印刷株式会社	

発　行　所　株式会社　民事法研究会
　　　　〒150-0013　東京都渋谷区恵比寿3-7-16
　　　　〔営業〕TEL03(5798)7257　FAX03(5798)7258
　　　　〔編集〕TEL03(5798)7277　FAX03(5798)7278
　　　　https://www.minjiho.com/　　info@minjiho.com

落丁・乱丁はおとりかえいたします。　　ISBN978-4-86556-676-5
カバーデザイン：関野美香

最新実務に必携の手引
実務に即対応できる好評実務書！

2023年12月刊 信託目録作成の実務を、信託登記の実例や、課題、論点なども取り込んで改訂！

信託登記のための
信託目録の理論と実務〔第2版〕

民事信託の要約例を充実させ、重要な「信託の目的」条項の過不足ない抽出・要約の思考プロセスを追録！　不動産登記法97条1項の登記事項の振り分けにあたって特に悩ましい8号「信託の目的」、9号「信託財産の管理方法」、11号「その他の信託の条項」の関係について論究！

渋谷陽一郎　著

（Ａ5判・609頁・定価 6,600円（本体 6,000円＋税10%））

2020年8月刊 信託事務を書式で具体化した決定版！

民事信託の実務と書式〔第2版〕
―信託準備から信託終了までの受託者支援―

第2版では、裁判例・懲戒例・学説が指摘する紛争リスクに配慮した資格者専門職による民事信託支援業務の手続準則や執務指針に論及するとともに、実務の動向に対応して大幅増補！受託者の信託事務から遡行した信託組成（相談）および信託契約書作成にも有用！

渋谷陽一郎　著

（Ａ5判・638頁・定価 6,050円（本体 5,500円＋税10%））

2022年3月刊 民事信託支援業務を「適正な活用方法」へと深化させるための1冊！

民事信託の適正活用の考え方と実務
―リスクマネジメント・倫理・登記・税務―

福祉型信託、自社株信託、受益者連続型信託、共有不動産の紛争回避、親亡き後の財産管理、賃貸建物の法人化などの適正活用事例に即して実務指針を具体的に明快に解説！　専門職はもちろん、民事信託士検定受検者の試験対策にも必携の1冊！

一般社団法人民事信託推進センター　編

（Ａ5判・276頁・定価 2,970円（本体 2,700円＋税10%））

2023年1月刊 裁判例・懲戒事例で認定された信託の組成支援者の義務等の考え方を執務指針にて明示！

裁判例・懲戒事例に学ぶ
民事信託支援業務の執務指針

民事信託支援業務の執務指針について、100カ条を超える条文形式で論じるとともに、執務場面がわかる図や司法書士の法的根拠（業務範囲）を整理した表など、豊富な図表を用いながら解説！

渋谷陽一郎　著

（Ａ5判・522頁・定価 5,280円（本体 4,800円＋税10%））

発行　民事法研究会

〒150-0013　東京都渋谷区恵比寿3-7-16
（営業）TEL. 03-5798-7257　FAX. 03-5798-7258
http://www.minjiho.com/　info@minjiho.com

最新実務に必携の手引

実務に即対応できる好評実務書！

2022年9月刊 高齢の依頼者から終活相談を受ける場合の必読書！

終活契約の実務と書式

財産管理・法定後見・任意後見・死後事務委任・遺言・見守り（ホームロイヤー）などといった各サービスを一括して受任する契約である「終活契約®」の実務を終活契約と関係する書式を織り込みながら、ポイントを押さえて解説！　※「終活契約」は登録商標です。

特定非営利活動法人　遺言・相続・財産管理支援センター　編

（Ａ５判・424頁・定価 3,960円（本体 3,600円＋税10％））

2023年7月刊 争いを未然に防ぐための公正証書の活用事例をＱ＆Ａ方式で解説！

Ｑ＆Ａ
わかりやすい公正証書活用の手引

近年増加している遺言・任意後見・離婚等について、公証人として多くの依頼者からの公正証書作成に対応してきた著者がポイントを押さえてわかりやすく解説！　テレビ電話による定款認証制度や会社の定款手数料の改定等、最新の制度にも対応！

元鹿児島地方法務局所属公証人・弁護士　大島　明　著

（Ａ５判・456頁・定価 4,950円（本体 4,500円＋税10％））

2020年10月刊 相続法の大改正や税制改正、法令に対応させ改訂増補！

ケースブック不動産登記のための税務〔第9版〕
─売買・贈与・相続・貸借から成年後見・財産管理まで─

第9版では、相続法、家事事件手続法の改正および法務局による遺言書の保管等に関する法律の施行により制度化された配偶者居住権、持戻し免除の推定、特別の寄与等の事例や税法と登記実務を収録！　不動産登記に関わる税務と実務の指針を網羅！

林　勝博・丹羽一幸　編　　編集協力　大崎晴由

（Ａ５判・384頁・定価 4,400円（本体 4,000円＋税10％））

2017年4月刊 増加する活用を踏まえた実務を収録！

Ｑ＆Ａ誰も書かなかった！
事業用借地権のすべて〔全訂三版〕
─法律・契約・登記・税務・鑑定─

全体にわたり細部まで見直したほか、あらたに、信託不動産の定期借地権方式による活用などの動向に合わせ改訂！　契約・登記・税務・鑑定の第一線で活躍する専門家が他の定期借地権にも適宜触れつつ平易に解説！

都市問題実務研究会　編

（Ａ５判・422頁・定価 4,070円（本体 3,700円＋税10％））

発行　**民事法研究会**

〒150-0013　東京都渋谷区恵比寿 3-7-16
（営業）TEL. 03-5798-7257　　FAX. 03-5798-7258
http://www.minjiho.com/　　info@minjiho.com

最新実務に必携の手引

実務に即対応できる好評実務書！

2024年9月刊 新制度をより精緻に、利用者目線で語る！

所有者不明土地解消・活用のレシピ〔第2版〕
―民法・不動産登記法・相続土地国庫帰属法の徹底利用術―

第2版では、改正法施行後に実際に使用されている書式の記載例や実務の運用を詳解するとともに、相続土地国庫帰属に関する章(第8章)を新設し、承認申請の手続の流れと留意点、利用者の関心事である「却下事由」「不承認事由」「負担金」の考え方について精緻に解説！

中里　功・神谷忠勝・倉田和宏・内納隆治　著

（Ａ５判・581頁・定価 6,380円（本体 5,800円＋税10%））

2023年8月刊 令和5年4月施行の改正民法に対応して大幅改訂！

相続人不存在の実務と書式〔第4版〕

令和5年4月施行の改正民法下での相続財産清算人について、選任、財産目録の作成・提出をはじめとする相続財産管理の実務、弁済などについて書式を織り込み詳解するとともに、相続財産の保存のための相続財産管理人についてもわかりやすく解説！

水野賢一　著

（Ａ５判・358頁・定価 4,180円（本体 3,800円＋税10%））

2022年4月刊 民法(相続法)改正、遺言書保管法の制定に対応した新たな実務指針を明解に解説！

遺言執行者の実務〔第3版〕

遺言執行者の法的地位の明確化に対応し、遺言執行のみならず、遺言書作成の際の留意点、実務で注意を要する施行日と重要な経過措置を詳解！　新たに創設された配偶者居住権、自筆証書遺言の保管制度も解説し、最新判例も織り込んだ実践のための手引！

日本司法書士会連合会　編

（Ａ５判・353頁・定価 3,960円（本体 3,600円＋税10%））

2023年3月刊 相続・遺言の基礎知識やトラブル対処法をＱ＆Ａ方式でわかりやすく解説！

相続・遺言のトラブル相談Ｑ＆Ａ
―基礎知識から具体的解決策まで―

相続・遺言の基本知識から専門知識までを、経験豊富な実務家がＱ＆Ａ方式でわかりやすく解説！　財産問題であるのと同時に相続人同士の家族問題でもある相続事件について、東京弁護士会法律研究部相続・遺言部が、専門的知識を踏まえつつ解説！

東京弁護士会法律研究部相続・遺言部　編

（Ａ５判・323頁・定価 3,190円（本体 2,900円＋税10%））

発行　民事法研究会

〒150-0013　東京都渋谷区恵比寿 3-7-16
（営業）TEL. 03-5798-7257　FAX. 03-5798-7258
http://www.minjiho.com/　info@minjiho.com

最新実務に必携の手引

実務に即対応できる好評実務書!

2024年12月刊 森林・林業における法務を網羅した関係者必携の書!

森林業法務のすべて

森林・林業における法務を大局的に鳥瞰し網羅的に理解して、森林計画・森林経営管理から所有者・共有者不明森林や境界不明、林道の管理、森林データの利活用、環境の保全や林業種苗、労務管理など多岐にわたる分野の適法で万全なリスクマネジメントを実現する!

弁護士　品川尚子・弁護士　石田弘太郎　著
（Ａ５判・410頁・定価 4,840円（本体 4,400円＋税10%））

2024年12月刊 この1冊があれば格安な競売物件を安心して購入できる!

安心できる競売物件の見方・買い方〔第7版〕
―危ない物件の見分け方―

第7版では、競売における暴力団等の買受制限や共有制度・財産管理制度の見直し等、最新の法改正に対応してわかりやすく解説!　トラブルのある物件はどう見分けたらよいのか、申込書の書き方から購入後の手続までをわかりやすく解説!

競売実務研究会　編
（Ａ５判・369頁・定価 4,180円（本体 3,800円＋税10%））

2024年11月刊 訴訟上の和解の基本的な技法と実践方法を体系的に解説!

和解の考え方と実務

著者の20年以上に及ぶ裁判官としての実務経験やさまざまな先行研究を踏まえて、和解手続を担う裁判官が身につけておくべき技法や知識など、裁判官の中で蓄積されてきた「暗黙知」としての技法を言語化し開示!

武藤貴明　著
（Ａ５判・484頁・定価 5,280円（本体 4,800円＋税10%））

2024年11月刊 元執行官が、現場の経験を基に紛争解決で役立つ原理・原則をわかりやすく解説!

執行現場から学ぶ!
明渡・子の引渡等執行の実務

長年執行官を務めた著者が、不動産の明渡執行、動産執行、子の引渡執行等の執行現場で培った経験を基に、紛争解決に役立つ原理・原則を中心に、利用者の立場に立って解説!　知っておくべき知識や備えておくべき価値観などを「One point lesson」や「Column」に収録!

西岡清一郎　監修　櫻井俊之　著
（Ａ５判・274頁・定価 3,300円（本体 3,000円＋税10%））

発行　民事法研究会

〒150-0013　東京都渋谷区恵比寿 3-7-16
（営業）TEL. 03-5798-7257　FAX. 03-5798-7258
https://www.minjiho.com/　info@minjiho.com